작심하고 이번 생엔 끝내는
고사성어

◇ 당신은 언제나 옳습니다. 그대의 삶을 응원합니다. **- 고려원북스**

작심하고 이번 생엔 끝내는

고사성어

초판 1쇄 2021년 7월 8일

지은이 장연
펴낸이 설응도   **편집주간** 안은주
영업책임 민경업   **디자인책임** 조은교

펴낸곳 고려원북스

출판등록 2004년 5월 6일 (제 2020-000184 호)
주소 서울시 강남구 테헤란로 78 길 14-12(대치동) 동영빌딩 4 층
전화 02-466-1283   **팩스** 02-466-1301

문의 (e-mail)
편집 editor@eyeofra.co.kr
마케팅 marketing@eyeofra.co.kr
경영지원 management@eyeofra.co.kr

ISBN : 978-89-94543-92-5 03190

작심하고 이번 생엔 끝내는 고사성어

장연 지음

고려원북스

◎ 처음 만나는 실전 고사성어

35일 만에 고사성어에서 자유로워지다!

이 책은 『말힘·글힘을 살리는 고사성어』에 수록된 350개 고사성어를 소개하고, 이를 일상에서 활용할 수 있도록 해주는 연습서입니다. 뉴스에서, 신문에서, 강의에서, 그리고 일상의 대화에서 빈번하게 등장하는 고사성어를 마스터하면 말하기와 글쓰기의 품격이 높아집니다. 읽고 잊어버리는 고사성어가 아니라, 매일 활용하는 고사성어를 배울 때입니다.

◎ 이 책의 특징

- 가장 많이 활용되는 필수 고사성어 350개를 수록했습니다.
- 배우는 즉시 이해하고, 이해하는 즉시 활용할 수 있습니다.
- 고사성어의 한자까지 읽고 쓸 수 있게 됩니다.
- 7단계 연습으로 고사성어를 완전히 내 것으로 만듭니다.

오월동주
吳越同舟

죽마고우
竹馬故友

◎ 이 책의 구성 및 활용

1일차 시작하기

고사성어 소개

인생, 사회, 정치, 인물 등 테마별로 구성된 고사성어 10개에 대한 기본 설명과 배경, 출전 등을 설명해줍니다.

1단계 연습

각각의 고사성어와 뜻풀이를 연결함으로써 고사성어의 기본을 이해하는 단계입니다.

2단계 연습

각각의 고사성어 한글과 한자를 연결하는 연습을 통해, 각 고사성어의 한자를 익힙니다.

3단계 연습

고사성어 한자에 대응하는 뜻풀이를 찾음으로써, 각 고사성어의 한자를 다시 한 번 익힙니다.

4단계 연습

각 뜻풀이에 해당하는 고사성어를 적으면서, 고사성어의 뜻을 완전히 이해합니다.

5단계 연습

고사성어 한자의 음훈을 다시 보면서, 각 뜻풀이에 해당하는 고사성어를 한자로 적는 단계로 고사성어 한자에 익숙해집니다.

6단계 연습

고사성어를 읽고 빈칸의 한자를 찾아서 채우는 연습으로 고사성어에 대한 이해도가 높아집니다.

7단계 연습

고사성어 한자 중 틀린 한자 하나를 찾는 연습을 통해 고사성어를 완벽하게 내 것으로 만듭니다.

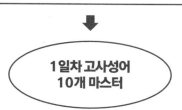

1일차 고사성어
10개 마스터

머리말

『말힘·글힘을 살리는 고사성어』를 출간한 지도 25년이 지났다. 오랜 세월 동안 지속적으로 간행할 수 있었던 것은 오로지 독자들의 끊임없는 성원 덕분이리라. 하지만 요즘도 고사성어(故事成語)란 말뜻을 오해하는 사람들이 의외로 많다.

고사성어에서 '고사'는 '옛날의 사건', 즉 고사(古事)가 아니라 '사건을 말미암는다'는 뜻을 가진 고사(故事)이다. 다시 말해서 고사성어는 '옛 사건에 의해' 형성된 관용어가 아니라 '사건으로 인해' 이루어진 관용어이다.

따라서 이 책에서 소개하는 중국의 고사성어만이 아니라 서양의 바이블이나 그리스 신화 등에서 나온 고사성어도 얼마든지 있을 수 있다. 예수의 산상수훈이나 '형제의 눈 속에 있는 티는 보면서 네 눈 속에 있는 들보는 깨닫지 못한다', 오이디푸스 콤플렉스나 다모클레스의 칼 등등이 그 예이다. 나아가 오늘날에도 우리나라가 세계 각국의 문화와 교류하면서 발생하는 정치, 사회, 경제, 과학, 기술 등의 용어에서도 고사성어는 수없이 만들어질 수 있다.

그러므로 우리가 고사성어에서 취할 점은 단순히 관용어를 익히고 습득하는 것만이 아니라 관용어를 형성하는 활동 자체를 이해하여 시대를 표현하는 새로운 고사성어를 창출해야 하는 데 있다. 요즘 우리나라에서 생성된 고사성어로서 외국에까지 소개된 가장 유명한 것이 있다. 바로 현실정치에서 나온 '내로남불'이다. '내가 하면 로맨스이지만 남이 하면 불륜'이라는 이 관용어는 전형적인 고사성어라 할 수 있다.

우리의 전통 문화유산은 한문으로 기록되어 있어 조선시대까지는 한문이 지식층의 필수 교양이었다. 그러나 이제 한문 지식은 더 이상 필수 교양이 아니게 되었다. 미국을 비롯한 유럽의 문화와 사상, 과학과 기술이 들어와 점점 우리의 지식층을 지배하면서 2000여 년 동안 우리 문화를 지배해온 한문은 점점 쇠퇴하고 있는 실정이다.

따라서 여기서 소개하는 고사성어도 과거처럼 '교양인의 일반상식'이 아니라 중국 전문가나 중국과 교류하는 사람들이 갖춰야 할 '특별한 상식'으로 이용될 필요가 있다. 이런 전제에서 고사성어를 한 번 읽고 마는 것이 아니라 실생활에서 이용할 수 있게 습득하는 것이 중요하다. 이것이 과거에 간행된 『말힘·글힘을 살리는 고사성어』를 바탕으로 『작심하고 이번 생엔 끝내는 고사성어』를 쓰게 된 배경이다.

독자들이 한편으론 이 책의 문제 풀이 형식을 통해 고사성어를 습득하고, 또 한편으론 고사성어가 이루어진 활동 그 자체를 이해함으로써 시대를 반영하는 고사성어가 활발히 생성되길 기대한다.

2021년 6월 장연

| 차례 |

✿ 동병상련 同病相憐

同 같을 동 | 病 병 병 | 相 서로 상 | 憐 불쌍할 련

'같은 병을 앓는 사람끼리 서로 불쌍히 여긴다.' 처지가 어려운 사람끼리 서로 동정하고 돕는 것을 말한다. 출전은 후한 때 조엽(趙曄)이 편찬한 『오월춘추(吳越春秋)』 합려내전(闔閭內傳).

✿ 주백약지장 酒百藥之長

酒 술 주 | 百 일백 백 | 藥 약 약 | 之 어조사 지 | 長 어른(우두머리) 장

'술은 모든 약 중에서도 으뜸이다.' 술 좋아하는 사람들이 입버릇처럼 하는 말로 출전은 『한서』 식화지(食貨志).

✿ 남가일몽 南柯一夢

南 남녘 남 | 柯 메밀잣밤나무 가, 가지 가 | 一 한 일 | 夢 꿈 몽

'남가 고을에서 꾼 꿈.' 인생이 한바탕 덧없는 꿈에 불과하다는 의미로 출전은 이공좌(李公佐)가 쓴 『남가태수전(南柯太守傳)』.

✿ 세월부대인 歲月不待人

歲 해 세 | 月 달 월 | 不 아니 부 | 待 기다릴 대 | 人 사람 인

'세월은 사람을 기다리지 않는다.' 시간은 쉬지 않고 흐르는 것이니, 한순간이라도 아껴야 한다는 의미로 출전은 도연명이 지은 『잡시(雜詩)』.

✿ 치인설몽 痴人說夢

痴 어리석을 치 | 人 사람 인 | 說 말씀 설 | 夢 꿈 몽

'어리석은 사람에게 꿈 얘기를 한다.' 상대방이 전혀 이해하지 못하는 것을 의미하며 출전은 『냉재야화(冷齊夜話)』.

❀ 백발삼천장 白髮三千丈

白 흴 백 | 髮 머리칼 발 | 三 석 삼 | 千 일천 천 | 丈 길이 장

'흰 머리칼이 삼천 장이나 된다.' 걱정 근심으로 흰 머리칼이 늘어났다고 탄식하는 말로, 여기서 삼천 장은 과장법으로 근심의 깊이를 말한다. 이백(李白)이 지은 『추포가(秋浦歌)』17수 중 15수에 나온다.

❀ 빙탄불상용 氷炭不相容

氷 얼음 빙 | 炭 숯 탄 | 不 아니 불 | 相 서로 상 | 容 허용할(얼굴) 용

'얼음과 숯은 서로 허용하지 않는다.' 숯과 얼음처럼 성질이 정반대라서 어울릴 수 없는 관계를 말한다. 굴원(屈原)이 지은 『초사(楚辭)』 칠간(七諫)에 실려 있는데, 칠간은 한나라 때 동방삭(東方朔)이 굴원을 추모하며 지은 글이다.

❀ 수구초심 首丘初心

首 머리 수 | 丘 언덕 구 | 初 처음 초 | 心 마음 심

'여우도 죽을 때는 자기가 태어난 곳을 향해 머리를 둔다.' 태어난 고향을 생각하는 간절한 마음이나 근본을 잊지 않는 마음, 은혜를 잊지 않는 마음을 뜻한다.

❀ 현두자고 懸頭刺股

懸 매달 현 | 頭 머리 두 | 刺 찌를 자 | 股 넓적다리 고

'머리를 매달고 넓적다리를 찌른다.' 끈으로 머리를 천정 대들보에 매달고, 송곳으로 넓적다리를 찌른 데서 유래. 공부를 지독히 열심히 함을 뜻한다. 출전은 『초국선현전(楚國先賢傳)』 『전국책』.

❀ 화병 畵餠

畵 그림 화 | 餠 떡 병

'그림의 떡.' 전혀 쓸모가 없는 것, 실용적이지 않은 것을 말한다. 위나라의 문제 조비(曹丕)가 한 말이다. 출전은 『삼국지』 위지(魏志) 노육전(盧毓傳).

1. 동병상련 •

2. 주백약지장 •

3. 남가일몽 •

4. 세월부대인 •

5. 치인설몽 •

6. 백발삼천장 •

7. 빙탄불상용 •

8. 수구초심 •

9. 현두자고 •

10. 화병 •

• ① 남가 고을에서 꾼 꿈. 인생의 덧없음을 의미한다.

• ② 어리석은 사람에게 꿈 얘기를 하다. 상대가 전혀 이해하지 못함.

• ③ 술은 모든 약 중에서도 으뜸이다.

• ④ 같은 병을 앓는 사람끼리 서로 불쌍히 여긴다.

• ⑤ 세월은 사람을 기다리지 않는다. 한순간이라도 아껴야 한다는 뜻.

• ⑥ 여우도 죽을 때는 태어난 곳으로 머리를 둔다. 근본을 잊지 않는 마음.

• ⑦ 그림의 떡. 전혀 쓸모가 없는 것.

• ⑧ 머리를 매달고 넓적다리를 찌른다. 공부를 지독히 열심히 함.

• ⑨ 흰 머리칼이 삼천 장. 걱정 근심으로 머리가 세었음을 탄식하는 말.

• ⑩ 얼음과 숯은 서로 허용하지 않는다. 어울릴 수 없는 관계.

정답 1.④ 2.③ 3.① 4.⑤ 5.② 6.⑨ 7.⑩ 8.⑥ 9.⑧ 10.⑦

1. 동병상련 •   • ⓐ 痴人說夢

2. 주백약지장 •   • ⓑ 歲月不待人

3. 남가일몽 •   • ⓒ 同病相憐

4. 세월부대인 •   • ⓓ 酒百藥之長

5. 치인설몽 •   • ⓔ 南柯一夢

6. 백발삼천장 •   • ⓕ 首丘初心

7. 빙탄불상용 •   • ⓖ 懸頭刺股

8. 수구초심 •   • ⓗ 畵餠

9. 현두자고 •   • ⓘ 氷炭不相容

10. 화병 •   • ⓙ 白髮三千丈

정답 1.ⓒ 2.ⓓ 3.ⓔ 4.ⓑ 5.ⓐ 6.ⓙ 7.ⓘ 8.ⓕ 9.ⓖ 10.ⓗ

다음 고사성어의 한자와 뜻풀이를
각각 연결하세요.

1. 痴人說夢 •

• ① 남가 고을에서 꾼 꿈. 인생의 덧없음을
의미한다.

2. 歲月不待人 •

• ② 어리석은 사람에게 꿈 얘기를 하다. 상대
가 전혀 이해하지 못함.

3. 同病相憐 •

• ③ 술은 모든 약 중에서도 으뜸이다.

4. 酒百藥之長 •

• ④ 같은 병을 앓는 사람끼리 서로 불쌍히 여
긴다.

5. 南柯一夢 •

• ⑤ 세월은 사람을 기다리지 않는다. 한순간
이라도 아껴야 한다는 뜻.

6. 首丘初心 •

• ⑥ 흰 머리칼이 삼천 장. 걱정 근심으로 머
리가 세었음을 탄식하는 말.

7. 懸頭刺股 •

• ⑦ 얼음과 숯은 서로 허용하지 않는다. 어울
릴 수 없는 관계.

8. 畫餅 •

• ⑧ 여우도 죽을 때는 태어난 곳으로 머리를
둔다. 근본을 잊지 않는 마음.

9. 氷炭不相容 •

• ⑨ 머리를 매달고 넓적다리를 찌른다. 공부
를 지독히 열심히 함.

10. 白髮三千丈 •

• ⑩ 그림의 떡. 전혀 쓸모가 없는 것.

정답 1.② 2.⑤ 3.④ 4.③ 5.① 6.⑧ 7.⑨ 8.⑩ 9.⑦ 10.⑥

다음 뜻풀이에 해당하는
고사성어를 한글로 쓰세요.

1. 남가 고을에서 꾼 꿈. 인생의 덧없음을 의미
   한다.

   남가일몽
   _____

2. 어리석은 사람에게 꿈 얘기를 하다. 상대가
   전혀 이해하지 못함.

   _____

3. 술은 모든 약 중에서도 으뜸이다.

   _____

4. 같은 병을 앓는 사람끼리 서로 불쌍히 여
   긴다.

   _____

5. 세월은 사람을 기다리지 않는다. 한순간이
   라도 아껴야 한다는 뜻.

   _____

6. 흰 머리칼이 삼천 장. 걱정 근심으로 머리가
   세었음을 탄식하는 말.

   _____

7. 얼음과 숯은 서로 허용하지 않는다. 어울릴
   수 없는 관계.

   _____

8. 여우도 죽을 때는 태어난 곳으로 머리를 둔
   다. 근본을 잊지 않는 마음.

   _____

9. 머리를 매달고 넓적다리를 찌른다. 공부를
   지독히 열심히 함.

   _____

10. 그림의 떡. 전혀 쓸모가 없는 것.

    _____

정답 1.남가일몽 2.치인설몽 3.주백약지장 4.동병상련 5.세월부대인 6.백발삼천장 7.빙
탄불상용 8.수구초심 9.현두자고 10. 화병

15

ⓐ 首 丘 初 心
　 머리 수　언덕 구　처음 초　마음 심

ⓕ 懸 頭 刺 股
　 매달 현　머리 두　찌를 자　넓적다리 고

ⓑ 歲 月 不 待 人
　 해 세　달 월　아니 부　기다릴 대　사람 인

ⓖ 酒 百 藥 之 長
　 술 주　일백 백　약 약　갈 지　어른 장

ⓒ 同 病 相 憐
　 한가지 동　병 병　서로 상　불쌍히여길 련

ⓗ 氷 炭 不 相 容
　 얼음 빙　숯 탄　아니 불　서로 상　허용할 용

ⓓ 痴 人 說 夢
　 어리석을 치　사람 인　말씀 설　꿈 몽

ⓘ 畵 餠
　 그림 화　떡 병

ⓔ 南 柯 一 夢
　 남녘 남　가지 가　한 일　꿈 몽

ⓙ 白 髮 三 千 丈
　 흰 백　터럭 발　석 삼　일천 천　길이 장

1. '같은 병을 앓는 사람끼리 서로 불쌍히 여긴다.' 처지가 어려운 사람끼리 서로 동정하고 돕는 것을 말한다.

同病相憐

2. '술은 모든 약 중에서도 으뜸이다.' 술 좋아하는 사람들이 입버릇처럼 하는 말이다.

3. '남가 고을에서 꾼 꿈.' 인생이 한바탕 덧없는 꿈에 불과하다는 의미다.

4. '세월은 사람을 기다리지 않는다.' 시간은 쉬지 않고 흐르는 것이니, 한순간이라도 아껴야 한다는 의미다.

5. '어리석은 사람에게 꿈 얘기를 한다.' 상대방이 전혀 이해하지 못하는 것을 말한다.

6. '흰 머리칼이 삼천 장이나 된다.' 걱정 근심으로 흰 머리칼이 늘어났다고 탄식하는 말.

7. '얼음과 숯은 서로 허용하지 않는다.' 숯과 얼음처럼 성질이 정반대라서 어울릴 수 없는 관계를 말한다.

8. '여우도 죽을 때는 자기가 태어난 곳을 향해 머리를 둔다.' 태어난 고향을 생각하는 간절한 마음이나 근본을 잊지 않는 마음을 뜻한다.

9. '머리를 매달고 넓적다리를 찌른다.' 끈으로 머리를 천정 대들보에 매달고, 송곳으로 넓적다리를 찌른 데서 유래. 공부를 지독히 열심히 함을 뜻한다.

10. '그림의 떡.' 전혀 쓸모가 없는 것, 실용적이지 않은 것을 말한다.

다음 고사성어를 읽고, 빈칸의 글자를
보기에서 찾아 채우세요.

ⓐ 丈 ⓑ 夢 ⓒ 病 ⓓ 畵 ⓔ 酒 ⓕ 刺 ⓖ 月 ⓗ 首 ⓘ 痴 ⓙ 炭

1. 同 病 相憐

2. ☐ 百藥之長

3. 南柯一 ☐

4. 歲 ☐ 不待人

5. ☐ 人說夢

6. 白髮三千 ☐

7. 氷 ☐ 不相容

8. ☐ 丘初心

9. 懸頭 ☐ 股

10. ☐ 餠

다음 고사성어에서 틀린 한 글자를 찾고
보기에서 맞는 글자를 찾아 쓰세요.

ⓐ頭 ⓑ柯 ⓒ憐 ⓓ餠 ⓔ藥 ⓕ髮 ⓖ初 ⓗ歲 ⓘ痴 ⓙ相

1. 同病相連
①②③④

   ➡ ④憐

2. 酒百約之長
①②③④⑤

   ➡ _____

3. 南家一夢
①②③④

   ➡ _____

4. 世月不待人
①②③④⑤

   ➡ _____

5. 治人說夢
①②③④

   ➡ _____

6. 白發三千丈
①②③④⑤

   ➡ _____

7. 氷炭不想容
①②③④⑤

   ➡ _____

8. 首丘草心
①②③④

   ➡ _____

9. 懸豆刺股
①②③④

   ➡ _____

10. 畫炳
①②

   ➡ _____

정답 1.④ⓒ 2.③ⓔ 3.②ⓑ 4.①ⓗ 5.①ⓘ 6.②ⓕ 7.④ⓘ 8.③ⓖ 9.②ⓐ 10.②ⓓ

❀ 일일여삼추 一日如三秋

一 하나 일 | 日 날 일 | 如 같을 여 | 三 석 삼 | 秋 가을 추

'하루가 3년 같다.' 실제로는 짧은 시간이 지났는데 매우 오랜 시간이 흐른 것처럼 느껴진다는 뜻. 주로 뭔가를 애타게 기다릴 때 쓰이는 말인데, 일일천추(一日千秋)로도 쓰인다. 여기서 '추(秋)'는 '년(年)'과 동의어이다. 출전은 『시경』.

❀ 금상첨화 錦上添花

錦 비단 금 | 上 위 상 | 添 더할 첨 | 花 꽃 화

'비단 위에 꽃을 더한다.' 비단 자체도 아름다운데 거기에다 꽃을 더했으니, 더없이 아름답다는 의미다. 출전은 송나라의 왕안석(王安石)이 지은 시 『즉사(卽事)』인데, 즉사는 사물과 마주쳐 즉석에서 지은 시라는 의미다.

❀ 거자일소 去者日疎

去 갈 거 | 者 놈 자 | 日 날 일 | 疎 멀어질 소

'떠난 자는 나날이 멀어진다.' '떠난 자'란 죽은 사람, 혹은 이별한 사람을 말한다. 애간장이 끊어지는 슬픈 이별을 했더라도 시간이 갈수록 멀어진다는 뜻이다. 출전은 『문선(文選)』의 고시십구수(古詩十九首).

❀ 해로동혈 偕老同穴

偕 함께 해 | 老 늙을 로 | 同 같을 동 | 穴 구멍 혈

'살아서는 함께 늙고 죽어서는 한 무덤에 묻힌다.' '백년해로'와 같은 뜻이다. 이 의미가 바뀌어 부부 사이가 화목할 때도 사용한다. 출전은 『시경』.

❀ 고희 古稀

古 옛 고 | 稀 드물 희

70세를 일컫는 말. 고희(古稀)는 예부터 드물다는 뜻으로 '70세까지 사는 것은 예부터 드문 일(人生七十古來稀)'이란 시 구절에서 유래. 출전은 시성 두보(杜甫)가 지은 『곡강이수(曲江二首)』두 번째 시구.

❀ 초미지급 焦眉之急

焦 태울 초 | 眉 눈썹 미 | 之 어조사 지 | 急 급할 급

'눈썹이 타는 위급한 상황.' 매우 급하고 절박한 상황을 말한다. 출전은 송나라 승려 보제(普齊)가 지은 『오등회원(五燈會元)』.

❀ 새옹지마 塞翁之馬

塞 변방 새 | 翁 늙은이 옹 | 之 어조사 지 | 馬 말 마

'새옹(변방의 늙은이)의 말.' 인간의 길흉화복은 예측할 수 없으니, 화(禍)도 슬퍼할 게 못 되고 복(福)도 기뻐할 게 못 된다는 의미다. 흔히 '인간만사 새옹지마(人間萬事 塞翁之馬)'로 쓰인다. 출전은 『회남자』 인간훈편(人間訓篇).

❀ 복수불수 覆水不收

覆 엎지를 복 | 水 물 수 | 不 아니 불 | 收 거둘 수

'엎질러진 물은 다시 담지 못한다.' 지난 일은 되돌릴 수 없다는 뜻. 원래는 한 번 헤어진 부부는 돌이킬 수 없다는 데서 유래. 출전은 『습유기(拾遺記)』.

❀ 만가 挽歌

挽 수레끌 만 | 歌 노래 가

'수레를 끌면서 부르는 노래.' 장례식에서 죽은 자를 애도하기 위해 상여를 끌면서 부르는 노래란 뜻이다. 출전은 『고금주』 음악편.

❀ 인생여조로 人生如朝露

人 사람 인 | 生 날 생 | 如 같을 여 | 朝 아침 조 | 露 이슬 로

'인생은 아침 이슬과 같다.' 인생의 덧없음을 의미하는 말로 출전은 『한서』 소무전(蘇武傳).

다음 고사성어와 뜻풀이를
각각 연결하세요.

1. 일일여삼추 •

2. 금상첨화 •

3. 거자일소 •

4. 해로동혈 •

5. 고희 •

6. 초미지급 •

7. 새옹지마 •

8. 복수불수 •

9. 만가 •

10. 인생여조로 •

• ① 변방에 사는 늙은이의 말. 인간의 길흉화복은 예측할 수 없다는 뜻.

• ② 수레를 끌면서 부르는 노래. 상여를 끌며 죽은 자를 애도하는 노래.

• ③ 떠난 자는 나날이 멀어진다. 슬픈 이별을 해도 시간이 가면 멀어진다는 뜻.

• ④ 살아서는 함께 늙고, 죽어서는 한 무덤에 묻히는 것. 백년해로.

• ⑤ 70세의 나이. 예부터 드물다는 뜻.

• ⑥ 비단 위에 꽃을 더한다. 매우 아름답다는 뜻이다.

• ⑦ 눈썹이 타는 절박한 상황. 매우 위급하고 절박한 상황.

• ⑧ 하루가 3년 같다. 뭔가를 애타게 기다릴 때 쓰는 말.

• ⑨ 인생은 아침 이슬과 같다. 인생의 덧없음을 뜻한다.

• ⑩ 엎질러진 물은 다시 담지 못한다. 지난 일은 되돌릴 수 없다는 뜻.

정답   1. ⑧   2. ⑥   3. ③   4. ④   5. ⑤   6. ⑦   7. ①   8. ⑩   9. ②   10. ⑨

다음 고사성어와 한자를
각각 연결하세요.

1. 해로동혈 •

2. 고희 •

3. 초미지급 •

4. 새옹지마 •

5. 일일여삼추 •

6. 금상첨화 •

7. 거자일소 •

8. 복수불수 •

9. 만가 •

10. 인생여조로 •

• ⓐ 焦眉之急

• ⓑ 錦上添花

• ⓒ 塞翁之馬

• ⓓ 一日如三秋

• ⓔ 人生如朝露

• ⓕ 覆水不收

• ⓖ 去者日疎

• ⓗ 挽歌

• ⓘ 偕老同穴

• ⓙ 古稀

정답 1.ⓘ 2.ⓙ 3.ⓐ 4.ⓒ 5.ⓓ 6.ⓑ 7.ⓖ 8.ⓕ 9.ⓗ 10.ⓔ

다음 고사성어의 한자와 뜻풀이를
각각 연결하세요.

1. 挽歌 •

2. 偕老同穴 •

3. 古稀 •

4. 焦眉之急 •

5. 錦上添花 •

6. 塞翁之馬 •

7. 一日如三秋 •

8. 人生如朝露 •

9. 覆水不收 •

10. 去者日疎 •

• ① 엎질러진 물은 다시 담지 못한다. 지난 일은 되돌릴 수 없다는 뜻.

• ② 하루가 3년 같다. 뭔가를 애타게 기다릴 때 쓰는 말.

• ③ 변방에 사는 늙은이의 말. 인간의 길흉화복은 예측할 수 없다는 뜻.

• ④ 수레를 끌면서 부르는 노래. 상여를 끌며 죽은 자를 애도하는 노래.

• ⑤ 떠난 자는 나날이 멀어진다. 슬픈 이별을 해도 시간이 가면 멀어진다는 뜻.

• ⑥ 살아서는 함께 늙고, 죽어서는 한 무덤에 묻히는 것. 백년해로.

• ⑦ 70세의 나이. 예부터 드물다는 뜻.

• ⑧ 비단 위에 꽃을 더한다. 매우 아름답다는 뜻이다.

• ⑨ 눈썹이 타는 절박한 상황. 매우 위급하고 절박한 상황.

• ⑩ 인생은 아침 이슬과 같다. 인생의 덧없음을 뜻한다.

정답 1.④ 2.⑥ 3.⑦ 4.⑨ 5.⑧ 6.③ 7.② 8.⑩ 9.① 10.⑤

다음 뜻풀이에 해당하는
고사성어를 한글로 쓰세요.

1. 눈썹이 타는 절박한 상황. 매우 위급하고 절
   박한 상황.
   _____

2. 하루가 3년 같다. 뭔가를 애타게 기다릴 때
   쓰는 말.
   _____

3. 변방에 사는 늙은이의 말. 인간의 길흉화복
   은 예측할 수 없다는 뜻.
   _____

4. 수레를 끌면서 부르는 노래. 상여를 끌며 죽
   은 자를 애도하는 노래.
   _____

5. 비단 위에 꽃을 더한다. 매우 아름답다는 뜻
   이다.
   _____

6. 인생은 아침 이슬과 같다. 인생의 덧없음을
   뜻한다.
   _____

7. 엎질러진 물은 다시 담지 못한다. 지난 일은
   되돌릴 수 없다는 뜻.
   _____

8. 떠난 자는 나날이 멀어진다. 슬픈 이별을 해
   도 시간이 가면 멀어진다는 뜻.
   _____

9. 살아서는 함께 늙고, 죽어서는 한 무덤에 묻
   히는 것. 백년해로.
   _____

10. 70세의 나이. 예부터 드물다는 뜻.
    _____

정답 1.초미지급 2.일일여삼추 3.새옹지마 4.만가 5.금상첨화 6.인생여조로 7.복수불수
8.거자일소 9.해로동혈 10.고희

다음 설명에 해당하는 고사성어를
보기에서 찾아 한자로 쓰세요.

ⓐ 一 日 如 三 秋
하나 일　날 일　같을 여　석 삼　가을 추

ⓑ 錦 上 添 花
비단 금　위 상　더할 첨　꽃 화

ⓒ 去 者 日 疎
갈 거　놈 자　날 일　멀어질 소

ⓓ 偕 老 同 穴
함께 해　늙을 로　같을 동　구멍 혈

ⓔ 古 稀
옛 고　드물 희

ⓕ 焦 眉 之 急
태울 초　눈썹 미　어조사 지　급할 급

ⓖ 塞 翁 之 馬
변방 새　늙은이 옹　어조사 지　말 마

ⓗ 覆 水 不 收
엎지를 복　물 수　아니 불　거둘 수

ⓘ 挽 歌
수레끌 만　노래 가

ⓙ 人 生 如 朝 露
사람 인　날 생　같을 여　아침 조　이슬 로

1. '70세를 일컫는 말. 고희(古稀)는 예부터 드물다는 뜻으로 '70세까지 사는 것은 예부터 드문 일(人生七十古來稀)'이란 시 구절에서 유래했다.

2. '새옹(변방의 늙은이)의 말.' 인간의 길흉화복은 예측할 수 없으니, 화(禍)도 슬퍼할 게 못 되고 복(福)도 기뻐할 게 못 된다는 의미다.

3. '비단 위에 꽃을 더한다.' 비단 자체도 아름다운데 거기에다 꽃을 더했으니, 더없이 아름답다는 의미다.

4. '살아서는 함께 늙고 죽어서는 한 무덤에 묻힌다.' 결혼식에서 자주 사용하는 '백년해로'와 같은 뜻이다.

5. '하루가 3년 같다.' 실제로는 짧은 시간이 지났는데 매우 오랜 시간이 흐른 것처럼 느껴진다는 뜻으로 뭔가를 애타게 기다릴 때 쓰는 말.

6. '눈썹이 타는 위급한 상황.' 매우 급하고 절박한 상황을 말한다.

7. '수레를 끌면서 부르는 노래.' 장례식에서 죽은 자를 애도하기 위해 상여를 끌면서 부르는 노래란 뜻이다.

8. '엎질러진 물은 다시 담지 못한다.' 지난 일은 되돌릴 수 없다는 뜻.

9. '떠난 자는 나날이 멀어진다.' 애간장이 끊어지는 슬픈 이별을 했더라도 시간이 갈수록 멀어진다는 뜻이다.

10. '인생은 아침 이슬과 같다.' 인생의 덧없음을 의미하는 말.

정답 1.ⓔ 2.ⓖ 3.ⓑ 4.ⓓ 5.ⓐ 6.ⓕ 7.ⓙ 8.ⓗ 9.ⓒ 10.ⓘ

다음 고사성어를 읽고, 빈칸의 글자를
보기에서 찾아 채우세요.

ⓐ古 ⓑ覆 ⓒ錦 ⓓ挽 ⓔ秋 ⓕ如 ⓖ老 ⓗ急 ⓘ去 ⓙ翁

1. 一日如三 ☐

6. 焦眉之 ☐

2. ☐ 上添花

7. 塞 ☐ 之馬

3. ☐ 者日疎

8. ☐ 水不收

4. 偕 ☐ 同穴

9. ☐ 歌

5. ☐ 稀

10. 人生 ☐ 朝露

연/습/문/제 / 7단계

다음 고사성어에서 틀린 한 글자를 찾고
보기에서 맞는 글자를 찾아 쓰세요.

ⓐ 歌 ⓑ 稀 ⓒ 如 ⓓ 覆 ⓔ 錦 ⓕ 朝 ⓖ 疎 ⓗ 塞 ⓘ 偕 ⓙ 眉

---

1. ① 一 ② 日 ③ 與 ④ 三 ⑤ 秋

   ➡ _____

2. ① 金 ② 上 ③ 添 ④ 花

   ➡ _____

3. ① 去 ② 者 ③ 日 ④ 所

   ➡ _____

4. ① 解 ② 老 ③ 同 ④ 穴

   ➡ _____

5. ① 古 ② 憙

   ➡ _____

6. ① 焦 ② 迷 ③ 之 ④ 急

   ➡ _____

7. ① 賽 ② 翁 ③ 之 ④ 馬

   ➡ _____

8. ① 腹 ② 水 ③ 不 ④ 收

   ➡ _____

9. ① 挽 ② 價

   ➡ _____

10. ① 人 ② 生 ③ 如 ④ 早 ⑤ 露

   ➡ _____

정답   1.③ⓒ 2.①ⓔ 3.④ⓖ 4.①ⓘ 5.②ⓑ 6.②ⓙ 7.①ⓗ 8.①ⓓ 9.②ⓐ 10.④ⓕ

무하유지향 無何有之鄕

無 없을 무 | 何 어찌 하 | 有 있을 유 | 之 어조사 지 | 鄕 고을 향

'어느 곳에도 없는 장소.' 끝없이 텅 트인 광막한 세계를 말한다. 서양의 유토피아와 통한다. 출전은『장자』소요유편, 응제왕편, 지북유편.

수즉다욕 壽則多辱

壽 목숨 수 | 則 곧 즉 | 多 많을 다 | 辱 욕될 욕

'오래 살면 욕됨이 많다.' 오래 살수록 수치스런 일을 많이 겪게 된다는 뜻이다. 출전은『장자』천지편.

연년세세화상사 年年歲歲花相似

年 해 년 | 歲 해 세 | 花 꽃 화 | 相 서로 상 | 似 비슷할 사

'해마다 피는 꽃은 서로 비슷하다.' '해마다 보는 사람은 같지 않구나(歲歲年年人不同)'라는 문장과 짝을 이루어 인생의 덧없음을 노래한 시구. 출전은 유정지(劉廷芝)가 지은『대비백두옹(代悲白頭翁: 흰머리를 슬퍼하는 노인을 대신해서)』.

백구과극 白駒過隙

白 흴 백 | 駒 말 구 | 過 지날 과 | 隙 틈 극

'흰 말이 문틈을 지나다.' 세월은 문틈으로 흰 말이 지나가는 것처럼 빠르다는 뜻. 인생의 무상함을 말한다. 출전은『장자』지북유편(知北遊篇).

지어지앙 池魚之殃

池 연못 지 | 魚 고기 어 | 之 어조사 지 | 殃 재앙 앙

'연못에 사는 물고기에게 닥친 재앙.' 아무 이유도 없이 재난을 당하는 것을 말한다. 출전은『여씨춘추』.

❀ 우화등선 羽化登仙

羽 깃 우 | 化 될 화 | 登 오를 등 | 仙 신선 선

'날개가 돋아 하늘로 올라가서 신선이 됨.' 지상 세계를 초월하여 신선의 세계로 들어가는 것을 말한다. 출전은 당송 팔대가의 하나인 소식(蘇軾)이 지은 『전적벽부(前赤壁賦)』 어느 해 가을 친구와 적벽에서 놀면서 지었다고 한다.

❀ 인지장사 기언야선 人之將死 其言也善

人 사람 인 | 之 어조사 지 | 將 장차 장 | 死 죽을 사 | 其 그 기 | 言 말씀 언 | 也 어조사 야 | 善 착할 선

'사람이 죽음에 임박했을 때는 그 하는 말이 착해진다.' 죽음에 이르러서는 누구나 선해진다는 뜻이다. 출전은 『논어』 태백편(泰伯篇).

❀ 청운지지 靑雲之志

靑 푸를 청 | 雲 구름 운 | 之 어조사 지 | 志 뜻 지

'푸른 구름의 뜻.' 입신출세하고자 하는 야망을 '청운의 뜻'이라고 표현하지만, 원래는 고결한 선비, 나아가 성인을 청운지사(靑雲之士)라 한다. 출전은 장구령(張九齡)이 지은 시 『조경견백발(照鏡見白髮: 거울에 흰 머리칼을 비춰보다)』.

❀ 한단지몽 邯鄲之夢

邯 땅이름 한 | 鄲 땅이름 단 | 之 어조사 지 | 夢 꿈 몽

인생과 부귀영화의 덧없음을 뜻하는 말. 한단 지방에서 꾼 꿈이란 의미에서 '한단지몽'이라 한다. 일장춘몽(一場春夢)과 같은 뜻이다. 출전은 『침중기(枕中記)』.

❀ 황량일취몽 黃粱一炊夢

黃 누를 황 | 粱 기장(조) 량 | 一 한 일 | 炊 불땔 취 | 夢 꿈 몽

'한단지몽'과 같은 의미. 밥을 한 번 짓는 동안 꾼 꿈이라는 뜻이다.

1. 무하유지향 •

2. 수즉다욕 •

3. 연년세세 화상사 •

4. 백구과극 •

5. 지어지앙 •

6. 우화등선 •

7. 인지장사 기언야선 •

8. 청운지지 •

9. 한단지몽 •

10. 황량일취몽 •

• ① 해마다 피는 꽃은 서로 비슷하다. 인생의 덧없음을 의미.

• ② 연못에 사는 물고기에게 닥친 재앙. 아무 이유 없이 재난을 당함.

• ③ 오래 살수록 수치스런 일을 많이 겪게 된다.

• ④ 흰 말이 문틈을 지나다. 세월이 빠르다 는 뜻.

• ⑤ 푸른 구름의 뜻. 입신출세의 야망이나 고결한 선비를 뜻한다.

• ⑥ 한단 지방에서 꾼 꿈. 인생과 부귀영화의 덧없음을 뜻한다.

• ⑦ 사람이 죽음에 임박했을 때는 그 하는 말이 착해진다.

• ⑧ 날개가 돋아 하늘로 올라가서 신선이 됨.

• ⑨ 밥을 한 번 짓는 동안 꾼 꿈. 한단지몽과 같은 의미.

• ⑩ 어느 곳에도 없는 장소. 광막한 세계, 서양의 유토피아를 말한다.

정답 1.⑩ 2.③ 3.① 4.④ 5.② 6.⑧ 7.⑦ 8.⑤ 9.⑥ 10.⑨

1. 지어지앙 •　　　　　　　　• ⓐ 邯鄲之夢

2. 우화등선 •　　　　　　　　• ⓑ 靑雲之志

3. 청운지지 •　　　　　　　　• ⓒ 人之將死其言也善

4. 한단지몽 •　　　　　　　　• ⓓ 年年歲歲花相似

5. 인지장사
　　기언야선 •　　　　　　　• ⓔ 壽則多辱

6. 무하유지향 •　　　　　　　• ⓕ 黃粱一炊夢

7. 수즉다욕 •　　　　　　　　• ⓖ 池魚之殃

8. 연년세세
　　화상사 •　　　　　　　　• ⓗ 白驪過隙

9. 백구과극 •　　　　　　　　• ⓘ 無何有之鄕

10. 황량일취몽 •　　　　　　　• ⓙ 羽化登仙

정답　1. ⓖ　2. ⓙ　3. ⓑ　4. ⓐ　5. ⓒ　6. ⓘ　7. ⓔ　8. ⓓ　9. ⓗ　10. ⓕ

다음 고사성어의 한자와 뜻풀이를
각각 연결하세요.

1. 白駒過隙　·

2. 靑雲之志　·

3. 人之將死
   其言也善　·

4. 壽則多辱　·

5. 邯鄲之夢　·

6. 無何有之鄕　·

7. 年年歲歲
   花相似　·

8. 池魚之殃　·

9. 黃粱一炊夢　·

10. 羽化登仙　·

· ① 푸른 구름의 뜻. 입신출세의 야망이나 고결한 선비를 뜻한다.

· ② 흰 말이 문틈을 지나다. 세월이 빠르다는 뜻.

· ③ 해마다 피는 꽃은 서로 비슷하다. 인생의 덧없음을 의미.

· ④ 연못에 사는 물고기에게 닥친 재앙. 아무 이유 없이 재난을 당함.

· ⑤ 오래 살수록 수치스런 일을 많이 겪게 된다.

· ⑥ 한단 지방에서 꾼 꿈. 인생과 부귀영화의 덧없음을 뜻한다.

· ⑦ 사람이 죽음에 임박했을 때는 그 하는 말이 착해진다.

· ⑧ 밥을 한 번 짓는 동안 꾼 꿈. 한단지몽과 같은 의미.

· ⑨ 어느 곳에도 없는 장소. 광막한 세계, 서양의 유토피아를 말한다.

· ⑩ 날개가 돋아 하늘로 올라가서 신선이 됨.

정답　1.②　2.①　3.⑦　4.⑤　5.⑥　6.⑨　7.③　8.④　9.⑧　10.⑩

다음 뜻풀이에 해당하는
고사성어를 한글로 쓰세요.

1. 한단 지방에서 꾼 꿈. 인생과 부귀영화의 덧
   없음을 뜻한다. _____

2. 사람이 죽음에 임박했을 때는 그 하는 말이
   착해진다. _____

3. 흰 말이 문틈을 지나다. 세월이 빠르다는 뜻. _____

4. 오래 살수록 수치스런 일을 많이 겪게 된다. _____

5. 밥을 한 번 짓는 동안 꾼 꿈. 한단지몽과 같
   은 의미. _____

6. 어느 곳에도 없는 장소. 광막한 세계, 서양의
   유토피아를 말한다. _____

7. 날개가 돋아 하늘로 올라가서 신선이 됨. _____

8. 푸른 구름의 뜻. 입신출세의 야망이나 고결한
   선비를 뜻한다. _____

9. 해마다 피는 꽃은 서로 비슷하다. 인생의 덧
   없음을 의미. _____

10. 연못에 사는 물고기에게 닥친 재앙. 아무 이
    유 없이 재난을 당함. _____

정답 1. 한단지몽 2. 인지장사 기언야선 3. 백구과극 4. 수즉다욕 5. 황량일취몽 6. 무하유지향
7. 우화등선 8. 청운지지 9. 연년세세화상사 10. 지어지앙

다음 설명에 해당하는 고사성어를
보기에서 찾아 한자로 쓰세요.

ⓐ 邯 鄲 之 夢
땅이름 한 땅이름 단 어조사 지 꿈 몽

ⓑ 靑 雲 之 志
푸를 청 구름 운 어조사 지 뜻 지

ⓒ 人 之 將 死
사람 인 어조사 지 장차 장 죽을 사

其 言 也 善
그 기 말씀 언 어조사 야 착할 선

ⓓ 無 何 有 之 鄕
없을 무 어찌 하 있을 유 어조사 지 고을 향

ⓔ 壽 則 多 辱
목숨 수 곧 즉 많을 다 욕될 욕

ⓕ 黃 粱 一 炊 夢
누를 황 기장(조) 량 한 일 불땔 취 꿈 몽

ⓖ 年 年 歲 歲
해 년 해 년 해 세 해 세

花 相 似
꽃 화 서로 상 비슷할 사

ⓗ 白 驅 過 隙
흰 백 말 구 지날 과 틈 극

ⓘ 池 魚 之 殃
연못 지 고기 어 어조사 지 재앙 앙

ⓙ 羽 化 登 仙
깃 우 될 화 오를 등 신선 선

1. '어느 곳에도 없는 장소.' 끝없이 텅 트인 광막한 세계를 말한다. 서양의 유토
   피아와 통한다.

2. '오래 살면 욕됨이 많다.' 오래 살수록 수치스런 일을 많이 겪게 된다는 뜻
   이다.

3. '해마다 피는 꽃은 서로 비슷하다.' '해마다 보는 사람은 같지 않구나'라는 문장과 짝을 이루어 인생의 덧없음을 말한다.

4. '흰 말이 문틈을 지나다.' 세월은 문틈으로 흰 말이 지나가는 것처럼 빠르다는 뜻.

5. '연못에 사는 물고기에게 닥친 재앙.' 아무 이유도 없이 재난을 당하는 것을 말한다.

6. '날개가 돋아 하늘로 올라가서 신선이 됨.' 지상 세계를 초월하여 신선의 세계로 들어가는 것을 말한다.

7. '사람이 죽음에 임박했을 때는 그 하는 말이 착해진다.' 죽음에 이르러서는 누구나 선해진다는 뜻이다.

8. '푸른 구름의 뜻.' 입신출세하고자 하는 야망이란 의미로 쓰이지만 원래는 고결한 선비, 나아가 성인을 말한다.

9. 인생과 부귀영화의 덧없음을 뜻하는 말. 한단 지방에서 꾼 꿈이란 의미이다.

10. 밥을 한 번 짓는 동안 꾼 꿈이란 뜻으로 '한단지몽'과 같은 의미로 쓰인다.

ⓐ死 ⓑ驪 ⓒ歲 ⓓ羽 ⓔ魚 ⓕ夢 ⓖ雲 ⓗ壽 ⓘ無 ⓙ梁

1. [　] 何有之鄕

6. [　] 化登仙

2. [　] 則多辱

7. 人之將 [　] 其言也善

3. 年年 [　] 歲花相似

8. 靑 [　] 之志

4. 白 [　] 過隙

9. 邯鄲之 [　]

5. 池 [　] 之殃

10. 黃 [　] 一炊夢

다음 고사성어에서 틀린 한 글자를 찾고
보기에서 맞는 글자를 찾아 쓰세요.

ⓐ將 ⓑ壽 ⓒ年 ⓓ驅 ⓔ靑 ⓕ鄲 ⓖ池 ⓗ化 ⓘ梁 ⓙ何

---

1. 無^①河^②有^③之^④鄉^⑤

   ➡ _____

2. 修^①則^②多^③辱^④

   ➡ _____

3. 延^①年^②歲^③歲^④花^⑤相^⑥似^⑦

   ➡ _____

4. 白^①毆^②過^③隙^④

   ➡ _____

5. 地^①魚^②之^③殃^④

   ➡ _____

6. 羽^①和^②登^③仙^④

   ➡ _____

7. 人^①之^②張^③死^④其^⑤言^⑥也^⑦善^⑧

   ➡ _____

8. 清^①雲^②之^③志^④

   ➡ _____

9. 邯^①單^②之^③夢^④

   ➡ _____

10. 黃^①粱^②一^③炊^④夢^⑤

    ➡ _____

정답 1.②ⓙ 2.①ⓑ 3.①ⓒ 4.②ⓓ 5.①ⓖ 6.②ⓗ 7.③ⓐ 8.①ⓔ 9.②ⓕ 10.②ⓘ

⊛ 청천벽력 青天霹靂

青 푸를 청 | 天 하늘 천 | 霹 벼락 벽 | 靂 벼락 력

'맑은 하늘의 벼락.' 뜻밖의 사태, 돌발적인 충격을 뜻한다. 원래는 붓글씨의 필세가 자유분방하고 약동함을 의미한다. 출전은 육유(陸游)가 지은 시「구월사일계미명기작(九月四日鷄未鳴起作: 9월 4일 닭이 울기도 전에 일어나서 짓다)」.

⊛ 호접지몽 胡蝶之夢

胡 오랑캐 호 | 蝶 나비 접 | 之 어조사 지 | 夢 꿈 몽

'나비의 꿈.' 장자가 꿈속에서 나비가 되어 날아다닌 데서 유래했다. 자연과 하나된 만물일체의 경지를 뜻한다. 출전은『장자』제물론편(齊物論篇).

⊛ 화서지몽 華胥之夢

華 빛날 화 | 胥 서로 서 | 之 어조사 지 | 夢 꿈 몽

'화서의 꿈.' 좋은 꿈(吉夢)을 뜻한다. 출전은『열자』황제편(黃帝篇).

⊛ 환락극혜애정다 歡樂極兮哀情多

歡 기쁠 환 | 樂 즐거울 락 | 極 지극할 극 | 兮 어조사 혜 | 哀 애달플 애 | 情 정 정 | 多 많을 다

'기쁨과 즐거움이 극진하니 오히려 슬픈 정이 많구나.' 행복의 절정에서 오히려 인생무상을 느껴 슬픈 정이 솟는다는 뜻. 어떤 것도 영원하지 않고 덧없기 때문이다. 출전은 한나라 무제(武帝)가 지은『추풍사병서(秋風辭竝序)』.

⊛ 천지만물지역려 광음백대지과객
天地萬物之逆旅 光陰百代之過客

天 하늘 천 | 地 땅 지 | 萬 일만 만 | 物 물건 물 | 之 어조사 지 | 逆 맞을 역 | 旅 나그네 려 | 光 빛 광 | 陰 그늘 음 | 百 일백 백 | 代 번갈아 대 | 過 지날 과 | 客 손님 객

'천지는 만물이 머무는 여관이요, 시간은 영원한 나그네이다.' 무한한 우주 속에서 인생의 짧음을 뜻한다. 출전은 이백이 지은 춘야연도리원서(春夜宴桃李園序).

⊛ 청담 淸談

清 맑을 청 | 談 이야기 담

'맑고 고매한 이야기.' 세속적인 명예와 이해관계를 벗어나 고매한 정신의 자유로운 세계를 논한 데서 비롯함. 주로 노자와 장자의 철학을 말한다. 출전은『진서』,『송서』등.

⊛ 매처학자 梅妻鶴子

梅 매실 매 | 妻 아내 처 | 鶴 학 학 | 子 아들 자

'매화라는 아내와 학이라는 아들.' 세속을 벗어나 풍류를 즐기는 생활을 뜻한다. 출전은『시화총귀(詩話總龜)』.

⊛ 호중천 壺中天

壺 항아리 호 | 中 가운데 중 | 天 하늘 천

'항아리 속의 하늘.' 별천지를 뜻하며 '호천(壺天)'이라고도 한다. 후한 시대, 비장방(費長房)이 약 파는 노인의 항아리 속에 들어가 별천지의 향락을 즐긴 데서 유래. 출전은『후한서』방술전(方術傳).

⊛ 역부지몽 役夫之夢

役 일꾼 역 | 夫 지아비 부 | 之 어조사 지 | 夢 꿈 몽

'일꾼의 꿈.' 낮에는 중노동을 하는 일꾼이 밤에는 나라의 임금이 되는 꿈을 꾸는 데서 유래. 인생의 부귀영화는 꿈처럼 덧없는 것이라는 뜻. 출전은『열자』주목왕(周穆王).

⊛ 망운지정 望雲之情

望 바라볼 망 | 雲 구름 운 | 之 어조사 지 | 情 정 정

'구름을 바라보면서 생기는 정.' 자식이 부모를 생각하는 정, 또는 타향에서 고향의 부모를 그리워하는 정을 말한다. 출전은『당서』적인걸전(狄仁傑傳).

다음 고사성어와 뜻풀이를
각각 연결하세요.

1. 청천벽력　　•

2. 호접지몽　　•

3. 화서지몽　　•

4. 환락극혜
　　애정다　　•

5. 천지만물지
　　역려 광음백
　　대지과객　　•

6. 청담　　•

7. 매처학자　　•

8. 호중천　　•

9. 역부지몽　　•

10. 망운지정　　•

• ① 나비의 꿈. 자연과 하나 된 만물일체의
　　경지를 뜻한다.

• ② 맑은 하늘의 벼락. 뜻밖의 사태, 돌발적
　　인 충격을 뜻한다.

• ③ 행복의 절정에서 오히려 인생무상을
　　느껴 슬픈 정이 솟는다.

• ④ 천지는 만물이 머무는 여관이요, 시간
　　은 영원한 나그네이다.

• ⑤ 화서의 꿈. 좋은 꿈(吉夢)을 뜻한다.

• ⑥ 항아리 속의 하늘. 별천지를 뜻한다.

• ⑦ 자식이 부모를 생각하는 정, 또는 타향에
　　서 고향의 부모를 그리워함.

• ⑧ 매화라는 아내와 학이라는 아들. 세속을
　　벗어나 풍류를 즐기는 생활.

• ⑨ 맑고 고매한 이야기. 주로 노자와 장자
　　의 철학을 말한다.

• ⑩ 일꾼의 꿈. 인생의 부귀영화는 꿈처럼
　　덧없는 것이라는 뜻.

정답　1.② 2.① 3.⑤ 4.③ 5.④ 6.⑨ 7.⑧ 8.⑥ 9.⑩ 10.⑦

1. 화서지몽 •

2. 청담 •

3. 청천벽력 •

4. 매처학자 •

5. 호중천 •

6. 역부지몽 •

7. 망운지정 •

8. 환락극혜
애정다 •

9. 천지만물지
역려 광음백 •
대지과객

10. 호접지몽 •

• ⓐ 梅妻鶴子

• ⓑ 天地萬物之逆旅
光陰百代之過客

• ⓒ 壺中天

• ⓓ 役夫之夢

• ⓔ 靑天霹靂

• ⓕ 望雲之情

• ⓖ 胡蝶之夢

• ⓗ 歡樂極兮哀情多

• ⓘ 淸談

• ⓙ 華胥之夢

정답 1.ⓙ 2.ⓘ 3.ⓔ 4.ⓐ 5.ⓒ 6.ⓓ 7.ⓕ 8.ⓗ 9.ⓑ 10.ⓖ

다음 고사성어의 한자와 뜻풀이를
각각 연결하세요.

1. 靑天霹靂　•

2. 望雲之情　•

3. 天地萬物之
　逆旅 光陰百
　代之過客　•

4. 壺中天　•

5. 役夫之夢　•

6. 胡蝶之夢　•

7. 歡樂極兮
　哀情多　•

8. 淸談　•

9. 華胥之夢　•

10. 梅妻鶴子　•

•① 나비의 꿈. 자연과 하나 된 만물일체의
　경지를 뜻한다.

•② 매화라는 아내와 학이라는 아들. 세속을
　벗어나 풍류를 즐기는 생활.

•③ 자식이 부모를 생각하는 정, 또는 타향에
　서 고향의 부모를 그리워함.

•④ 항아리 속의 하늘. 별천지를 뜻한다.

•⑤ 행복의 절정에서 오히려 인생무상을 느
　껴 슬픈 정이 솟는다.

•⑥ 천지는 만물이 머무는 여관이요, 시간은
　영원한 나그네이다.

•⑦ 화서의 꿈. 좋은 꿈(吉夢)을 뜻한다.

•⑧ 맑고 고매한 이야기. 주로 노자와 장자의
　철학을 말한다.

•⑨ 일꾼의 꿈. 인생의 부귀영화는 꿈처럼 덧
　없는 것이라는 뜻.

•⑩ 맑은 하늘의 벼락. 뜻밖의 사태, 돌발적
　인 충격을 뜻한다.

정답　1.⑩　2.③　3.⑥　4.④　5.⑨　6.①　7.⑤　8.⑧　9.⑦　10.②

연/습/문/제 / 4 단계

다음 뜻풀이에 해당하는
고사성어를 한글로 쓰세요.

1. 행복의 절정에서 오히려 인생무상을 느껴 슬
   픈 정이 솟는다.

   _____

2. 일꾼의 꿈. 인생의 부귀영화는 꿈처럼 덧없
   는 것이라는 뜻.

   _____

3. 나비의 꿈. 자연과 하나 된 만물일체의 경지
   를 뜻한다.

   _____

4. 매화라는 아내와 학이라는 아들. 세속을 벗
   어나 풍류를 즐기는 생활.

   _____

5. 항아리 속의 하늘. 별천지를 뜻한다.

   _____

6. 천지는 만물이 머무는 여관이요, 시간은 영
   원한 나그네이다.

   _____

7. 화서의 꿈. 좋은 꿈(吉夢)을 뜻한다.

   _____

8. 맑은 하늘의 벼락. 뜻밖의 사태, 돌발적인 충
   격을 뜻한다.

   _____

9. 자식이 부모를 생각하는 정, 또는 타향에서
   고향의 부모를 그리워함.

   _____

10. 맑고 고매한 이야기. 주로 노자와 장자의 철
    학을 말한다.

    _____

정답 1.환락극혜 애정다 2.역부지몽 3.호접지몽 4.매처학자 5.호중천 6.천지만물지역려 광
음백대지과객 7.화서지몽 8.청천벽력 9.망운지정 10.청담

45

다음 설명에 해당하는 고사성어를
보기에서 찾아 한자로 쓰세요.

ⓐ 胡 蝶 之 夢
오랑캐 호 나비 접 어조사 지 꿈 몽

ⓑ 華 胥 之 夢
빛날 화 서로 서 어조사 지 꿈 몽

ⓒ 歡 樂 極 兮
기쁠 환 즐거울 락 지극할 극 어조사 혜

哀 情 多
애달플 애 정 정 많을 다

ⓓ 天 地 萬 物 之
하늘 천 땅 지 일만 만 물건 물 어조사 지

逆 旅 光 陰 百
맞을 역 나그네 려 빛 광 그늘 음 일백 백

代 之 過 客
번갈아 대 어조사 지 지날 과 손님 객

ⓔ 靑 天 霹 靂
푸를 청 하늘 천 벼락 벽 벼락 력

ⓕ 淸 談
맑을 청 이야기 담

ⓖ 梅 妻 鶴 子
매실 매 아내 처 학 학 아들 자

ⓗ 壺 中 天
항아리 호 가운데 중 하늘 천

ⓘ 役 夫 之 夢
일꾼 역 지아비 부 어조사 지 꿈 몽

ⓙ 望 雲 之 情
바라볼 망 구름 운 어조사 지 정 정

1. '맑은 하늘의 벼락.' 뜻밖의 사태, 돌발적인 충격을 뜻한다. 원래는 붓글씨의
   필세가 자유분방하고 약동함을 의미한다.

2. '나비의 꿈.' 장자가 꿈속에서 나비가 되어 날아다닌 데서 유래했다. 자연과
   하나 된 만물일체의 경지를 뜻한다.

3. '구름을 바라보면서 생기는 정.' 자식이 부모를 생각하는 정, 또는 타향에서 고향의 부모를 그리워하는 정을 말한다.

4. '기쁨과 즐거움이 극진하니 오히려 슬픈 정이 많구나.' 행복의 절정에서 오히려 인생무상을 느껴 슬픈 정이 솟는다는 뜻.

5. '화서의 꿈.' 좋은 꿈(吉夢)을 뜻한다.

6. '매화라는 아내와 학이라는 아들.' 세속을 벗어나 풍류를 즐기는 생활을 뜻한다.

7. '일꾼의 꿈.' 낮에는 중노동을 하는 일꾼이 밤에는 나라의 임금이 되는 꿈을 꾸는 데서 유래. 인생의 부귀영화는 꿈처럼 덧없는 것이라는 뜻.

8. '항아리 속의 하늘.' 별천지를 뜻한다. 후한 시대, 비장방(費長房)이 약 파는 노인의 항아리 속에 들어가 별천지의 향락을 즐긴 데서 유래.

9. '맑고 고매한 이야기.' 세속적인 명예와 이해관계를 벗어나 고매한 정신의 자유로운 세계를 논한 데서 비롯함.

10. '천지는 만물이 머무는 여관이요, 시간은 영원한 나그네이다.' 무한한 우주 속에서 인생의 짧음을 표현한 구절.

정답 1.ⓔ 2.ⓐ 3.ⓙ 4.ⓒ 5.ⓑ 6.ⓖ 7.ⓘ 8.ⓗ 9.ⓕ 10.ⓓ

다음 고사성어를 읽고, 빈칸의 글자를
보기에서 찾아 채우세요.

ⓐ靑 ⓑ胡 ⓒ之 ⓓ萬 ⓔ妻 ⓕ淸 ⓖ胥 ⓗ天 ⓘ光 ⓙ役 ⓚ歡

---

1. ☐ 蝶之夢

6. 梅 ☐ 鶴子

2. 華 ☐ 之夢

7. 壺中 ☐

3. ☐ 樂極兮哀情多

8. ☐ 夫之夢

4. 天地 ☐ 物之逆旅
   ☐ 陰百代之過客

9. 望雲 ☐ 情

10. ☐ 天霹靂

5. ☐ 談

ⓐ 胡 ⓑ 望 ⓒ 物 ⓓ 梅 ⓔ 淸 ⓕ 胥 ⓖ 中 ⓗ 陰 ⓘ 夫 ⓙ 極 ⓚ 天

1. 賣妻鶴子
   ① ② ③ ④

   ➡ _____

2. 天地萬沕之逆旅
   ① ② ③ ④ ⑤ ⑥ ⑦

   ➡ _____

   光飮百代之過客
   ⑧ ⑨ ⑩ ⑪ ⑫ ⑬ ⑭

   ➡ _____

3. 壺重天
   ① ② ③

   ➡ _____

4. 歡樂克兮哀情多
   ① ② ③ ④ ⑤ ⑥ ⑦

   ➡ _____

5. 役父之夢
   ① ② ③ ④

   ➡ _____

6. 忘雲之情
   ① ② ③ ④

   ➡ _____

7. 湖蝶之夢
   ① ② ③ ④

   ➡ _____

8. 華誓之夢
   ① ② ③ ④

   ➡ _____

9. 靑談
   ① ②

   ➡ _____

10. 靑千霹靂
    ① ② ③ ④

    ➡ _____

정답 1.①ⓓ 2.④ⓒ ⑨ⓗ 3.②ⓖ 4.③ⓘ 5.②ⓘ 6.①ⓑ 7.①ⓐ 8.②ⓕ 9.①ⓔ 10.②ⓚ

49

✿ 중석몰촉 中石沒鏃

中 가운데(맞힐) 중 | 石 돌 석 | 沒 빠질 몰 | 鏃 화살촉 촉

'화살이 바위를 뚫고 화살촉까지 들어가다.' 전심전력으로 정신을 집중하면 놀라운 힘을 발휘할 수 있다는 뜻. 출전은 『사기』이장군전(李將軍傳).

✿ 절전 折箭

折 부러질 절 | 箭 화살 전

'화살을 부러뜨리다.' 서로 마음을 합쳐 협력하는 것의 소중함을 알려주는 교훈이다. 출전은 『북사』토곡혼전(土谷渾傳).

✿ 반야탕 般若湯

般 돌 반 | 若 반야 야 | 湯 끓는물 탕

'반야경을 읽는 승려가 마시는 것.' 절에서 술을 가리키는 말이다. 출전은 『묵장만록(墨莊漫錄)』

✿ 원교근공 遠交近攻

遠 멀 원 | 交 사귈 교 | 近 가까울 근 | 攻 공격할 공

'먼 나라와는 친선을 맺고 가까운 나라부터 공격하라.' 진시황이 천하를 통일하기 위해 채택한 정책이다. 출전은 『사기』범수열전(范睡列傳). 범수의 이야기는 '누란지위(累卵之危)'에도 등장한다.

✿ 마부작침 磨斧作針

磨 갈 마 | 斧 도끼 부 | 作 지을 작 | 針 바늘 침

'도끼를 갈아서 바늘로 만든다.' 끈기 있게 쉬지 않고 노력하면 어떤 어려운 일도 성취할 수 있다는 뜻. 출전은 『당서』문원전(文苑傳).

❀ 문일지십 聞一知十

聞 들을 문 | 一 하나 일 | 知 알 지 | 十 열 십

'하나를 들으면 열을 안다.' 재능이나 학문이 아주 뛰어난 사람. 평범한 사람은 하나를 들으면 하나를 알고, 뛰어난 사람은 하나를 들으면 둘을 알고, 걸출한 사람은 하나를 들으면 열을 안다. 출전은 『논어』 공야장편(公冶長篇).

❀ 망양지탄 望洋之嘆

望 바라볼 망 | 洋 큰바다 양 | 之 어조사 지 | 嘆 탄식할(감탄할) 탄

드넓은 바다를 보고 감탄하는 것. 남의 위대함을 보고 자신의 보잘것없음을 깨닫게 된다는 뜻이다. 더 나아가 자신의 힘이 미치지 못해서 어쩔 수 없다는 뜻도 있다. 출전은 『장자』 추수편(秋水篇).

❀ 노당익장 老當益壯

老 늙을 노 | 當 당할 당 | 益 더할 익 | 壯 굳셀 장

늙을수록 더욱 굳세다. 비록 나이가 많더라도 그 의지가 변하지 않고 굳센 것을 뜻하는데 '노익장'이라는 말로 널리 쓰인다. 출전은 『후한서』 마원전(馬援傳).

❀ 여어득수 如魚得水

如 같을 여 | 魚 물고기 어 | 得 얻을 득 | 水 물 수

물고기가 물을 만난 듯하다. 자기가 마음껏 일할 수 있는 환경에 처한 것을 뜻한다. 출전은 『삼국지』 제갈량전(諸葛亮傳).

❀ 의마심원 意馬心猿

意 뜻 의 | 馬 말 마 | 心 마음 심 | 猿 원숭이 원

'뜻은 말처럼 날뛰고 마음은 원숭이처럼 조급하다.' 감정이 요동치고 온갖 생각에 휩싸여서 다스릴 수 없는 상태, 즉 인간의 번뇌와 망상(妄想)을 일컫는 불가(佛家)의 용어이다. 출전은 『참동계(參同契)』의 주(注).

다음 고사성어와 뜻풀이를
각각 연결하세요.

1. 중석몰촉   •

2. 절전   •

3. 반야탕   •

4. 원교근공   •

5. 마부작침   •

6. 문일지십   •

7. 망양지탄   •

8. 노당익장   •

9. 여어득수   •

10. 의마심원   •

• ① 화살을 부러뜨리다. 서로 마음을 합쳐 협력하는 것의 소중함을 말한다.

• ② 도끼를 갈아서 바늘로 만든다. 노력하면 어려운 일도 성취할 수 있다.

• ③ 물고기가 물을 만난 듯하다. 마음껏 일할 수 있는 환경을 말한다.

• ④ 반야경을 읽는 승려가 마시는 것. 절에서 술을 가리키는 말.

• ⑤ 하나를 들으면 열을 안다. 재능이나 학문이 아주 뛰어난 사람.

• ⑥ 드넓은 바다를 보고 감탄하다. 자신의 보잘것없음을 깨닫는다.

• ⑦ 뜻은 말처럼 날뛰고 마음은 원숭이처럼 조급하다. 즉 번뇌와 망상.

• ⑧ 먼 나라와는 친선을 맺고 가까운 나라부터 공격하라.

• ⑨ 늙을수록 더욱 굳세다. 노익장이라는 말로 널리 사용된다.

• ⑩ 화살이 바위를 뚫고 화살촉까지 들어가다. 정신 집중의 놀라운 효과.

정답 1. ⑩ 2. ① 3. ④ 4. ⑧ 5. ② 6. ⑤ 7. ⑥ 8. ⑨ 9. ③ 10. ⑦

1. 절전 •

• ⓐ 意馬心猿

2. 반야탕 •

• ⓑ 磨斧作針

3. 문일지십 •

• ⓒ 望洋之嘆

4. 망양지탄 •

• ⓓ 老當益壯

5. 중석몰촉 •

• ⓔ 中石沒鏃

6. 원교근공 •

• ⓕ 般若湯

7. 마부작침 •

• ⓖ 遠交近攻

8. 여어득수 •

• ⓗ 如魚得水

9. 의마심원 •

• ⓘ 折箭

10. 노당익장 •

• ⓙ 聞一知十

정답 1.ⓘ 2.ⓕ 3.ⓙ 4.ⓒ 5.ⓔ 6.ⓖ 7.ⓑ 8.ⓗ 9.ⓐ 10.ⓓ

연/습/문/제/3단계

다음 고사성어의 한자와 뜻풀이를
각각 연결하세요.

1. 磨斧作針 •

2. 老當益壯 •

3. 中石沒鏃 •

4. 般若湯 •

5. 望洋之嘆 •

6. 如魚得水 •

7. 遠交近攻 •

8. 折箭 •

9. 意馬心猿 •

10. 聞一知十 •

• ① 도끼를 갈아서 바늘로 만든다. 노력하면 어려운 일도 성취할 수 있다.

• ② 하나를 들으면 열을 안다. 재능이나 학문이 아주 뛰어난 사람.

• ③ 물고기가 물을 만난 듯하다. 마음껏 일할 수 있는 환경을 말한다.

• ④ 반야경을 읽는 승려가 마시는 것. 절에서 술을 가리키는 말.

• ⑤ 드넓은 바다를 보고 감탄하다. 자신의 보잘것없음을 깨닫는다.

• ⑥ 뜻은 말처럼 날뛰고 마음은 원숭이처럼 조급하다. 즉 번뇌와 망상.

• ⑦ 화살을 부러뜨리다. 서로 마음을 합쳐 협력하는 것의 소중함을 말한다.

• ⑧ 늙을수록 더욱 굳세다. 노익장이라는 말로 널리 사용된다.

• ⑨ 화살이 바위를 뚫고 화살촉까지 들어가다. 정신 집중의 놀라운 효과.

• ⑩ 먼 나라와는 친선을 맺고 가까운 나라부터 공격하라.

정답 1.① 2.⑧ 3.⑨ 4.④ 5.⑤ 6.③ 7.⑩ 8.⑦ 9.⑥ 10.②

다음 뜻풀이에 해당하는
고사성어를 한글로 쓰세요.

1. 물고기가 물을 만난 듯하다. 마음껏 일할 수
   있는 환경을 말한다.

   _____

2. 화살이 바위를 뚫고 화살촉까지 들어가다.
   정신 집중의 놀라운 효과.

   _____

3. 반야경을 읽는 승려가 마시는 것. 절에서 술
   을 가리키는 말.

   _____

4. 화살을 부러뜨리다. 서로 마음을 합쳐 협력
   하는 것의 소중함을 말한다.

   _____

5. 도끼를 갈아서 바늘로 만든다. 노력하면 어
   려운 일도 성취할 수 있다.

   _____

6. 하나를 들으면 열을 안다. 재능이나 학문이
   아주 뛰어난 사람.

   _____

7. 먼 나라와는 친선을 맺고 가까운 나라부터
   공격하라.

   _____

8. 늙을수록 더욱 굳세다. 노익장이라는 말로 널
   리 사용된다.

   _____

9. 드넓은 바다를 보고 감탄하다. 자신의 보잘
   것없음을 깨닫는다.

   _____

10. 뜻은 말처럼 날뛰고 마음은 원숭이처럼 조급
    하다. 즉 번뇌와 망상.

    _____

정답 1. 여어득수 2. 중석몰촉 3. 반야탕 4. 절전 5. 마부작침 6. 문일지십 7. 원교근공 8. 노당
익장 9. 망양지탄 10. 의마심원

다음 설명에 해당하는 고사성어를
보기에서 찾아 한자로 쓰세요.

ⓐ 意 馬 心 猿
뜻 의   말 마   마음 심   원숭이 원

ⓑ 磨 斧 作 針
갈 마   도끼 부   지을 작   바늘 침

ⓒ 望 洋 之 嘆
바라볼 망   큰바다 양   어조사 지   탄식할(감탄할) 탄

ⓓ 老 當 益 壯
늙을 노   당할 당   더할 익   굳셀 장

ⓔ 中 石 沒 鏃
가운데(맞힐) 중   돌 석   빠질 몰   화살촉 촉

ⓕ 般 若 湯
돌 반   반야 야   끓는물 탕

ⓖ 遠 交 近 攻
멀 원   사귈 교   가까울 근   공격할 공

ⓗ 如 魚 得 水
같을 여   물고기 어   얻을 득   물 수

ⓘ 折 箭
부러질 절   화살 전

ⓙ 聞 一 知 十
들을 문   하나 일   알 지   열 십

1. '화살이 바위를 뚫고 화살촉까지 들어가다.' 전심전력으로 정신을 집중하면 놀라운 힘을 발휘할 수 있다는 뜻.

2. '화살을 부러뜨리다.' 서로 마음을 합쳐 협력하는 것의 소중함을 알려주는 교훈이다.

3. '반야경을 읽는 승려가 마시는 것.' 절에서 술을 가리키는 말이다.

4. '먼 나라와는 친선을 맺고 가까운 나라부터 공격하라.' 진시황이 천하를 통일하기 위해 채택한 정책이다.

5. '도끼를 갈아서 바늘로 만든다.' 끈기 있게 쉬지 않고 노력하면 어떤 어려운 일도 성취할 수 있다는 뜻.

6. '하나를 들으면 열을 안다.' 재능이나 학문이 아주 뛰어난 사람.

7. 드넓은 바다를 보고 감탄하는 것. 남의 위대함을 보고 자신의 보잘것없음을 깨닫게 된다는 뜻이다. 자신의 힘이 미치지 못해 어쩔 수 없다는 뜻도 있다.

8. 늙을수록 더욱 굳세다. 비록 나이가 많더라도 그 의지가 변하지 않고 굳센 것을 뜻하는데 '노익장'이라는 말로 널리 쓰인다.

9. 물고기가 물을 만난 듯하다. 자기가 마음껏 일할 수 있는 환경에 처한 것을 뜻한다.

10. '뜻은 말처럼 날뛰고 마음은 원숭이처럼 조급하다.' 감정이 요동치고 온갖 생각에 휩싸여서 다스릴 수 없는 상태, 즉 인간의 번뇌와 망상(妄想)을 말한다.

다음 고사성어를 읽고, 빈칸의 글자를
보기에서 찾아 채우세요.

ⓐ得 ⓑ石 ⓒ嘆 ⓓ箭 ⓔ益 ⓕ知 ⓖ般 ⓗ磨 ⓘ遠 ⓙ意

1. 望洋之□

6. □馬心猿

2. 老當□壯

7. 中□沒鏃

3. □若湯

8. 折□

4. □交近攻

9. □斧作針

5. 如魚□水

10. 聞一□十

정답 1.ⓒ 2.ⓔ 3.ⓖ 4.ⓘ 5.ⓐ 6.ⓙ 7.ⓑ 8.ⓓ 9.ⓗ 10.ⓕ

연/습/문/제/7단계

다음 고사성어에서 틀린 한 글자를 찾고
보기에서 맞는 글자를 찾아 쓰세요.

ⓐ石 ⓑ如 ⓒ聞 ⓓ箭 ⓔ若 ⓕ磨 ⓖ洋 ⓗ猿 ⓘ交 ⓙ盆

---

1. 望羊之嘆 (①②③④)

➡ _____

2. 老當翼壯 (①②③④)

➡ _____

3. 般藥湯 (①②③)

➡ _____

4. 遠郊近攻 (①②③④)

➡ _____

5. 與魚得水 (①②③④)

➡ _____

6. 意馬心遠 (①②③④)

➡ _____

7. 中錫沒鏃 (①②③④)

➡ _____

8. 折前 (①②)

➡ _____

9. 摩斧作針 (①②③④)

➡ _____

10. 問一知十 (①②③④)

➡ _____

정답 1.②ⓖ 2.③ⓘ 3.②ⓔ 4.②ⓘ 5.①ⓑ 6.④ⓗ 7.②ⓐ 8.②ⓓ 9.①ⓕ 10.①ⓒ

59

❀ 포류지질 蒲柳之質

蒲 마름 포 | 柳 버들 류 | 之 어조사 지 | 質 바탕 질

'물가의 버드나무 같은 체질.' 허약체질이나 나이보다 일찍 머리가 세는 체질을 말한다. 출전은『진서』고열지전(顧悅之傳).

❀ 계찰괘검 季札卦劍

季 끝(막내) 계 | 札 패(편지) 찰 | 卦 걸 괘 | 劍 칼 검

'계찰이 검을 걸어 놓다.' 계찰은 자기 보검을 풀어 나무에 걸어놓음으로써 마음의 약속을 지켰다. 자신에게 한 약속을 굳게 지키는 것을 뜻한다. 출전은『사기』오태백세가(吳太伯世家).

❀ 묵자비염 墨子悲染

墨 먹 묵 | 子 아들 자 | 悲 슬플 비 | 染 물들일 염

'묵자가 물들여지는 것을 슬퍼하다.' 습관에 따라 성품의 선악도 달라지는 것을 말한다. 출전은『묵자』.

❀ 세이 洗耳

洗 씻을 세 | 耳 귀 이

'귀를 씻다.' 허유(許由)가 영수(潁水) 가에서 귀를 씻은 데서 유래. 행실이 고결하여 세속의 티끌에 물들지 않는 것을 말한다. 출전은『고사전(高士傳)』.

❀ 사시가편 死屍加鞭

死 죽을 사 | 屍 시체 시 | 加 가할 가 | 鞭 채찍 편

죽은 시체에 다시 채찍질을 가하다. 출전은『사기』오자서열전(伍子胥列傳).

다기망양 多岐亡羊

多 많을 다 | 岐 갈림길 기 | 亡 없앨 망 | 羊 양 양

'갈림길이 너무 많아서 양을 잃어버렸다.' 지엽적이고 단편적인 데 집착하다가 본 뜻을 잃어버리는 것을 말한다. 출전은『열자(列子)』설부편(說符篇).

타산지석 他山之石

他 남 타 | 山 뫼 산 | 之 어조사 지 | 石 돌 석

'다른 산의 돌.' 다른 산의 돌도 옥을 가는 데는 소용이 된다는 말에서 유래. 쓸모없어 보이는 것도 쓰기에 따라 유용하고, 남의 잘못도 자기 수양의 거울로 삼을 수 있다는 뜻. 출전은『시경』소아(小雅)에 나오는 시 학명(鶴鳴).

맹모삼천지교 孟母三遷之教

孟 맏 맹 | 母 어미 모 | 三 석 삼 | 遷 옮길 천 | 之 어조사 지 | 教 가르칠 교

'맹자의 어머니가 세 번 이사를 해서 맹자를 교육하다.' 맹자의 어머니가 맹자의 교육을 위해 세 번 이사를 한 것에서 유래한다. 출전은 한나라의 유향(劉向)이 엮은『열녀전(列女傳)』.

단기지교 斷機之教

斷 끊을 단 | 機 베틀 기 | 之 어조사 지 | 教 가르칠 교

'베틀의 실을 끊다.' 맹자의 어머니가 맹자의 교육을 위해 베틀의 실을 끊은 것에서 유래. 맹모삼천지교와 같은 뜻으로 쓰인다. 출전은 한나라의 유향(劉向)이 엮은『열녀전(列女傳)』.

단장 斷腸

斷 끊을 단 | 腸 창자 장

'창자가 끊어지는 듯한 슬픔.' 더할 수 없는 극심한 슬픔을 표현하는 말이다. 출전은『세설신어(世說新語)』출면편(黜免篇).

연/습/문/제 / 1 단계
다음 고사성어와 뜻풀이를
각각 연결하세요.

1. 포류지질 •

2. 계찰괘검 •

3. 묵자비염 •

4. 세이 •

5. 사시가편 •

6. 다기망양 •

7. 타산지석 •

8. 맹모
   삼천지교 •

9. 단기지교 •

10. 단장 •

• ① 묵자가 물들여지는 것을 슬퍼함. 습관에 따라 성품의 선악도 달라진다.

• ② 창자가 끊어지는 듯한 더할 수 없는 슬픔.

• ③ 갈림길이 많아 양을 잃어버리다. 지엽에 집착해 본뜻을 잃어버리다.

• ④ 물가의 버드나무 같은 체질. 허약 체질, 머리가 일찍 세는 것을 말한다.

• ⑤ 맹자의 어머니가 세 번 이사를 해서 맹자를 교육하다.

• ⑥ 맹자의 어머니가 베틀의 실을 끊어 맹자를 교육하다.

• ⑦ 계찰이 검을 걸어 놓다. 자신에게 한 약속을 굳게 지킨다는 뜻이다.

• ⑧ 죽은 시체에 채찍질을 가하다.

• ⑨ 다른 산의 돌. 남의 잘못도 자기 수양의 거울로 삼을 수 있다는 뜻.

• ⑩ 귀를 씻다. 세속의 티끌에 물들지 않음.

정답 1.④ 2.⑦ 3.① 4.⑩ 5.⑧ 6.③ 7.⑨ 8.⑤ 9.⑥ 10. ②

연/습/문/제/2단계

다음 고사성어와 한자를
각각 연결하세요.

1. 단기지교 ·

2. 묵자비염 ·

3. 세이 ·

4. 포류지질 ·

5. 사시가편 ·

6. 계찰괘검 ·

7. 다기망양 ·

8. 맹모
삼천지교 ·

9. 타산지석 ·

10. 단장 ·

· ⓐ 他山之石

· ⓑ 多岐亡羊

· ⓒ 斷腸

· ⓓ 孟母三遷之敎

· ⓔ 斷機之敎

· ⓕ 蒲柳之質

· ⓖ 季札卦劍

· ⓗ 洗耳

· ⓘ 死屍加鞭

· ⓙ 墨子悲染

정답 1.ⓔ 2.ⓙ 3.ⓗ 4.ⓕ 5.ⓘ 6.ⓖ 7.ⓑ 8.ⓓ 9.ⓐ 10.ⓒ

다음 고사성어의 한자와 뜻풀이를
각각 연결하세요.

1. 孟母
　三遷之敎 •

2. 斷機之敎 •

3. 他山之石 •

4. 多岐亡羊 •

5. 蒲柳之質 •

6. 斷腸 •

7. 季札卦劍 •

8. 墨子悲染 •

9. 洗耳 •

10. 死屍加鞭 •

• ① 죽은 시체에 채찍질을 가하다.

• ② 묵자가 물들여지는 것을 슬퍼함. 습관에
　따라 성품의 선악도 달라진다.

• ③ 귀를 씻다. 세속의 티끌에 물들지 않음.

• ④ 갈림길이 많아 양을 잃어버리다. 지엽에
　집착해 본뜻을 잃어버리다.

• ⑤ 다른 산의 돌. 남의 잘못도 자기 수양의
　거울로 삼을 수 있다는 뜻.

• ⑥ 창자가 끊어지는 듯한 더할 수 없는 슬
　픔.

• ⑦ 맹자의 어머니가 세 번 이사를 해서 맹자
　를 교육하다.

• ⑧ 계찰이 검을 걸어 놓다. 자신에게 한 약
　속을 굳게 지킨다는 뜻이다.

• ⑨ 물가의 버드나무 같은 체질. 허약 체질,
　머리가 일찍 세는 것을 말한다.

• ⑩ 맹자의 어머니가 베틀의 실을 끊어 맹자
　를 교육하다.

정답 1.⑦ 2.⑩ 3.⑤ 4.④ 5.⑨ 6.⑥ 7.⑧ 8.② 9.③ 10.①

다음 뜻풀이에 해당하는
고사성어를 한글로 쓰세요.

1. 죽은 시체에 채찍질을 가하다. _____

2. 맹자의 어머니가 베틀의 실을 끊어 맹자를
   교육하다. _____

3. 묵자가 물들여지는 것을 슬퍼함. 습관에 따라
   성품의 선악도 달라진다. _____

4. 귀를 씻다. 세속의 티끌에 물들지 않음. _____

5. 물가의 버드나무 같은 체질. 허약 체질, 머리
   가 일찍 세는 것을 말한다. _____

6. 갈림길이 많아 양을 잃어버리다. 지엽에 집
   착해 본뜻을 잃어버리다. _____

7. 다른 산의 돌. 남의 잘못도 자기 수양의 거울
   로 삼을 수 있다는 뜻. _____

8. 창자가 끊어지는 듯한 더할 수 없는 슬픔. _____

9. 맹자의 어머니가 세 번 이사를 해서 맹자를
   교육하다. _____

10. 계찰이 검을 걸어 놓다. 자신에게 한 약속을
    굳게 지킨다는 뜻이다. _____

정답 1.사시가편 2.단기지교 3.묵자비염 4.세이 5.포류지질 6.다기망양 7.타산지석 8.단
장 9.맹모삼천지교 10.계찰괘검

65

다음 설명에 해당하는 고사성어를
보기에서 찾아 한자로 쓰세요.

ⓐ 他 山 之 石
남 타 뫼 산 어조사 지 돌 석

ⓑ 孟 母 三 遷 之 教
맏 맹 어미 모 석 삼 옮길 천 어조사 지 가르칠 교

ⓒ 斷 機 之 教
끊을 단 베틀 기 어조사 지 가르칠 교

ⓓ 墨 子 悲 染
먹 묵 아들 자 슬플 비 물들일 염

ⓔ 洗 耳
씻을 세 귀 이

ⓕ 斷 腸
끊을 단 창자 장

ⓖ 死 屍 加 鞭
죽을 사 시체 시 가할 가 채찍 편

ⓗ 多 岐 亡 羊
많을 다 갈림길 기 없앨 망 양 양

ⓘ 蒲 柳 之 質
마름 포 버들 류 어조사 지 바탕 질

ⓙ 季 札 卦 劍
끝(막내) 계 패(편지) 찰 걸 괘 칼 검

1. '물가의 버드나무 같은 체질.' 허약체질이나 나이보다 일찍 머리가 세는 체질
을 말한다.

2. '계찰이 검을 걸어 놓다.' 계찰은 자기 보검을 풀어 나무에 걸어놓음으로써
마음의 약속을 지켰다. 자신에게 한 약속을 굳게 지키는 것을 뜻한다.

3. '묵자가 물들여지는 것을 슬퍼하다.' 습관에 따라 성품의 선악도 달라지는 것을 말한다.

4. '귀를 씻다.' 허유(許由)가 영수(穎水) 가에서 귀를 씻은 데서 유래. 행실이 고결하여 세속의 티끌에 물들지 않는 것을 말한다.

5. 죽은 시체에 다시 채찍질을 가하다.

6. '갈림길이 너무 많아서 양을 잃어버렸다.' 지엽적이고 단편적인 데 집착하다가 본뜻을 잃어버리는 것을 말한다.

7. 다른 산의 돌도 옥을 가는 데는 소용이 된다는 말에서 유래. 쓸모없어 보이는 것도 쓰기에 따라 유용하고, 남의 잘못도 자기 수양의 거울이 된다.

8. '맹자의 어머니가 세 번 이사를 해서 맹자를 교육하다.' 맹자의 어머니가 맹자의 교육을 위해 세 번 이사를 한 것에서 유래한다.

9. '베틀의 실을 끊다.' 맹자의 어머니가 맹자의 교육을 위해 베틀의 실을 끊은 것에서 유래. 맹모삼천지교와 같은 뜻으로 쓰인다.

10. '창자가 끊어지는 듯한 슬픔.' 더할 수 없는 극심한 슬픔을 표현하는 말이다.

정답 1.ⓘ 2.ⓙ 3.ⓓ 4.ⓔ 5.ⓖ 6.ⓗ 7.ⓐ 8.ⓑ 9.ⓒ 10.ⓕ

다음 고사성어를 읽고, 빈칸의 글자를
보기에서 찾아 채우세요.

ⓐ岐 ⓑ母 ⓒ屍 ⓓ他 ⓔ季 ⓕ機 ⓖ蒲 ⓗ洗 ⓘ悲 ⓙ斷

1. ☐ 山之石

2. 孟 ☐ 三遷之敎

3. 斷 ☐ 之敎

4. 墨子 ☐ 染

5. ☐ 耳

6. ☐ 腸

7. 死 ☐ 加鞭

8. 多 ☐ 亡羊

9. ☐ 柳之質

10. ☐ 札卦劍

정답 1.ⓓ 2.ⓑ 3.ⓕ 4.ⓘ 5.ⓗ 6.ⓘ 7.ⓒ 8.ⓐ 9.ⓖ 10.ⓔ

다음 고사성어에서 틀린 한 글자를 찾고
보기에서 맞는 글자를 찾아 쓰세요.

ⓐ加 ⓑ腸 ⓒ札 ⓓ悲 ⓔ岐 ⓕ質 ⓖ機 ⓗ他 ⓘ洗 ⓙ遷

1. 墮山之石
   ①②③④
   ➡ _____

2. 孟母三千之敎
   ①②③④⑤⑥
   ➡ _____

3. 斷氣之敎
   ①②③④
   ➡ _____

4. 墨子非染
   ①②③④
   ➡ _____

5. 世耳
   ①②
   ➡ _____

6. 斷臟
   ①②
   ➡ _____

7. 死屍可鞭
   ①②③④
   ➡ _____

8. 多基亡羊
   ①②③④
   ➡ _____

9. 蒲柳之秩
   ①②③④
   ➡ _____

10. 季察卦劍
    ①②③④
    ➡ _____

정답 1.①ⓗ 2.④ⓘ 3.②ⓖ 4.③ⓓ 5.①ⓘ 6.②ⓑ 7.③ⓐ 8.②ⓔ 9.④ⓕ 10.②ⓒ

✸ 동공이곡 同工異曲

| 同 같을 동 | 工 장인 공 | 異 다를 이 | 曲 굽을(가락) 곡 |

'기교는 같으나 곡조는 다르다.' 글을 짓는 기교는 옛 문장과 같으나 그 취향은 다르다는 뜻. 원래는 칭찬하는 말이었으나 요즘은 '겉만 다를 뿐 속은 똑같다'란 경멸의 의미로 쓰인다. 출전은 한퇴지가 지은 글『진학해(進學解)』.

✸ 천의무봉 天衣無縫

| 天 하늘 천 | 衣 옷 의 | 無 없을 무 | 縫 꿰맬 봉 |

'선녀의 옷은 바늘로 꿰맨 자리가 없다.' 어떤 기교 없이도 빼어난 시나 문장을 가리키는 말. 갖고 있는 재능을 충분히 발휘해서 매끄럽게 일을 처리할 때도 사용된다. 출전은『태평광기(太平廣記)』68권.

✸ 도청도설 道聽塗說

| 道 길 도 | 聽 들을 청 | 塗 길(진흙) 도 | 說 말씀 설 |

'길에서 듣고 길에서 말한다.' 좋은 말을 들으면 마음속에 깊이 새겨 몸소 실천해야 하는데 아무 생각 없이 무책임하게 말해버리는 것을 경계한 말이다. 출전은『논어(論語)』양화편(陽貨篇).

✸ 등용문 登龍門

| 登 오를 등 | 龍 용 룡 | 門 문 문 |

'용문(龍門)에 올라간다.' 모든 난관을 넘어서 목표를 성취했을 때 쓰는 말이다. 옛날에는 과거에 급제했을 때, 요즘에는 고시에 합격해 입신출세했을 때를 말한다. 출전은『한서』이응전(李膺傳).

✸ 고황 膏肓

| 膏 기름 고 | 肓 명치 황 |

불치의 병을 말할 때 '병이 고황에 들었다(病入膏肓)'고 한다. 고황은 명치와 심장 사이를 가리키는데, 병마가 이곳까지 침범하면 고칠 수 없다고 한다. 출전은『춘추좌씨전』성공(成公).

❀ 독서망양 讀書亡羊

讀 읽을 독 | 書 글 서 | 亡 없앨 망 | 羊 양 양

'글을 읽다가 양을 잃어버리다.' 다른 일에 정신을 빼앗겨 본래의 일을 소홀히 하는 것을 가리킨다. 출처는 『장자』 변무(騈拇)편.

❀ 발본색원 拔本塞源

拔 뽑을 발 | 本 근본 본 | 塞 막을 색 | 源 근원 원

'나무의 뿌리를 뽑고 물의 원천을 막아버린다.' 요즘은 범죄나 사회의 병리현상을 일으키는 요소에 대한 근본 처방을 말할 때 자주 쓰인다. 『춘추좌씨전』 소공(昭公) 9년 조항에 나오는 주왕(周王)의 말이다.

❀ 불구대천지수 不俱戴天之讐

不 아니 불 | 俱 함께 구 | 戴 일 대 | 天 하늘 천 | 之 어조사 지 | 讐 원수 수

'하늘을 함께 이고 살 수 없는 원수'라는 뜻이다. 부모의 원수를 가리킬 때 쓰이는 말로 『예기』 곡례편(曲禮篇)에 나온다.

❀ 낙양지귀 洛陽紙貴

洛 강이름 낙 | 陽 볕 양 | 紙 종이 지 | 貴 귀할 귀

'낙양의 종이가 귀해졌다.' 혹은 '낙양의 종이값을 올려놓았다(洛陽紙賈高)'라고도 쓰인다. 책이 널리 팔려 종이가 품귀현상을 빚을 정도가 되었다는 의미로 요즘의 베스트셀러와 같다. 출전은 『진서(晉書)』 문원전(文苑傳).

❀ 명경지수 明鏡止水

明 밝을 명 | 鏡 거울 경 | 止 그칠 지 | 水 물 수

'명경'은 티끌 한 점 없는 깨끗한 거울, '지수'는 물결 하나 일지 않는 고요한 물을 의미한다. 사물을 어떤 굴절이나 왜곡 없이 반영하기 때문에 흔들림 없이 맑고 고요한 심경을 나타낸다. 출전은 『장자』 덕충부편(德充符篇).

다음 고사성어와 뜻풀이를
각각 연결하세요.

1. 동곡이곡 •

2. 천의무봉 •

3. 도청도설 •

4. 등용문 •

5. 고황 •

6. 독서망양 •

7. 발본색원 •

8. 불구대천지
수 •

9. 낙양지귀 •

10. 명경지수 •

• ① 하늘을 함께 이고 살 수 없는 원수. 부모의 원수를 가리킨다.

• ② 나무의 뿌리를 뽑고 물의 원천을 막아버린다. 근본 처방을 이르는 말.

• ③ 깨끗한 거울과 고요한 물. 흔들림 없이 맑고 고요한 심경.

• ④ 불치의 병을 일컬을 때 병이 여기에 들었다고 한다.

• ⑤ 기교는 같으나 곡조는 다르다. 겉만 다르지 속은 같다는 경멸의 의미.

• ⑥ 낙양의 종이가 귀해졌다. 책이 많이 팔려 종이 값이 올랐다는 의미.

• ⑦ 선녀의 옷은 바늘로 꿰맨 자리가 없다. 빼어난 시나 문장을 가리킨다.

• ⑧ 과거 급제 등 모든 난관을 넘어서 목표를 성취했을 때 쓰는 말이다.

• ⑨ 글을 읽다가 양을 잃어버림. 다른 일에 정신을 뺏겨 본업을 소홀히 함.

• ⑩ 길에서 듣고 길에서 말한다. 아무 생각 없이 무책임하게 말하는 것.

정답 1.⑤ 2.⑦ 3.⑩ 4.⑧ 5.④ 6.⑨ 7.② 8.① 9.⑥ 10.③

1. 도청도설 •

2. 천의무봉 •

3. 낙양지귀 •

4. 동곡이곡 •

5. 등용문 •

6. 고황 •

7. 독서망양 •

8. 발본색원 •

9. 불구대천지 •
   수

10. 명경지수 •

• ⓐ 拔本塞源

• ⓑ 明鏡止水

• ⓒ 道聽塗說

• ⓓ 登龍門

• ⓔ 洛陽紙貴

• ⓕ 同工異曲

• ⓖ 膏肓

• ⓗ 不俱戴天之讐

• ⓘ 讀書亡羊

• ⓙ 天衣無縫

정답 1.ⓒ 2.ⓙ 3.ⓔ 4.ⓕ 5.ⓓ 6.ⓖ 7.ⓘ 8.ⓐ 9.ⓗ 10.ⓑ

다음 고사성어의 한자와 뜻풀이를
각각 연결하세요.

1. 道聽塗說 •

2. 拔本塞源 •

3. 天衣無縫 •

4. 登龍門 •

5. 洛陽紙貴 •

6. 同工異曲 •

7. 膏肓 •

8. 明鏡止水 •

9. 讀書亡羊 •

10. 不俱戴天之
讐 •

• ① 길에서 듣고 길에서 말한다. 아무 생각
없이 무책임하게 말하는 것.

• ② 과거 급제 등 모든 난관을 넘어서 목표를
성취했을 때 쓰는 말이다.

• ③ 선녀의 옷은 바늘로 꿰맨 자리가 없다.
빼어난 시나 문장을 가리킨다.

• ④ 불치의 병을 일컬을 때 병이 여기에 들었
다고 한다.

• ⑤ 글을 읽다가 양을 잃어버림. 다른 일에
정신을 뺏겨 본업을 소홀히 함.

• ⑥ 나무의 뿌리를 뽑고 물의 원천을 막아버
린다. 근본 처방을 이르는 말.

• ⑦ 하늘을 함께 이고 살 수 없는 원수. 부모
의 원수를 가리킨다.

• ⑧ 깨끗한 거울과 고요한 물. 흔들림 없이
맑고 고요한 심경.

• ⑨ 기교는 같으나 곡조는 다르다. 겉만 다르
지 속은 같다는 경멸의 의미.

• ⑩ 낙양의 종이가 귀해졌다. 책이 많이 팔려
종이 값이 올랐다는 의미.

정답 1.① 2.⑥ 3.③ 4.② 5.⑩ 6.⑨ 7.④ 8.⑧ 9.⑤ 10.⑦

다음 뜻풀이에 해당하는
고사성어를 한글로 쓰세요.

1. 길에서 듣고 길에서 말한다. 아무 생각 없이
   무책임하게 말하는 것.
   _____

2. 낙양의 종이가 귀해졌다. 책이 많이 팔려 종
   이 값이 올랐다는 의미.
   _____

3. 불치의 병을 일컬을 때 병이 여기에 들었다
   고 한다.
   _____

4. 기교는 같으나 곡조는 다르다. 겉만 다르지
   속은 같다는 경멸의 의미.
   _____

5. 선녀의 옷은 바늘로 꿰맨 자리가 없다. 빼어
   난 시나 문장을 가리킨다.
   _____

6. 깨끗한 거울과 고요한 물. 흔들림 없이 맑고
   고요한 심경.
   _____

7. 글을 읽다가 양을 잃어버림. 다른 일에 정신
   을 뺏겨 본업을 소홀히 함.
   _____

8. 나무의 뿌리를 뽑고 물의 원천을 막아버린
   다. 근본 처방을 이르는 말.
   _____

9. 하늘을 함께 이고 살 수 없는 원수. 부모의
   원수를 가리킨다.
   _____

10. 과거 급제 등 모든 난관을 넘어서 목표를 성
    취했을 때 쓰는 말이다.
    _____

정답 1. 도청도설 2. 낙양지귀 3. 고황 4. 동공이곡 5. 천의무봉 6. 명경지수 7. 독서망양 8. 발
본색원 9. 불구대천지수 10. 등용문

다음 설명에 해당하는 고사성어를
보기에서 찾아 한자로 쓰세요.

ⓐ 拔 本 塞 源
　 뽑을 발　근본 본　막을 색　근원 원

ⓑ 膏 肓
　 기름 고　명치 황

ⓒ 不 俱 戴 天 之 讐
　 아니 불　함께 구　일 대　하늘 천　어조사 지　원수 수

ⓓ 道 聽 塗 說
　 길 도　들을 청　길(진흙) 도　말씀 설

ⓔ 登 龍 門
　 오를 등　용 룡　문 문

ⓕ 洛 陽 紙 貴
　 강이름 낙　볕 양　종이 지　귀할 귀

ⓖ 明 鏡 止 水
　 밝을 명　거울 경　그칠 지　물 수

ⓗ 讀 書 亡 羊
　 읽을 독　글 서　없앨 망　양 양

ⓘ 同 工 異 曲
　 같을 동　장인 공　다를 이　굽을(가락) 곡

ⓙ 天 衣 無 縫
　 하늘 천　옷 의　없을 무　꿰맬 봉

1. '기교는 같으나 곡조는 다르다.' 글을 짓는 기교는 옛 문장과 같으나 그 취향
은 다르다는 뜻. 요즘은 '겉만 다를 뿐 속은 똑같다'란 경멸의 의미로 쓰인다.

2. '선녀의 옷은 바늘로 꿰맨 자리가 없다.' 어떤 기교 없이도 빼어난 시나 문
장을 가리키는 말. 매끄럽게 일을 처리할 때도 사용된다.

3. '길에서 듣고 길에서 말한다.' 좋은 말을 들으면 마음속에 새겨 실천해야 하는데 아무 생각 없이 무책임하게 말해버리는 것을 경계한 말이다.

4. '용문(龍門)에 올라간다.' 모든 난관을 넘어서 목표를 성취했을 때 쓰는 말이다.

5. 불치의 병을 말한다. 병마가 이곳까지 침범하면 고칠 수 없다고 한다.

6. '글을 읽다가 양을 잃어버리다.' 다른 일에 정신을 빼앗겨 본래의 일을 소홀히 하는 것을 가리킨다.

7. '나무의 뿌리를 뽑고 물의 원천을 막아버린다.' 요즘은 범죄나 사회의 병리현상을 일으키는 요소에 대한 근본 처방을 말할 때 자주 쓰인다.

8. '하늘을 함께 이고 살 수 없는 원수'라는 뜻이다. 부모의 원수를 가리킬 때 쓰이는 말이다.

9. '낙양의 종이가 귀해졌다.' 책이 널리 팔려 종이가 품귀현상을 빚을 정도가 되었다는 의미로 요즘의 베스트셀러와 같다.

10. '명경'은 티끌 한 점 없는 깨끗한 거울, '지수'는 물결 하나 일지 않는 고요한 물을 의미한다. 흔들림 없이 맑고 고요한 심경을 나타낸다.

정답 1.ⓘ 2.ⓙ 3.ⓓ 4.ⓔ 5.ⓑ 6.ⓗ 7.ⓐ 8.ⓒ 9.ⓕ 10.ⓖ

ⓐ止 ⓑ龍 ⓒ衣 ⓓ俱 ⓔ聽 ⓕ本 ⓖ書 ⓗ膏 ⓘ曲 ⓙ陽

1. 拔☐塞源

6. 洛☐紙貴

2. ☐肓

7. 明鏡☐水

3. 不☐戴天之讐

8. 讀☐亡羊

4. 道☐塗說

9. 同工異☐

5. 登☐門

10. 天☐無縫

정답 1.ⓕ 2.ⓗ 3.ⓓ 4.ⓔ 5.ⓑ 6.ⓘ 7.ⓐ 8.ⓖ 9.ⓘ 10.ⓒ

다음 고사성어에서 틀린 한 글자를 찾고
보기에서 맞는 글자를 찾아 쓰세요.

ⓐ 紙 ⓑ 登 ⓒ 同 ⓓ 天 ⓔ 塞 ⓕ 肓 ⓖ 戴 ⓗ 塗 ⓘ 鏡 ⓙ 亡

1. 拔_①本_②索_③源_④

➡ _____

2. 膏_①黃_②

➡ _____

3. 不_①俱_②對_③天_④之_⑤讐_⑥

➡ _____

4. 道_①聽_②道_③說_④

➡ _____

5. 等_①龍_②門_③

➡ _____

6. 洛_①陽_②地_③貴_④

➡ _____

7. 明_①境_②止_③水_④

➡ _____

8. 讀_①書_②忘_③羊_④

➡ _____

9. 東_①工_②異_③曲_④

➡ _____

10. 千_①衣_②無_③縫_④

➡ _____

정답 1.③ⓔ 2.②ⓕ 3.③ⓖ 4.③ⓗ 5.①ⓑ 6.③ⓐ 7.②ⓘ 8.③ⓙ 9.①ⓒ 10.①ⓓ

✸ 불혹 不惑

不 아니 불 | 惑 혹할 혹

이런저런 일에 더 이상 미혹되지 않는 나이를 뜻하는데 40세를 가리킨다. 출전은 『논어』 위정편(爲政篇).

✸ 살신성인 殺身成仁

殺 죽일 살 | 身 몸 신 | 成 이룰 성 | 仁 어질 인

자신의 이익이나 영달보다는 대의(大義)를 위해 자신을 희생하는 자세를 말한다. '자신을 희생하여 인덕(仁德)을 이룬다'에서 유래된 말로 『논어』 위령공편(衛靈公篇)에 나온다.

✸ 조문도석사가의 朝聞道夕死可矣

朝 아침 조 | 聞 들을 문 | 道 길 도 | 夕 저녁 석 | 死 죽을 사 | 可 옳을 가 | 矣 어조사 의

'아침에 도를 들으면 저녁에 죽어도 좋다.' 출전은 『논어』.

✸ 이심전심 以心傳心

以 써 이 | 心 마음 심 | 傳 전할 전

'마음에서 마음으로 전한다.' 원래는 불교의 심오한 진리를 글이나 말이 아닌 마음으로 전한다는 것에서 비롯되었다. 요즘은 일상생활에서 말없이 서로 통함을 의미한다. 출전은 『전등록』, 『오등회원』.

✸ 일이관지 一以貫之

一 하나 일 | 以 써 이 | 貫 뚫을 관 | 之 어조사 지

'하나로 꿴다.' 한결같은 태도로 일관하는 것을 말하며 '일관(一貫)'이란 말이 여기서 유래되었다. 출전은 『논어』 위령공편과 이인편.

✵ 후생가외 後生可畏

後 뒤 후 | 生 낳을 생 | 可 옳을 가 | 畏 두려울 외

'후생이 두렵다.' 후생은 먼저 태어난 선배격인 '선생'의 반대말. 후배들의 무한한 가능성과 뛰어난 실력이 두려울 정도라는 의미로 쓰이며, 선생의 위치에 있는 사람의 반성을 촉구하는 말도 된다. 출전은 『논어』자한편(子罕篇).

✵ 관견 管見

管 대롱 관 | 見 볼 견

'대롱을 통해 본다.' 사물을 보는 안목이나 식견이 짧은 것을 의미한다. 반대로 '나의 관견으로는…'이라고 할 때는 자신을 낮추는 겸양의 말로 쓰인다. 출전은 『장자』추수편(秋水篇).

✵ 군맹평상 群盲評象

群 무리 군 | 盲 장님 맹 | 評 평할 평 | 象 코끼리 상

'장님들이 코끼리를 평한다.' 장님 코끼리 만지기와 같은 의미이다. 사물을 전체적으로 보지 못하고 일부분에만 집착할 때 쓰이는 말이다. 출전은 『열반경』.

✵ 호연지기 浩然之氣

浩 클 호 | 然 그러할 연 | 之 어조사 지 | 氣 기운 기

'넓게 트인 마음'을 뜻한다. 마음이 정의롭고 이치에 맞으면 어떤 장애에도 흔들림 없이 탁 트이게 됨을 일컫는다. 출전은 『맹자』공손추편(公孫丑篇).

✵ 자포자기 自暴自棄

自 스스로 자 | 暴 사나울 포 | 棄 버릴 기

'자신을 해치고 자신을 저버리는 행위.' 좀 더 정확히 말하자면 예의를 비난하는 것을 '자포'라 하고 인의에 입각한 행동을 하지 못하는 것을 '자기'라 한다. 출전은 『맹자』이루편(離婁篇).

다음 고사성어와 뜻풀이를
각각 연결하세요.

1. 관견 •

2. 살신성인 •

3. 호연지기 •

4. 이심전심 •

5. 일이관지 •

6. 후생가외 •

7. 조문도
   석사가의 •

8. 군맹평상 •

9. 불혹 •

10. 자포자기 •

• ① 대롱을 통해 본다. 사물을 보는 안목이나
  식견이 짧다는 것.

• ② 후생이 두렵다. 후배들의 가능성과 실력
  이 두려울 정도라는 의미.

• ③ 자신의 이익이나 영달보다는 대의(大
  義)를 위해 희생하는 자세.

• ④ 장님들이 코끼리를 평한다. 전체를 보
  지 못하고 일부에 집착하는 것.

• ⑤ 마음에서 마음으로 전한다. 말없이 서로
  통함을 의미한다.

• ⑥ 이런저런 일에 더 이상 미혹되지 않는 나
  이. 40세를 가리킨다.

• ⑦ 하나로 꿴다. 한결같은 태도로 일관하는
  것을 말한다.

• ⑧ 자신을 해치고 자신을 저버리는 행위.

• ⑨ 아침에 도를 들으면 저녁에 죽어도 좋다.

• ⑩ 넓게 트인 마음. 마음이 정의롭고 이치에
  맞으면 탁 트이게 된다.

정답 1.① 2.③ 3.⑩ 4.⑤ 5.⑦ 6.② 7.⑨ 8.④ 9.⑥ 10.⑧

1. 불혹 •

2. 군맹평상 •

3. 살신성인 •

4. 조문도
   석사가의 •

5. 이심전심 •

6. 일이관지 •

7. 후생가외 •

8. 관견 •

9. 호연지기 •

10. 자포자기 •

• ⓐ 後生可畏

• ⓑ 管見

• ⓒ 群盲評象

• ⓓ 浩然之氣

• ⓔ 自暴自棄

• ⓕ 朝聞道夕死可矣

• ⓖ 以心傳心

• ⓗ 不惑

• ⓘ 殺身成仁

• ⓙ 一以貫之

정답 1.ⓗ 2.ⓒ 3.ⓘ 4.ⓕ 5.ⓖ 6.ⓙ 7.ⓐ 8.ⓑ 9.ⓓ 10.ⓔ

1. 群盲評象　·

2. 後生可畏　·

3. 管見　·

4. 一以貫之　·

5. 浩然之氣　·

6. 以心傳心　·

7. 朝聞道
　夕死可矣　·

8. 不惑　·

9. 殺身成仁　·

10. 自暴自棄　·

· ① 대롱을 통해 본다. 사물을 보는 안목이나 식견이 짧다는 것.

· ② 하나로 꿴다. 한결같은 태도로 일관하는 것을 말한다.

· ③ 장님들이 코끼리를 평한다. 전체를 보지 못하고 일부에 집착하는 것.

· ④ 자신을 해치고 자신을 저버리는 행위.

· ⑤ 자신의 이익이나 영달보다는 대의(大義)를 위해 희생하는 자세.

· ⑥ 마음에서 마음으로 전한다. 말없이 서로 통함을 의미한다.

· ⑦ 후생이 두렵다. 후배들의 가능성과 실력이 두려울 정도라는 의미.

· ⑧ 아침에 도를 들으면 저녁에 죽어도 좋다.

· ⑨ 넓게 트인 마음. 마음이 정의롭고 이치에 맞으면 탁 트이게 된다.

· ⑩ 이런저런 일에 더 이상 미혹되지 않는 나이. 40세를 가리킨다.

정답　1.③　2.⑦　3.①　4.②　5.⑨　6.⑥　7.⑧　8.⑩　9.⑤　10.④

다음 뜻풀이에 해당하는
고사성어를 한글로 쓰세요.

1. 마음에서 마음으로 전한다. 말없이 서로 통함을 의미한다.

2. 대롱을 통해 본다. 사물을 보는 안목이나 식견이 짧다는 것.

3. 아침에 도를 들으면 저녁에 죽어도 좋다.

4. 자신의 이익이나 영달보다는 대의(大義)를 위해 희생하는 자세.

5. 장님들이 코끼리를 평한다. 전체를 보지 못하고 일부에 집착하는 것.

6. 후생이 두렵다. 후배들의 가능성과 실력이 두려울 정도라는 의미.

7. 이런저런 일에 더 이상 미혹되지 않는 나이. 40세를 가리킨다.

8. 넓게 트인 마음. 마음이 정의롭고 이치에 맞으면 탁 트이게 된다.

9. 하나로 꿴다. 한결같은 태도로 일관하는 것을 말한다.

10. 자신을 해치고 자신을 저버리는 행위.

정답 1.이심전심 2.관견 3.조문도석사가의 4.살신성인 5.군맹평상 6.후생가외 7.불혹
8.호연지기 9.일이관지 10.자포자기

다음 설명에 해당하는 고사성어를
보기에서 찾아 한자로 쓰세요.

@ 不 惑
아니 불   혹할 혹

ⓑ 殺 身 成 仁
죽일 살 몸 신 이룰 성 어질 인

ⓒ 朝 聞 道
아침 조 들을 문 길 도

夕 死 可 矣
저녁 석 죽을 사 옳을 가 어조사 의

ⓓ 以 心 傳 心
써 이 마음 심 전할 전 마음 심

ⓔ 一 以 貫 之
하나 일 써 이 뚫을 관 어조사 지

ⓕ 後 生 可 畏
뒤 후 낳을 생 옳을 가 두려울 외

ⓖ 管 見
대롱 관 볼 견

ⓗ 群 盲 評 象
무리 군 장님 맹 평할 평 코끼리 상

ⓘ 浩 然 之 氣
클 호 그러할 연 어조사 지 기운 기

ⓙ 自 暴 自 棄
스스로 자 사나울 포 스스로 자 버릴 기

1. '하나로 꿴다.' 한결같은 태도로 일관하는 것을 말하며 '일관(一貫)'이란 말이
   여기서 유래되었다.

2. '장님들이 코끼리를 평한다.' 사물을 전체적으로 보지 못하고 일부분에만 집
   착할 때 쓰이는 말이다.

3. 아침에 도를 들으면 저녁에 죽어도 좋다.

4. 자신의 이익이나 영달보다는 대의(大義)를 위해 자신을 희생하는 자세를 말한다. '자신을 희생하여 인덕(仁德)을 이룬다'에서 유래된 말.

5. '자신을 해치고 자신을 저버리는 행위.' 예의를 비난하고 인의에 입각한 행동을 하지 못하는 것을 일컫는 말이다.

6. '후생이 두렵다.' 후배들의 무한한 가능성과 뛰어난 실력이 두려울 정도라는 의미로 쓰이며, 선생의 위치에 있는 사람의 반성을 촉구하는 말도 된다.

7. '넓게 트인 마음'을 뜻한다. 마음이 정의롭고 이치에 맞으면 어떤 장애에도 흔들림 없이 탁 트이게 됨을 일컫는다.

8. '마음에서 마음으로 전한다.' 원래는 불교에서 쓰는 말이었으나 요즘은 일상생활에서 말없이 서로 통함을 의미한다.

9. '대롱을 통해 본다.' 사물을 보는 안목이나 식견이 짧은 것을 의미한다.

10. 이런저런 일에 더 이상 미혹되지 않는 나이를 뜻하는데 40세를 가리킨다.

연/습/문/제/6단계

다음 고사성어를 읽고, 빈칸의 글자를
보기에서 찾아 채우세요.

ⓐ 不 ⓑ 生 ⓒ 心 ⓓ 然 ⓔ 暴 ⓕ 之 ⓖ 管 ⓗ 身 ⓘ 死 ⓙ 盲

1. ☐ 見

2. 群 ☐ 評象

3. 朝聞道夕 ☐ 可矣

4. 以 ☐ 傳心

5. 浩 ☐ 之氣

6. 自 ☐ 自棄

7. 一以貫 ☐

8. 後 ☐ 可畏

9. ☐ 惑

10. 殺 ☐ 成仁

정답 1.ⓖ 2.ⓙ 3.ⓘ 4.ⓒ 5.ⓓ 6.ⓔ 7.ⓕ 8.ⓑ 9.ⓐ 10.ⓗ

88

다음 고사성어에서 틀린 한 글자를 찾고
보기에서 맞는 글자를 찾아 쓰세요.

ⓐ浩 ⓑ貫 ⓒ傳 ⓓ後 ⓔ棄 ⓕ殺 ⓖ見 ⓗ惑 ⓘ夕 ⓙ評

1. 管^①遣^②

   ➡ _____

2. 群^①盲^②平^③象^④

   ➡ _____

3. 朝^①聞^②道^③昔^④死^⑤可^⑥矣^⑦

   ➡ _____

4. 以^①心^②轉^③心^④

   ➡ _____

5. 護^①然^②之^③氣^④

   ➡ _____

6. 自^①暴^②自^③器^④

   ➡ _____

7. 一^①以^②觀^③之^④

   ➡ _____

8. 候^①生^②可^③畏^④

   ➡ _____

9. 不^①或^②

   ➡ _____

10. 煞^①身^②成^③仁^④

    ➡ _____

정답 1.②ⓖ 2.③ⓘ 3.④ⓘ 4.③ⓒ 5.①ⓐ 6.④ⓔ 7.③ⓑ 8.①ⓓ 9.②ⓗ 10.①ⓕ

❀ 두찬 杜撰

杜 막을 두 ｜ 撰 지을 찬

원래는 '두묵이 지은 작품'이라는 의미였지만, 격식에 어울리지 않거나 틀린 곳이 많은 것을 의미한다. 요즘은 특히 오류가 많은 저작을 말할 때 쓰인다. 출전은 『야객총서(野客叢書)』.

❀ 추고 推敲

推 밀 추(퇴) ｜ 敲 두드릴 고

'두드린다고 할 것인가, 민다고 할 것인가.' 시나 문장을 부단히 고치고 다듬는 것을 말하는데 '퇴고'라고도 한다. 당나라 중기의 시인 가도(賈島)의 일화에서 나온 것으로 출전은 『야객총서』.

❀ 과유불급 過猶不及

過 지나칠 과 ｜ 猶 같을 유 ｜ 不 아니 불 ｜ 及 미칠 급

'지나친 것은 모자란 것과 마찬가지다.' 여기서 한 걸음 더 나아가면 '지나침은 모자람만 못하다'는 말까지 나오게 된다. 출전은 『논어』 선진편(先進篇).

❀ 온고지신 溫故知新

溫 따뜻할 온 ｜ 故 옛 고 ｜ 知 알 지 ｜ 新 새로울 신

'옛것을 익히고 나서 새로운 것을 안다.' 과거의 역사적 사실이나 학문 등을 먼저 충분히 익히고 그 바탕 위에 오늘의 새로운 사실을 습득해야 한다는 의미이다. 출전은 『논어』 위정편(爲政篇).

❀ 화룡점정 畵龍點睛

畵 그림 화 ｜ 龍 용 룡 ｜ 點 점찍을 점 ｜ 睛 눈동자 정

'용 그림에 눈동자를 찍는다.' 사물의 가장 핵심적인 곳, 또는 어떤 일의 마지막 끝마무리를 의미한다. 전체적인 꼴은 갖추었지만 핵심 알맹이가 빠졌을 때 이것이 빠졌다고도 한다. 출전은 『수형기(水衡記)』.

✸ 옥석혼효 玉石混淆

玉 옥옥 | 石 돌석 | 混 섞일혼 | 淆 섞일효

'옥과 돌이 섞여 있다.' 좋은 것과 나쁜 것, 뛰어난 것과 뒤떨어진 것, 좋은 사람과 나쁜 사람이 뒤섞인 것을 말한다. 출전은『포박자(包朴子)』.

✸ 청출어람청어람 靑出於藍靑於藍

靑 푸를 청 | 出 나올 출 | 於 어조사 어 | 藍 남색 남

'푸른빛(靑)은 쪽빛(藍)에서 나왔지만 쪽빛보다 더 푸르다.' 줄여서 '청출어람'이라고 흔히 쓰이며, 스승보다 제자가 더 뛰어날 때를 일컫는다. 출전은『순자(荀子)』권학편(勸學篇).

✸ 절차탁마 切磋琢磨

切 끊을 절 | 磋 닦을 차 | 琢 쫄 탁 | 磨 갈 마

'끊고 닦고 쪼고 간다.' 원래 학문을 부지런히 닦고 덕을 기르는 것을 말하는데 요즘엔 어떤 분야에서나 노력과 정진을 게을리하지 말라고 권할 때 쓰인다. 출전은『시경』위풍(衛風)에 실린 시 기오(淇奧).

✸ 일자천금 一字千金

一 한 일 | 字 글자 자 | 千 일천 천 | 金 쇠 금

한 글자만으로도 천금의 가치가 있는 문장을 말한다. 출전은『사기』여불위전(呂不韋傳).

✸ 입립개신고 粒粒皆辛苦

粒 낱알 립 | 皆 다 개 | 辛 매울 신 | 苦 괴로울 고

'한 알 한 알이 모두 고통과 괴로움이다.' 농부가 경작한 곡식에 깃든 노고를 뜻한다. 요즘은 어떤 일을 하면서 수고에 수고를 거듭할 때 쓰인다. 출전은『고문진보(古文眞寶)』에 실린 이신(李紳)의 민농(憫農: 농부를 불쌍히 여김).

다음 고사성어와 뜻풀이를
각각 연결하세요.

1. 두찬 •

2. 추고 •

3. 과유불급 •

4. 온고지신 •

5. 화룡점정 •

6. 옥석혼효 •

7. 청출어람
청어람 •

8. 절차탁마 •

9. 일자천금 •

10. 일립개신고 •

• ① 옛것을 익히고 나서 새로운 것을 안다.

• ② 한 글자만으로도 천금의 가치가 있는 문
장을 말한다.

• ③ 지나친 것은 모자란 것과 마찬가지다.

• ④ 푸른빛(靑)이 쪽빛보다 더 푸르다. 스승
보다 제자가 뛰어남을 뜻한다.

• ⑤ 두드린다고 할 것인가, 민다고 할 것인
가. 부단히 고치고 다듬는 것.

• ⑥ 한 알 한 알이 고통과 괴로움이다. 어떤
일에 수고와 수고를 거듭함.

• ⑦ 두묵이 지은 작품. 격식에 맞지 않거나
틀린 곳이 많음을 의미.

• ⑧ 끊고 닦고 쪼고 간다. 노력과 정진을 게
을리하지 않는다는 의미다.

• ⑨ 용 그림에 눈동자를 찍는다. 사물의 핵심
이나 끝마무리를 말한다.

• ⑩ 옥과 돌이 섞여 있다. 좋은 것과 나쁜 것
이 뒤섞인 것을 말한다.

정답 1.⑦ 2.⑤ 3.③ 4.① 5.⑨ 6.⑩ 7.④ 8.⑧ 9.② 10.⑥

다음 고사성어와 한자를
각각 연결하세요.

1. 절차탁마 •

2. 과유불급 •

3. 온고지신 •

4. 화룡점정 •

5. 옥석혼효 •

6. 청출어람
   청어람 •

7. 추고 •

8. 일립개신고 •

9. 일자천금 •

10. 두찬 •

• ⓐ 切磋琢磨

• ⓑ 玉石混淆

• ⓒ 一字千金

• ⓓ 溫故知新

• ⓔ 畫龍點睛

• ⓕ 推敲

• ⓖ 過猶不及

• ⓗ 青出於藍青於藍

• ⓘ 粒粒皆辛苦

• ⓙ 杜撰

정답 1. ⓐ 2. ⓖ 3. ⓓ 4. ⓔ 5. ⓑ 6. ⓗ 7. ⓕ 8. ⓘ 9. ⓒ 10. ⓙ

1. 一字千金 •

2. 玉石混淆 •

3. 切磋琢磨 •

4. 過猶不及 •

5. 溫故知新 •

6. 粒粒皆辛苦 •

7. 推敲 •

8. 畵龍點睛 •

9. 靑出於藍
   靑於藍 •

10. 杜撰 •

• ① 옛것을 익히고 나서 새로운 것을 안다.

• ② 두묵이 지은 작품. 격식에 맞지 않거나
  틀린 곳이 많음을 의미.

• ③ 지나친 것은 모자란 것과 마찬가지다.

• ④ 한 글자만으로도 천금의 가치가 있는 문
  장을 말한다.

• ⑤ 용 그림에 눈동자를 찍는다. 사물의 핵
  심이나 끝마무리를 말한다.

• ⑥ 옥과 돌이 섞여 있다. 좋은 것과 나쁜 것
  이 뒤섞인 것을 말한다.

• ⑦ 끊고 닦고 쪼고 간다. 노력과 정진을 게
  을리하지 않는다는 의미다.

• ⑧ 푸른빛(靑)이 쪽빛보다 더 푸르다. 스승
  보다 제자가 뛰어남을 뜻한다.

• ⑨ 한 알 한 알이 고통과 괴로움이다. 어떤
  일에 수고와 수고를 거듭함.

• ⑩ 두드린다고 할 것인가, 민다고 할 것인
  가. 부단히 고치고 다듬는 것.

정답   1.④ 2.⑥ 3.⑦ 4.③ 5.① 6.⑨ 7.⑩ 8.⑤ 9.⑧ 10.②

연/습/문/제/ 4단계

다음 뜻풀이에 해당하는
고사성어를 한글로 쓰세요.

1. 끊고 닦고 쪼고 간다. 노력과 정진을 게을리
   하지 않는다는 의미다.

   _____

2. 한 글자만으로도 천금의 가치가 있는 문장을
   말한다.

   _____

3. 두묵이 지은 작품. 격식에 맞지 않거나 틀린
   곳이 많음을 의미.

   _____

4. 옥과 돌이 섞여 있다. 좋은 것과 나쁜 것이
   뒤섞인 것을 말한다.

   _____

5. 지나친 것은 모자란 것과 마찬가지다.

   _____

6. 용 그림에 눈동자를 찍는다. 사물의 핵심이
   나 끝마무리를 말한다.

   _____

7. 푸른빛(靑)이 쪽빛보다 더 푸르다. 스승보다
   제자가 뛰어남을 뜻한다.

   _____

8. 옛것을 익히고 나서 새로운 것을 안다.

   _____

9. 한 알 한 알이 고통과 괴로움이다. 어떤 일에
   수고와 수고를 거듭함.

   _____

10. 두드린다고 할 것인가, 민다고 할 것인가. 부
    단히 고치고 다듬는 것.

    _____

정답 1.절차탁마 2.일자천금 3.두찬 4.옥석혼효 5.과유불급 6.화룡점정 7.청출어람 청어
람 8.온고지신 9.일립개신고 10.추고

95

다음 설명에 해당하는 고사성어를
보기에서 찾아 한자로 쓰세요.

ⓐ 靑 出 於 藍
　 푸를 청　나올 출　어조사 어　남색 남

　 靑 於 藍
　 푸를 청　어조사 어　남색 람

ⓑ 畫 龍 點 睛
　 그림 화　용 룡　점찍을 점　눈동자 정

ⓒ 一 字 千 金
　 한 일　글자 자　일천 천　쇠 금

ⓓ 溫 故 知 新
　 따뜻할 온　옛 고　알 지　새로울 신

ⓔ 玉 石 混 淆
　 옥 옥　돌 석　섞일 혼　섞일 효

ⓕ 杜 撰
　 막을 두　지을 찬

ⓖ 過 猶 不 及
　 지나칠 과　같을 유　아니 불　미칠 급

ⓗ 切 磋 琢 磨
　 끊을 절　닦을 차　쫄 탁　갈 마

ⓘ 粒 粒 皆 辛 苦
　 낟알 립　낟알 립　다 개　매울 신　괴로울 고

ⓙ 推 敲
　 밀 추(퇴)　두드릴 고

1. '두묵이 지은 작품'이라는 뜻. 격식에 어울리지 않거나 틀린 곳이 많은 것을
   의미한다.

2. '두드린다고 할 것인가, 민다고 할 것인가.' 시나 문장을 부단히 고치고 다
   듬는 것을 말한다.

3. '지나친 것은 모자란 것과 마찬가지다.' '지나침은 모자람만 못하다'는 말과도 상통한다.

4. '옛것을 익히고 나서 새로운 것을 안다.' 과거의 것을 먼저 충분히 익히고 그 바탕 위에 오늘의 새로운 사실을 습득해야 한다는 뜻.

5. '용 그림에 눈동자를 찍는다.' 사물의 가장 핵심적인 곳, 또는 어떤 일의 마지막 끝마무리를 의미한다.

6. '옥과 돌이 섞여 있다.' 좋은 것과 나쁜 것이 뒤섞인 것을 말한다.

7. '푸른빛(靑)은 쪽빛(藍)에서 나왔지만 쪽빛보다 더 푸르다.' 스승보다 제자가 더 뛰어날 때를 일컫는다.

8. '끊고 닦고 쪼고 간다.' 어떤 분야에서나 노력과 정진을 게을리하지 말라고 권할 때 쓰인다.

9. 한 글자만으로도 천금의 가치가 있는 문장을 말한다.

10. '한 알 한 알이 모두 고통과 괴로움이다.' 농부가 경작한 곡식에 깃든 노고를 뜻한다.

ⓐ溫 ⓑ杜 ⓒ磋 ⓓ推 ⓔ點 ⓕ混 ⓖ字 ⓗ出 ⓘ辛 ⓙ猶

1. 靑 ☐ 於藍靑於藍

6. 玉石 ☐ 淆

2. 切 ☐ 琢磨

7. 一 ☐ 千金

3. 過 ☐ 不及

8. 粒粒皆 ☐ 苦

4. ☐ 故知新

9. ☐ 撰

5. 畵龍 ☐ 睛

10. ☐ 敲

다음 고사성어에서 틀린 한 글자를 찾고
보기에서 맞는 글자를 찾아 쓰세요.

ⓐ 千 ⓑ 敲 ⓒ 啄 ⓓ 撰 ⓔ 淆 ⓕ 苦 ⓖ 出 ⓗ 及 ⓘ 故 ⓙ 畵

1. 靑^①黜^②於^③藍^④靑^⑤於^⑥藍^⑦

   ➡ _____

2. 切^①磋^②濯^③磨^④

   ➡ _____

3. 過^①猶^②不^③給^④

   ➡ _____

4. 溫^①古^②知^③新^④

   ➡ _____

5. 華^①龍^②點^③睛^④

   ➡ _____

6. 玉^①石^②混^③效^④

   ➡ _____

7. 一^①字^②天^③金^④

   ➡ _____

8. 粒^①粒^②皆^③辛^④故^⑤

   ➡ _____

9. 杜^①贊^②

   ➡ _____

10. 推^①高^②

    ➡ _____

정답 1.②ⓖ 2.③ⓒ 3.④ⓗ 4.②ⓘ 5.①ⓙ 6.④ⓔ 7.③ⓐ 8.⑤ⓕ 9.②ⓓ 10.②ⓑ

❀ 간장막야 干將莫邪

干 막을 간 | 將 거느릴 장 | 莫 없을 막 | 邪 그런가 야(간사할 사)

명검을 뜻한다. 춘추전국 시대 오나라의 장인 간장(干將)이 나라의 명을 받아 두 개의 검을 만들었는데, 하나에는 '간장' 또 하나에는 '막야'(莫邪)란 이름을 붙였 다. 막야는 그의 아내 이름이다. 출전은『순자』성악편.

❀ 격물치지 格物致知

格 이를 격 | 物 사물 물 | 致 이를 치 | 知 알 지

'사물의 이치를 탐구해 앎을 이룬다.' 출전은『대학(大學)』이다.『대학』1장에는 유 교의 근본이념인 3가지 강령(三綱領)과 8가지 조목(八條目)이 수록되었는데 거 기에 나온 말이다.

❀ 곡학아세 曲學阿世

曲 굽을 곡 | 學 배울 학 | 阿 아첨할 아 | 世 세상 세

'배운 바를 굽혀서 세속에 아첨하다.' 자기가 배운 진리의 원칙을 위배하고 세속 의 시류나 이익에 영합하는 것을 말한다. 소위 어용학자 같은 부류들을 일컫는 다. 출전은『사기』유림열전(儒林列傳).

❀ 기사회생 起死回生

起 일어날 기 | 死 죽을 사 | 回 돌아올 회 | 生 날 생

'죽음에서 다시 살아나다.' 뛰어난 의술로 환자를 소생시킬 때, 또는 위기 상황에 빠졌다가 상황이 반전되어 사태가 호전될 때를 의미한다. 출전은『태평광기』.

❀ 교언영색 巧言令色

巧 공교할(약을) 교 | 言 말씀 언 | 令 명령 령 | 色 빛깔 색

'겉으로 꾸미는 말과 아첨하는 표정.' 출전은『논어』학이편(學而篇).

✸ 과즉물탄개 過則勿憚改

過 허물 과 | 則 곧 즉 | 勿 말 물 | 憚 꺼릴 탄 | 改 고칠 개

'잘못이 있으면 고치기를 꺼리지 말라.' 사람들은 자신의 잘못을 은폐하거나 방어하는 데 급급하지만, 참된 인간이 되기 위한 첫 번째 일은 자기 잘못을 시인하고 반성하는 것이다. 출전은『논어』자한편(子罕篇), 학이편(學而篇).

✸ 경원 敬遠

敬 공경할 경 | 遠 멀리할 원

'공경하지만 멀리한다.' 상대를 가까이하지 않는 것을 말한다. 꺼림칙해서 피한다는 부정적 의미로도 많이 쓰인다. 원래는 귀신에 대한 공자의 말에서 유래했다. 출전은『논어』옹야편(雍也篇).

✸ 남상 濫觴

濫 넘칠 남 | 觴 술잔 상

'술잔에 넘친다.' 거대한 양자강의 강물도 근원을 거슬러 올라가면 술잔에 넘칠 정도의 적은 물에 불과하다는 의미. 모든 사물의 시초나 근원을 가리키는 의미로 쓰인다. 출전은『순자』자도편(子道篇).

✸ 기소불욕 물시어인 己所不欲 勿施於人

己 몸 기 | 所 바 소 | 不 아니 불 | 欲 바랄 욕 | 勿 말 물 | 施 베풀 시 | 於 어조사 어 | 人 사람 인

'자기가 원하지 않는 것은 남에게 베풀지 말라.' 상대의 입장을 생각하는 마음, 상대에게 관용을 베푸는 마음을 가지라는 뜻이다. 출전은『논어』위령공편(衛靈公篇).

✸ 대동소이 大同小異

大 클 대 | 同 같을 동 | 小 작을 소 | 異 다를 이

'크게 보면 같으나 부분적으로는 다르다.' 사소한 부분에서만 차이가 있을 뿐 전체적 측면에서 별 차이가 없는 것을 말한다. 출전은『장자』천하편.

다음 고사성어와 뜻풀이를
각각 연결하세요.

1. 곡학아세 •

2. 기소불욕
   물시어인 •

3. 간장막야 •

4. 격물치지 •

5. 경원 •

6. 교언영색 •

7. 남상 •

8. 과즉물탄개 •

9. 대동소이 •

10. 기사회생 •

• ① 명검을 말한다. 오나라의 장인 간장(干將)이 만든 명검의 이름이다.

• ② 사물의 이치를 탐구해 앎을 이룬다. 유교의 근본 이념이다.

• ③ 배운 바를 굽혀서 세속에 아첨하다. 시류나 이익에 영합함을 의미한다.

• ④ 죽음에서 다시 살아나다. 위기 상황이 반전되어 사태가 호전되는 것.

• ⑤ 잘못이 있으면 고치기를 꺼리지 말라. 잘못을 인정하고 반성하라는 의미.

• ⑥ 공경하지만 멀리한다. 꺼림칙해서 피한다는 부정적 의미로 쓰인다.

• ⑦ 술잔에 넘친다. 양자강의 강물도 그 근원은 술잔에 넘칠 적은 물이다.

• ⑧ 자기가 원하지 않는 것은 남에게 베풀지 말라.

• ⑨ 크게 보면 같으나 부분적으로는 다르다. 전체적으로는 별 차이가 없음.

• ⑩ 겉으로 꾸미는 말과 아첨하는 표정.

정답 1.③ 2.⑧ 3.① 4.② 5.⑥ 6.⑩ 7.⑦ 8.⑤ 9.⑨ 10.④

1. 기소불욕
   물시어인 •

2. 간장막야 •

3. 과즉물탄개 •

4. 남상 •

5. 대동소이 •

6. 곡학아세 •

7. 기사회생 •

8. 격물치지 •

9. 교언영색 •

10. 경원 •

• ⓐ 巧言令色

• ⓑ 曲學阿世

• ⓒ 大同小異

• ⓓ 敬遠

• ⓔ 格物致知

• ⓕ 過則勿憚改

• ⓖ 起死回生

• ⓗ 己所不欲 勿施於人

• ⓘ 干將莫邪

• ⓙ 濫觴

정답 1.ⓗ 2.ⓘ 3.ⓕ 4.ⓙ 5.ⓒ 6.ⓑ 7.ⓖ 8.ⓔ 9.ⓐ 10.ⓓ

다음 고사성어의 한자와 뜻풀이를
각각 연결하세요.

1. 干將莫邪 •

2. 濫觴 •

3. 巧言令色 •

4. 曲學阿世 •

5. 過則勿憚改 •

6. 起死回生 •

7. 己所不欲
   勿施於人 •

8. 大同小異 •

9. 敬遠 •

10. 格物致知 •

• ① 배운 바를 굽혀서 세속에 아첨하다. 시
류나 이익에 영합함을 의미한다.

• ② 겉으로 꾸미는 말과 아첨하는 표정.

• ③ 잘못이 있으면 고치기를 꺼리지 말라. 잘
못을 인정하고 반성하라는 의미.

• ④ 명검을 말한다. 오나라의 장인 간장(干
將)이 만든 명검의 이름이다.

• ⑤ 사물의 이치를 탐구해 앎을 이룬다. 유
교의 근본 이념이다.

• ⑥ 공경하지만 멀리한다. 꺼림칙해서 피한
다는 부정적 의미로 쓰인다.

• ⑦ 자기가 원하지 않는 것은 남에게 베풀지
말라.

• ⑧ 죽음에서 다시 살아나다. 위기 상황이 반
전되어 사태가 호전되는 것.

• ⑨ 크게 보면 같으나 부분적으로는 다르다.
전체적으로는 별 차이가 없음.

• ⑩ 술잔에 넘친다. 양자강의 강물도 그 근원
은 술잔에 넘칠 적은 물이다.

정답 1. ④ 2. ⑩ 3. ② 4. ① 5. ③ 6. ⑧ 7. ⑦ 8. ⑨ 9. ⑥ 10. ⑤

연/습/문/제/4단계

다음 뜻풀이에 해당하는
고사성어를 한글로 쓰세요.

1. 공경하지만 멀리한다. 꺼림칙해서 피한다는
   부정적 의미로 쓰인다. _____

2. 잘못이 있으면 고치기를 꺼리지 말라. 잘못
   을 인정하고 반성하라는 의미. _____

3. 배운 바를 굽혀서 세속에 아첨하다. 시류나
   이익에 영합함을 의미한다. _____

4. 겉으로 꾸미는 말과 아첨하는 표정. _____

5. 죽음에서 다시 살아나다. 위기 상황이 반전
   되어 사태가 호전되는 것. _____

6. 명검을 말한다. 오나라의 장인 간장(干將)이
   만든 명검의 이름이다. _____

7. 자기가 원하지 않는 것은 남에게 베풀지 말
   라. _____

8. 술잔에 넘친다. 양자강의 강물도 그 근원은
   술잔에 넘칠 적은 물이다. _____

9. 크게 보면 같으나 부분적으로는 다르다. 전
   체적으로는 별 차이가 없음. _____

10. 사물의 이치를 탐구해 앎을 이룬다. 유교의
    근본 이념이다. _____

정답 1. 경원 2. 과즉물탄개 3. 곡학아세 4. 교언영색 5. 기사회생 6. 긴장막야 7. 기소불욕 물
시어인 8. 남상 9. 대동소이 10. 격물치지

다음 설명에 해당하는 고사성어를
보기에서 찾아 한자로 쓰세요.

ⓐ 敬 遠
공경할 경 멀리할 원

ⓑ 濫 觴
넘칠 남 술잔 상

ⓒ 起 死 回 生
일어날 기 죽을 사 돌아올 회 날 생

ⓓ 巧 言 令 色
공교할 교 말씀 언 명령 령 빛깔 색

ⓔ 格 物 致 知
이를 격 사물 물 이를 치 알 지

ⓕ 曲 學 阿 世
굽을 곡 배울 학 아첨할 아 세상 세

ⓖ 過 則 勿 憚 改
허물 과 곧 즉 말 물 꺼릴 탄 고칠 개

ⓗ 己 所 不 欲
몸 기 바 소 아니 불 바랄 욕

勿 施 於 人
말 물 베풀 시 어조사 어 사람 인

ⓘ 大 同 小 異
클 대 같을 동 작을 소 다를 이

ⓙ 干 將 莫 邪
막을 간 거느릴 장 없을 막 그런가 야(간사할 사)

1. 명검. 춘추전국 시대 오나라의 장인 간장(干將)이 만든 '간장'과 '막야'라는 두 개의 검을 말한다.

2. '사물의 이치를 탐구해 앎을 이룬다.' 유교의 근본 이념이다.

3. '배운 바를 굽혀서 세속에 아첨하다.' 자기가 배운 진리의 원칙을 위배하고 세속의 시류나 이익에 영합하는 것을 말한다.

4. '죽음에서 다시 살아나다.' 위기 상황에 빠졌다가 상황이 반전되어 사태가 호전될 때를 의미한다.

5. '잘못이 있으면 고치기를 꺼리지 말라.' 참된 인간이 되기 위한 첫 번째 일은 자기 잘못을 시인하고 반성하는 것이다.

6. '공경하지만 멀리한다.' 상대를 가까이하지 않는 것을 말한다.

7. '술잔에 넘친다.' 거대한 양자강의 강물도 근원을 거슬러 올라가면 술잔에 넘칠 정도의 적은 물에 불과하다는 의미.

8. '자기가 원하지 않는 것은 남에게 베풀지 말라.' 상대의 입장을 생각하는 마음, 상대에게 관용을 베푸는 마음을 가지라는 뜻이다.

9. 크게 보면 같으나 부분적으로는 다르다.' 사소한 부분에서만 차이가 있을 뿐 전체적으로는 별 차이가 없는 것을 말한다.

10. 겉으로 꾸미는 말과 아첨하는 표정.

다음 고사성어를 읽고, 빈칸의 글자를
보기에서 찾아 채우세요.

ⓐ回 ⓑ學 ⓒ過 ⓓ濫 ⓔ大 ⓕ巧 ⓖ格 ⓗ欲 ⓘ干 ⓙ遠

---

1. 敬 ☐

6. ☐ 觴

2. 起死 ☐ 生

7. ☐ 則勿憚改

3. ☐ 言令色

8. 己所不 ☐ 勿施於人

4. ☐ 物致知

9. ☐ 同小異

5. 曲 ☐ 阿世

10. ☐ 將莫邪

 1.ⓘ 2.ⓐ 3.ⓕ 4.ⓖ 5.ⓑ 6.ⓓ 7.ⓒ 8.ⓗ 9.ⓔ 10.ⓘ

연/습/문/제 / 7단계

다음 고사성어에서 틀린 한 글자를 찾고
보기에서 맞는 글자를 찾아 쓰세요.

ⓐ施 ⓑ阿 ⓒ將 ⓓ敬 ⓔ異 ⓕ觴 ⓖ憚 ⓗ令 ⓘ致 ⓙ起

---

1. 經遠
   ①②
   ➡ _____

2. 基死回生
   ①②③④
   ➡ _____

3. 巧言永色
   ①②③④
   ➡ _____

4. 格物治知
   ①②③④
   ➡ _____

5. 曲學亞世
   ①②③④
   ➡ _____

6. 濫傷
   ①②
   ➡ _____

7. 過則勿彈改
   ①②③④⑤
   ➡ _____

8. 己所不欲勿詩於人
   ①②③④⑤⑥⑦⑧
   ➡ _____

9. 大同小理
   ①②③④
   ➡ _____

10. 干長莫邪
    ①②③④
    ➡ _____

정답 1.①ⓓ 2.①ⓘ 3.③ⓗ 4.③ⓘ 5.③ⓑ 6.②ⓕ 7.④ⓖ 8.⑥ⓐ 9.④ⓔ 10.②ⓒ

❀ 득어망전 得魚忘筌

得 얻을 득 | 魚 고기 어 | 忘 잊을 망 | 筌 통발 전

'고기를 잡으면 통발은 잊는다.' 목적을 달성하고 나면 그 목적을 달성하기 위해 사용한 수단은 잊어버린다는 뜻. 출전은 『장자』 외물편(外物篇).

❀ 소인한거위불선 小人閒居爲不善

小 작을 소 | 人 사람 인 | 閒 한가할 한 | 居 머물 거 | 爲 할 위 | 不 아니 불 | 善 착할 선

'소인은 한가할 때는 착하지 못한 짓을 한다.' 한가로이 홀로 있을 때 자신의 마음과 뜻을 더 굳건히 해야 하는데, 소인들은 그렇지 못하고 나쁜 짓을 도모한다는 뜻. 『대학』 8조목 중 '성의(誠意)'를 설명하는 데서 나온다.

❀ 우공이산 愚公移山

愚 어리석을 우 | 公 귀인 공 | 移 옮길 이 | 山 뫼 산

'우공이 산을 옮긴다.' 도저히 불가능하게 보이는 목표라도 끊임없이 노력하면 성취할 수 있다는 뜻. 출전은 『열자』 탕문편(湯問篇).

❀ 부화뇌동 附和雷同

附 붙을 부 | 和 조화로울 화 | 雷 우뢰 뢰 | 同 같을 동

자기 주견 없이 남의 생각이나 행동을 덩달아 따르는 것을 말한다. 출전은 『예기』 곡례편(曲禮篇).

❀ 사숙 私淑

私 사사로울 사 | 淑 정숙할 숙

존경하는 사람에게 직접 배우지는 못했으나 그 사람의 학문과 인격을 본받아서 배우는 것을 말한다. 출전은 『맹자』 이루편(離婁篇).

❀ 사자후 獅子吼

獅 사자 사 | 子 아들 자 | 吼 외칠 후

'사자의 외침.' 권위와 위엄이 있는 소리를 뜻하는데 부처님의 설법을 말한다. 출전은 『전등록』.

❀ 암중모색 暗中摸索

暗 어두울 암 | 中 가운데 중 | 摸 더듬을 모 | 索 찾을 색

'어둠 속에서 더듬어 찾는다.' 불확실한 일에 대한 해결의 실마리를 찾는 것. 출전은 『수당가화(隋唐佳話)』.

❀ 일엽지추 一葉之秋

一 한 일 | 葉 잎사귀 엽 | 之 어조사 지 | 秋 가을 추

'낙엽 하나가 떨어지는 것을 보고 천하에 가을이 온 줄 안다(一葉落知天下秋)'를 줄인 말. 부분을 보고 전체를 알 수 있다는 뜻. 사소한 현상을 통해 근본을 꿰뚫어본다는 의미도 있다. 출전은 『회남자』 설산훈편(說山訓篇).

❀ 천도시야비야 天道是耶非耶

天 하늘 천 | 道 길 도 | 是 옳을 시 | 耶 어조사 야 | 非 그를 비

'하늘의 도는 과연 옳은 것이냐 틀린 것이냐?' 예로부터 하늘은 지극히 공명정대하다고 여겨 왔지만, 정말 하늘의 길이 늘 옳기만 한 것인지 의심스럽다는 뜻이다. 출전은 『사기』 백이숙제열전.

❀ 촌철살인 寸鐵殺人

寸 마디 촌 | 鐵 쇠 철 | 殺 죽일 살 | 人 사람 인

'날카로운 한마디 말로 상대의 허점이나 급소를 찌른다.' 촌철이란 한 치도 안 되는 칼을 의미하는데, 여기서는 날카로운 한마디 말을 의미한다. 출전은 대혜선사(大慧禪師)의 『정법안장(正法眼藏)』.

다음 고사성어와 뜻풀이를
각각 연결하세요.

1. 우공이산 •

2. 부화뇌동 •

3. 득어망전 •

4. 촌철살인 •

5. 암중모색 •

6. 일엽지추 •

7. 사숙 •

8. 사자후 •

9. 소인한거
위불선 •

10. 천도
시야비야 •

• ① 고기를 잡으면 통발은 잊는다. 목적을 달성하면 수단은 잊는다는 뜻.

• ② 소인은 한가할 때(홀로 있을 때) 착하지 못한 짓을 한다.

• ③ 우공이 산을 옮긴다. 불가능한 목표라도 노력하면 성취할 수 있다.

• ④ 자기 주견 없이 남의 생각이나 행동을 덩달아 따르는 것을 말한다.

• ⑤ 존경하는 사람의 학문과 인격을 본받아서 배우는 것.

• ⑥ 사자의 외침. 권위와 위엄이 있는 소리를 뜻한다.

• ⑦ 어둠 속에서 더듬어 찾는다. 불확실한 일의 해결을 위해 실마리를 찾음.

• ⑧ 낙엽 하나가 떨어지는 것을 보고 천하에 가을이 온 줄 안다.

• ⑨ 하늘의 도는 과연 옳은 것이냐 틀린 것이냐?

• ⑩ 날카로운 한마디 말로 상대의 허점이나 급소를 찌른다.

정답 1.③ 2.④ 3.① 4.⑩ 5.⑦ 6.⑧ 7.⑤ 8.⑥ 9.② 10.⑨

1. 부화뇌동 •

2. 사숙 •

3. 천도
   시야비야 •

4. 득어망전 •

5. 소인한거
   위불선 •

6. 우공이산 •

7. 사자후 •

8. 촌철살인 •

9. 암중모색 •

10. 일엽지추 •

• ⓐ 天道是耶非耶

• ⓑ 附和雷同

• ⓒ 暗中摸索

• ⓓ 得魚忘筌

• ⓔ 一葉之秋

• ⓕ 獅子吼

• ⓖ 小人閒居爲不善

• ⓗ 愚公移山

• ⓘ 私淑

• ⓙ 寸鐵殺人

정답 1.ⓑ 2.ⓘ 3.ⓐ 4.ⓓ 5.ⓖ 6.ⓗ 7.ⓕ 8.ⓙ 9.ⓒ 10.ⓔ

다음 고사성어의 한자와 뜻풀이를
각각 연결하세요.

1. 暗中摸索 •

2. 私淑 •

3. 得魚忘筌 •

4. 寸鐵殺人 •

5. 獅子吼 •

6. 小人閒居
　爲不善 •

7. 附和雷同 •

8. 愚公移山 •

9. 天道
　是耶非耶 •

10. 一葉之秋 •

• ① 소인은 한가할 때(홀로 있을 때) 착하지
　못한 짓을 한다.

• ② 낙엽 하나가 떨어지는 것을 보고 천하에
　가을이 온 줄 안다.

• ③ 자기 주견 없이 남의 생각이나 행동을 덩
　달아 따르는 것을 말한다.

• ④ 고기를 잡으면 통발은 잊는다. 목적을 달
　성하면 수단은 잊는다는 뜻.

• ⑤ 존경하는 사람의 학문과 인격을 본받아
　서 배우는 것.

• ⑥ 어둠 속에서 더듬어 찾는다. 불확실한 일
　의 해결을 위해 실마리를 찾음.

• ⑦ 하늘의 도는 과연 옳은 것이냐 틀린 것이
　냐?

• ⑧ 우공이 산을 옮긴다. 불가능한 목표라도
　노력하면 성취할 수 있다.

• ⑨ 날카로운 한마디 말로 상대의 허점이나
　급소를 찌른다.

• ⑩ 사자의 외침. 권위와 위엄이 있는 소리를
　뜻한다.

정답　1.⑥　2.⑤　3.④　4.⑨　5.⑩　6.①　7.③　8.⑧　9.⑦　10.②

다음 뜻풀이에 해당하는
고사성어를 한글로 쓰세요.

1. 자기 주견 없이 남의 생각이나 행동을 덩달아 따르는 것을 말한다.

2. 어둠 속에서 더듬어 찾는다. 불확실한 일의 해결을 위해 실마리를 찾음.

3. 존경하는 사람의 학문과 인격을 본받아서 배우는 것.

4. 낙엽 하나가 떨어지는 것을 보고 천하에 가을이 온 줄 안다.

5. 하늘의 도는 과연 옳은 것이냐 틀린 것이냐?

6. 우공이 산을 옮긴다. 불가능한 목표라도 노력하면 성취할 수 있다.

7. 날카로운 한마디 말로 상대의 허점이나 급소를 찌른다.

8. 사자의 외침. 권위와 위엄이 있는 소리를 뜻한다.

9. 소인은 한가할 때(홀로 있을 때) 착하지 못한 짓을 한다.

10. 고기를 잡으면 통발은 잊는다. 목적을 달성하면 수단은 잊는다는 뜻.

정답 1.부화뇌동 2.암중모색 3.사숙 4.일엽지추 5.천도 시야비야 6.우공이산 7.촌철살인
8.사자후 9.소인한거 위불선 10.득어망전

다음 설명에 해당하는 고사성어를
보기에서 찾아 한자로 쓰세요.

ⓐ 得 魚 忘 筌
얻을 득 고기 어 잊을 망 통발 전

ⓑ 愚 公 移 山
어리석을 우 귀인 공 옮길 이 뫼 산

ⓒ 私 淑
사사로울 사 정숙할 숙

ⓓ 暗 中 摸 索
어두울 암 가운데 중 더듬을 모 찾을 색

ⓔ 小 人 閒 居
작을 소 사람 인 한가할 한 머물 거

爲 不 善
할 위 아니 불 착할 선

ⓕ 獅 子 吼
사자 사 아들 자 외칠 후

ⓖ 附 和 雷 同
붙을 부 조화로울 화 우뢰 뢰 같을 동

ⓗ 寸 鐵 殺 人
마디 촌 쇠 철 죽일 살 사람 인

ⓘ 天 道 是 耶 非 耶
하늘 천 길 도 옳을 시 어조사 야 그를 비 어조사 야

ⓙ 一 葉 之 秋
한 일 잎사귀 엽 어조사 지 가을 추

1. '고기를 잡으면 통발은 잊는다.' 목적을 달성하고 나면 그 목적을 달성하기 위해 사용한 수단은 잊어버린다는 뜻.

2. '소인은 한가할 때는 착하지 못한 짓을 한다.' 한가로이 홀로 있을 때 자신의 마음과 뜻을 더 굳건히 해야 한다는 의미다.

3. '우공이 산을 옮긴다.' 도저히 불가능하게 보이는 목표라도 끊임없이 노력하면 성취할 수 있다는 뜻.

4. 자기 주견 없이 남의 생각이나 행동을 덩달아 따르는 것을 말한다.

5. 존경하는 사람에게 직접 배우지는 못했으나 그 사람의 학문과 인격을 본받아서 배우는 것을 말한다.

6. '사자의 외침.' 권위와 위엄이 있는 소리를 뜻하는데 부처님의 설법을 말한다.

7. '어둠 속에서 더듬어 찾는다.' 불확실한 일에 대한 해결의 실마리를 찾는 것.

8. '낙엽 하나가 떨어지는 것을 보고 천하에 가을이 온 줄 안다.' 사소한 현상을 통해 근본을 꿰뚫어본다는 의미도 있다.

9. '하늘의 도는 과연 옳은 것이냐 틀린 것이냐?' 정말 하늘의 길이 늘 옳기만 한 것인지 의심스럽다는 뜻이다.

10. '날카로운 한마디 말로 상대의 허점이나 급소를 찌른다.'

정답   1.ⓐ 2.ⓔ 3.ⓑ 4.ⓖ 5.ⓒ 6.ⓕ 7.ⓓ 8.ⓘ 9.ⓙ 10.ⓗ

ⓐ雷 ⓑ塾 ⓒ道 ⓓ魚 ⓔ摸 ⓕ鐵 ⓖ閒 ⓗ葉 ⓘ移 ⓙ獅

1. 暗中 ☐ 索

2. 一 ☐ 之秋

3. 愚公 ☐ 山

4. 附和 ☐ 同

5. 私 ☐

6. ☐ 子吼

7. 天 ☐ 是耶非耶

8. 寸 ☐ 殺人

9. 得 ☐ 忘筌

10. 小人 ☐ 居爲不善

정답　1.ⓔ 2.ⓗ 3.ⓘ 4.ⓐ 5.ⓑ 6.ⓙ 7.ⓒ 8.ⓕ 9.ⓓ 10.ⓖ

다음 고사성어에서 틀린 한 글자를 찾고
보기에서 맞는 글자를 찾아 쓰세요.

ⓐ寸 ⓑ吼 ⓒ是 ⓓ忘 ⓔ小 ⓕ暗 ⓖ附 ⓗ秋 ⓘ愚 ⓙ淑

1. 庵^①中^②摸^③索^④

➡ _____

2. 一^①葉^②之^③推^④

➡ _____

3. 友^①公^②移^③山^④

➡ _____

4. 付^①和^②雷^③同^④

➡ _____

5. 私^①塾^②

➡ _____

6. 獅^①子^②候^③

➡ _____

7. 天^①道^②時^③耶^④非^⑤耶^⑥

➡ _____

8. 村^①鐵^②殺^③人^④

➡ _____

9. 得^①魚^②亡^③筌^④

➡ _____

10. 少^①人^②閒^③居^④爲^⑤不^⑥善^⑦

➡ _____

정답 1.①ⓕ 2.④ⓗ 3.①ⓘ 4.①ⓖ 5.②ⓙ 6.③ⓑ 7.③ⓒ 8.①ⓐ 9.③ⓓ 10.①ⓔ

✸ 환골탈태 換骨奪胎

換 바꿀 환 | 骨 뼈 골 | 奪 빼앗을 탈 | 胎 태 태

'뼈를 바꾸고 태를 탈바꿈한다.' 도교에서 유래된 말로 신선이 되는 것을 말한다. 통상 용모나 차림새가 몰라보게 좋아졌을 때 쓰는 표현이다.

✸ 괄목상대 刮目相對

刮 비빌 괄 | 目 눈 목 | 相 서로 상 | 對 대할 대

'눈을 비비고 상대를 보다.' 학문이나 실력이 눈에 띄게 늘었을 때 쓰는 표현이다. 눈을 비비고 다시 봐야 할 만큼 뛰어나게 발전한 것을 가리킨다. 출전은 『삼국지』 오지(吳志) 여몽전(呂蒙傳).

✸ 정훈 庭訓

庭 뜰 정 | 訓 가르칠 훈

'정원에서 내린 교훈.' 가정교육을 뜻하는 말로 특히 아버지가 아들에게 주는 교훈을 뜻한다. 아들 백어(伯魚)가 정원을 지날 때 공자가 가르침을 베풀었다는 데서 유래했다. 출전은 『논어』 계씨편(季氏篇).

✸ 창해일속 滄海一粟

滄 푸를 창 | 海 바다 해 | 一 하나 일 | 粟 좁쌀 속

'푸른 바다 속의 좁쌀 하나.' 지극히 미미하고 하찮은 것을 일컫는다. 나아가 자신의 지식이나 재능이 남보다 못하다고 겸손을 표할 때 쓰이기도 한다. 출전은 소식(蘇軾)이 지은 적벽부(赤壁賦).

✸ 술이부작 述而不作

述 말할 술 | 而 어조사 이 | 不 아니 부 | 作 지을 작

'그대로 기술하기만 할 뿐 창작하지는 않는다.' 옛날의 전통을 그대로 서술할 뿐이지 뭔가를 덧붙이거나 첨가하지는 않는다는 뜻이다. 출전은 『논어(論語)』 술이편(述而篇).

❀ 위편삼절 韋編三絶

韋 가죽 위 | 編 엮을 편 | 三 석 삼 | 絶 끊을 절

'책을 맨 가죽 끈이 세 번이나 끊어짐.' 책을 몇십 번이나 반복해서 읽은 나머지 그 책을 맨 끈이 끊어져버렸다는 뜻으로 독서를 열심히 하는 것을 말한다. 출전은 『사기』 공자세가(孔子世家).

❀ 형설지공 螢雪之功

螢 반딧불 형 | 雪 눈 설 | 之 어조사 지 | 功 공훈 공

'반딧불과 눈의 공덕.' 가난 속에서도 열심히 공부해서 어려운 시험을 합격했을 때 형설의 공을 이루었다고 말한다. 이 말은 동진(東晉)의 차윤(車胤)과 손강(孫康)의 고사에서 나왔다. 출전은 『몽구(蒙求)』.

❀ 독서백편의자현 讀書百遍義自見

讀 읽을 독 | 書 글 서 | 百 일백 백 | 遍 번 편 | 義 뜻 의 | 自 스스로 자 | 見 나타날 현(볼 견)

'책을 백 번 읽으면 그 뜻이 저절로 드러난다.' 부지런히 학문을 닦으면 저절로 이해하게 된다는 말이다. 출전은 『삼국지』 위지(魏志) 왕숙전(王肅傳).

❀ 회사후소 繪事後素

繪 그릴 회 | 事 일 사 | 後 뒤 후 | 素 바탕(흴) 소

'그림 그리는 일은 바탕이 있은 뒤에야 한다.' 먼저 자신의 바탕을 확립한 뒤에야 형식이나 외양을 갖출 수 있다는 말이다. 출전은 『논어』 팔일편(八佾篇).

❀ 실사구시 實事求是

實 열매 실 | 事 일 사 | 求 구할 구 | 是 옳을(이) 시

'사실에 입각해서 올바름을 구하다.' 학문을 탐구할 때 관념적인 논의에만 머물지 않고 실제의 사실을 확인하고 경험함으로써 올바름을 끌어내는 태도를 말한다. 출전은 『한서(漢書)』 하간헌왕덕전(河間獻王德傳).

다음 고사성어와 뜻풀이를
각각 연결하세요.

1. 위편삼절 •

• ① 책을 백 번 읽으면 그 뜻이 저절로 드러난다.

2. 정훈 •

• ② 눈을 비비고 상대를 보다. 눈을 비비고 다시 봐야 할 만큼 발전함.

3. 창해일속 •

• ③ 책을 맨 가죽 끈이 세 번이나 끊어짐. 책을 열심히 읽는 것을 뜻한다.

4. 환골탈태 •

• ④ 푸른 바다 속의 좁쌀 하나. 지극히 미미하고 하찮은 것을 일컫는다.

5. 괄목상대 •

• ⑤ 그대로 기술하기만 할 뿐 창작하지는 않는다.

6. 술이부작 •

• ⑥ 반딧불과 눈의 공덕. 가난 속에서도 열심히 공부함.

7. 회사후소 •

• ⑦ 정원에서 내린 교훈. 가정교육을 뜻하는 말이다.

8. 형설지공 •

• ⑧ 뼈를 바꾸고 태를 탈바꿈한다. 용모나 차림새가 몰라보게 좋아짐.

9. 실사구시 •

• ⑨ 그림 그리는 일은 바탕이 있은 뒤에야 한다. 먼저 바탕을 확립해야 함.

10. 독서백편
    의자현 •

• ⑩ 사실에 입각해서 올바름을 구하다. 학문을 탐구하는 자세를 말한다.

정답 1.③ 2.⑦ 3.④ 4.⑧ 5.② 6.⑤ 7.⑨ 8.⑥ 9.⑩ 10.①

1. 위편삼절 •

2. 정훈 •

3. 창해일속 •

4. 환골탈태 •

5. 괄목상대 •

6. 술이부작 •

7. 회사후소 •

8. 형설지공 •

9. 실사구시 •

10. 독서백편
    의자현 •

• ⓐ 述而不作

• ⓑ 螢雪之功

• ⓒ 讀書百遍義自見

• ⓓ 韋編三絶

• ⓔ 繪事後素

• ⓕ 實事求是

• ⓖ 換骨奪胎

• ⓗ 刮目相對

• ⓘ 滄海一粟

• ⓙ 庭訓

정답 1.ⓓ 2.ⓙ 3.ⓘ 4.ⓖ 5.ⓗ 6.ⓐ 7.ⓔ 8.ⓑ 9.ⓕ 10.ⓒ

다음 고사성어의 한자와 뜻풀이를
각각 연결하세요.

1. 實事求是 •

2. 螢雪之功 •

3. 滄海一粟 •

4. 讀書百遍
   義自見 •

5. 述而不作 •

6. 韋編三絶 •

7. 繪事後素 •

8. 庭訓 •

9. 換骨奪胎 •

10. 刮目相對 •

• ① 정원에서 내린 교훈. 가정교육을 뜻하는 말이다.

• ② 책을 맨 가죽 끈이 세 번이나 끊어짐. 책을 열심히 읽는 것을 뜻한다.

• ③ 푸른 바다 속의 좁쌀 하나. 지극히 미미하고 하찮은 것을 일컫는다.

• ④ 그대로 기술하기만 할 뿐 창작하지는 않는다.

• ⑤ 반딧불과 눈의 공덕. 가난 속에서도 열심히 공부함.

• ⑥ 눈을 비비고 상대를 보다. 눈을 비비고 다시 봐야 할 만큼 발전함.

• ⑦ 사실에 입각해서 올바름을 구하다. 학문을 탐구하는 자세를 말한다.

• ⑧ 뼈를 바꾸고 태를 탈바꿈한다. 용모나 차림새가 몰라보게 좋아짐.

• ⑨ 책을 백 번 읽으면 그 뜻이 저절로 드러난다.

• ⑩ 그림 그리는 일은 바탕이 있은 뒤에야 한다. 먼저 바탕을 확립해야 함.

정답 1.⑦ 2.⑤ 3.③ 4.⑨ 5.④ 6.② 7.⑩ 8.① 9.⑧ 10.⑥

연/습/문/제/ 4 단계

다음 뜻풀이에 해당하는
고사성어를 한글로 쓰세요.

1. 그림 그리는 일은 바탕이 있은 뒤에야 한다.
   먼저 바탕을 확립해야 함.

   _____

2. 정원에서 내린 교훈. 가정교육을 뜻하는 말
   이다.

   _____

3. 사실에 입각해서 올바름을 구하다. 학문을
   탐구하는 자세를 말한다.

   _____

4. 뼈를 바꾸고 태를 탈바꿈한다. 용모나 차림
   새가 몰라보게 좋아짐.

   _____

5. 책을 백 번 읽으면 그 뜻이 저절로 드러난다.

   _____

6. 책을 맨 가죽 끈이 세 번이나 끊어짐. 책을
   열심히 읽는 것을 뜻한다.

   _____

7. 푸른 바다 속의 좁쌀 하나. 지극히 미미하고
   하찮은 것을 일컫는다.

   _____

8. 그대로 기술하기만 할 뿐 창작하지는 않는다.

   _____

9. 반딧불과 눈의 공덕. 가난 속에서도 열심히
   공부함.

   _____

10. 눈을 비비고 상대를 보다. 눈을 비비고 다시
    봐야 할 만큼 발전함.

    _____

정답 1. 회사후소 2. 정훈 3. 실사구시 4. 환골탈태 5. 독서백편 의자현 6. 위편삼절 7. 창해일
속 8. 술이부작 9. 형설지공 10. 괄목상대

125

다음 설명에 해당하는 고사성어를
보기에서 찾아 한자로 쓰세요.

ⓐ 螢 雪 之 功
반딧불 형 눈 설 어조사 지 공훈 공

ⓑ 讀 書 百 遍
읽을 독 글 서 일백 백 번 편

義 自 見
뜻 의 스스로 자 나타날 현(볼 견)

ⓒ 庭 訓
뜰 정 가르칠 훈

ⓓ 滄 海 一 粟
푸를 창 바다 해 하나 일 좁쌀 속

ⓔ 述 而 不 作
말할 술 어조사 이 아니 부 지을 작

ⓕ 韋 編 三 絕
죽 위 엮을 편 석 삼 끊을 절

ⓖ 繪 事 後 素
그릴 회 일 사 뒤 후 바탕(흴) 소

ⓗ 實 事 求 是
열매 실 일 사 구할 구 옳을(이) 시

ⓘ 換 骨 奪 胎
바꿀 환 뼈 골 빼앗을 탈 태 태

ⓙ 刮 目 相 對
비빌 괄 눈 목 서로 상 대할 대

1. '눈을 비비고 상대를 보다.' 학문이나 실력이 눈에 띄게 늘었을 때 쓰는 표현
   이다.

2. '뼈를 바꾸고 태를 탈바꿈한다.' 도교에서 유래된 말로 신선이 되는 것을 말한
   다. 통상 용모나 차림새가 몰라보게 좋아졌을 때 쓰는 표현이다.

3. '사실에 입각해서 올바름을 구하다.' 학문을 탐구할 때 실제의 사실을 확인하고 경험함으로써 올바름을 끌어내는 태도를 말한다.

4. '그대로 기술하기만 할 뿐 창작하지는 않는다.' 옛날의 전통을 그대로 서술할 뿐이지 뭔가를 덧붙이거나 첨가하지는 않는다는 뜻이다.

5. '책을 맨 가죽 끈이 세 번이나 끊어짐.' 책을 몇십 번이나 반복해서 읽은 나머지 그 책을 맨 끈이 끊어져버렸다는 뜻이다.

6. '반딧불과 눈의 공덕.' 가난 속에서도 열심히 공부해서 어려운 시험을 합격했을 때를 말한다.

7. '책을 백 번 읽으면 그 뜻이 저절로 드러난다.' 부지런히 학문을 닦으면 저절로 이해하게 된다는 말이다.

8. '그림 그리는 일은 바탕이 있은 뒤에야 한다.' 먼저 자신의 바탕을 확립한 뒤에야 형식이나 외양을 갖출 수 있다는 말이다.

9. '푸른 바다 속의 좁쌀 하나.' 지극히 미미하고 하찮은 것을 일컫는다.

10. '정원에서 내린 교훈.' 가정교육을 뜻하는 말로 특히 아버지가 아들에게 주는 교훈을 뜻한다.

다음 고사성어를 읽고, 빈칸의 글자를
보기에서 찾아 채우세요.

ⓐ實 ⓑ述 ⓒ骨 ⓓ編 ⓔ書 ⓕ事 ⓖ目 ⓗ雪 ⓘ海 ⓙ庭

1. 螢 ☐ 之功

2. 讀 ☐ 百遍義自見

3. ☐ 訓

4. 滄 ☐ 一粟

5. ☐ 而不作

6. 韋 ☐ 三絶

7. 繪 ☐ 後素

8. ☐ 事求是

9. 換 ☐ 奪胎

10. 刮 ☐ 相對

정답 1.ⓗ 2.ⓔ 3.ⓙ 4.ⓘ 5.ⓑ 6.ⓓ 7.ⓕ 8.ⓐ 9.ⓒ 10.ⓖ

다음 고사성어에서 틀린 한 글자를 찾고
보기에서 맞는 글자를 찾아 쓰세요.

ⓐ韋 ⓑ而 ⓒ百 ⓓ實 ⓔ換 ⓕ瑩 ⓖ刮 ⓗ庭 ⓘ滄 ⓙ繪

---

1. ①形②雪③之④功

   ➡ _____

2. ①讀②書③白④遍⑤義⑥自⑦見

   ➡ _____

3. ①政②訓

   ➡ _____

4. ①蒼②海③一④粟

   ➡ _____

5. ①述②已③不④作

   ➡ _____

6. ①緯②編③三④絶

   ➡ _____

7. ①會②事③後④素

   ➡ _____

8. ①室②事③求④是

   ➡ _____

9. ①環②骨③奪④胎

   ➡ _____

10. ①适②目③相④對

   ➡ _____

정답 1.①ⓕ 2.③ⓒ 3.①ⓗ 4.①ⓘ 5.②ⓑ 6.①ⓐ 7.①ⓙ 8.①ⓓ 9.①ⓔ 10.①ⓖ

✿ 화호유구 畫虎類狗

畫 그림 화 │ 虎 호랑이 호 │ 類 비슷할 유 │ 狗 개 구

'호랑이를 그리려다 개를 그리다.' 자질도 없는 사람이 호걸을 본받으려다 잘못되면 도리어 경박한 사람이 된다는 뜻. 출전은『후한서』마원전(馬援傳).

✿ 긍경 肯綮

肯 뼈에붙은(기꺼워할) 긍 │ 綮 힘줄붙은곳 경

'뼈에 붙은 살과 힘줄이 엉겨 붙은 곳.' 가장 긴요한 곳, 즉 급소를 말한다. 긍경을 찌른다는 말은 급소를 찌른다는 것이다. 출전은『장자』양생주편(養生主篇).

✿ 조삼모사 朝三暮四

朝 아침 조 │ 三 석 삼 │ 暮 저녁 모 │ 四 넉 사

'아침에 셋, 저녁에 넷.' 눈앞에 보이는 차이만 알고 결과가 같은 것을 모르는 것을 풍자한 말이다. 출전은『열자』황제편(黃帝篇).

✿ 천망회회 天網恢恢

天 하늘 천 │ 網 그물 망 │ 恢 넓을 회

'하늘의 그물은 넓고 넓어 엉성한 것 같아도 빠져나가지 못한다'에서 유래되었다. 즉 우주의 법칙은 겉으로 보기엔 엉성한 것 같지만 실오라기 하나의 오차도 허용치 않는 엄밀하고 정확한 것이라는 뜻이다. 출전은『노자』73장.

✿ 천지지지 아지자지 天知地知 我知子知

天 하늘 천 │ 知 알 지 │ 地 땅 지 │ 我 나 아 │ 子 아들 자

하늘도 알고 땅도 알고, 나도 알고 너도 안다는 뜻이다. 나쁜 짓은 결코 숨길 수 없다는 의미로 출전은『후한서』양진전(楊震傳).

✿ 무릉도원 武陵桃源

武 굳셀 무 | 陵 언덕 릉 | 桃 복숭아 도 | 源 근원 원

이상향, 혹은 유토피아를 말한다. '무릉에 있는 복숭아 숲'이란 뜻으로 '도원경(桃源境)'이라고도 한다. 출전은 도연명(陶淵明)이 지은 『도화원시병기(桃花源詩并記)』.

✿ 하옥 瑕玉

瑕 티 하 | 玉 옥 옥

'흠 있는 옥.' 흔히 옥에도 티가 있다고 표현한다. 거의 완벽하지만 아주 티끌만 한 결점이 남아있다는 뜻이다. 출전은 『회남자(淮南子)』 설림훈편(說林訓篇).

✿ 당랑거철 螳螂拒轍

螳 사마귀 당 | 螂 사마귀 랑 | 拒 거부할 거 | 轍 수레바퀴자국 철

'사마귀가 다리를 쳐들고 수레바퀴에 대든다.' 사마귀가 다리를 쳐든 모습이 마치 도끼를 들고 있는 것 같다고 '당랑지부(螳螂之斧)'라고도 한다. 자기 분수를 모르는 무모한 사람을 의미한다. 출전은 『회남자』 인간훈(人間訓) 편.

✿ 사이비 似而非

似 비슷할 사 | 而 말이을 이 | 非 아니 비

비슷하게는 보이지만 실제로는 전혀 아닌 것을 말한다. 특히 겉으로는 훌륭한 사람처럼 행동하지만 실제로는 거짓을 일삼는 무리들을 가리키는 말이다. 출전은 『맹자』 진심(盡心) 장.

✿ 배중사영 杯中蛇影

杯 잔 배 | 中 가운데 중 | 蛇 뱀 사 | 影 그림자 영

'잔 속의 뱀 그림자'란 뜻이다. 쓸데없는 걱정으로 스스로 병을 만드는 것을 말한다. 출전은 응소(應邵)가 저술한 『풍속통(風俗通)』.

다음 고사성어와 뜻풀이를
각각 연결하세요.

1. 천지지지
   아지자지 •

2. 사이비 •

3. 배중사영 •

4. 천망회회 •

5. 무릉도원 •

6. 하옥 •

7. 화호유구 •

8. 긍경 •

9. 조삼모사 •

10. 당랑거철 •

• ① 비슷하게는 보이지만 실제로는 전혀 아닌 것을 말한다.

• ② 뼈에 붙은 살과 힘줄이 엉겨 붙은 곳. 가장 긴요한 곳, 급소를 말한다.

• ③ 아침에 셋 저녁에 넷. 눈앞의 차이만 알고 결과가 같은 것을 모른다.

• ④ 하늘도 알고 땅도 알고, 나도 알고 너도 안다.

• ⑤ 잔 속의 뱀 그림자. 쓸데없는 걱정으로 스스로 병을 만드는 것.

• ⑥ 하늘의 그물은 넓고 넓어 엉성한 것 같아도 빠져나가지 못한다.

• ⑦ 호랑이를 그리려다 개를 그리다. 서툰 솜씨로 일을 하다 그르침.

• ⑧ 흠 있는 옥. 흔히 옥에도 티가 있다고 표현한다.

• ⑨ 사마귀가 다리를 쳐들고 수레바퀴에 대든다. 무모한 사람을 일컫는다.

• ⑩ 이상향, 혹은 유토피아를 말한다. 도원경이라고도 한다.

정답 1.④ 2.① 3.⑤ 4.⑥ 5.⑩ 6.⑧ 7.⑦ 8.② 9.③ 10.⑨

다음 고사성어와 한자를
각각 연결하세요.

1. 화호유구 •

2. 긍경 •

3. 조삼모사 •

4. 천망회회 •

5. 천지지지
   아지자지 •

6. 무릉도원 •

7. 하옥 •

8. 당랑거철 •

9. 사이비 •

10. 배중사영 •

• ⓐ 天網恢恢

• ⓑ 天知地知 我知子知

• ⓒ 螳螂拒轍

• ⓓ 畫虎類狗

• ⓔ 肯綮

• ⓕ 朝三暮四

• ⓖ 似而非

• ⓗ 武陵桃源

• ⓘ 杯中蛇影

• ⓙ 瑕玉

정답 1.ⓓ 2.ⓔ 3.ⓕ 4.ⓐ 5.ⓑ 6.ⓗ 7.ⓙ 8.ⓒ 9.ⓖ 10.ⓘ

다음 고사성어의 한자와 뜻풀이를
각각 연결하세요.

1. 畵虎類狗 •

2. 肯綮 •

3. 武陵桃源 •

4. 杯中蛇影 •

5. 天知地知
我知子知 •

6. 螳螂拒轍 •

7. 似而非 •

8. 瑕玉 •

9. 朝三暮四 •

10. 天網恢恢 •

• ① 비슷하게는 보이지만 실제로는 전혀 아닌 것을 말한다.

• ② 아침에 셋 저녁에 넷. 눈앞의 차이만 알고 결과가 같은 것을 모른다.

• ③ 흠 있는 옥. 흔히 옥에도 티가 있다고 표현한다.

• ④ 하늘의 그물은 넓고 넓어 엉성한 것 같아도 빠져나가지 못한다.

• ⑤ 이상향, 혹은 유토피아를 말한다. 도원경이라고도 한다.

• ⑥ 호랑이를 그리려다 개를 그리다. 서툰 솜씨로 일을 하다 그르침.

• ⑦ 사마귀가 다리를 쳐들고 수레바퀴에 대든다. 무모한 사람을 일컫는다.

• ⑧ 잔 속의 뱀 그림자. 쓸데없는 걱정으로 스스로 병을 만드는 것.

• ⑨ 하늘도 알고 땅도 알고, 나도 알고 너도 안다.

• ⑩ 뼈에 붙은 살과 힘줄이 엉겨 붙은 곳. 가장 긴요한 곳, 급소를 말한다.

정답 1.⑥ 2.⑩ 3.⑤ 4.⑧ 5.⑨ 6.⑦ 7.① 8.③ 9.② 10.④

다음 뜻풀이에 해당하는
고사성어를 한글로 쓰세요.

1. 이상향, 혹은 유토피아를 말한다. 도원경이
   라고도 한다.

2. 아침에 셋 저녁에 넷. 눈앞의 차이만 알고 결
   과가 같은 것을 모른다.

3. 호랑이를 그리려다 개를 그리다. 서툰 솜씨
   로 일을 하다 그르침.

4. 사마귀가 다리를 쳐들고 수레바퀴에 대든다.
   무모한 사람을 일컫는다.

5. 뼈에 붙은 살과 힘줄이 엉겨 붙은 곳. 가장
   긴요한 곳, 급소를 말한다.

6. 비슷하게는 보이지만 실제로는 전혀 아닌 것
   을 말한다.

7. 흠 있는 옥. 흔히 옥에도 티가 있다고 표현
   한다.

8. 잔 속의 뱀 그림자. 쓸데없는 걱정으로 스스
   로 병을 만드는 것.

9. 하늘도 알고 땅도 알고, 나도 알고 너도 안다.

10. 하늘의 그물은 넓고 넓어 엉성한 것 같아도
    빠져나가지 못한다.

정답 1.무릉도원 2.조삼모사 3.화호유구 4.당랑거철 5.긍경 6.사이비 7.하옥 8.배중사영
9.천지지지 아지자지 10.천망회회

다음 설명에 해당하는 고사성어를
보기에서 찾아 한자로 쓰세요.

ⓐ 天 網 恢 恢
　하늘 천　그물 망　넓을 회　넓을 회

ⓑ 螳 螂 拒 轍
　사마귀 당　사마귀 랑　거부할 거　수레바퀴자국 철

ⓒ 畵 虎 類 狗
　그림 화　호랑이 호　비슷할 유　개 구

ⓓ 肯 綮
　뼈에붙은살 긍　힘줄붙은곳 경

ⓔ 朝 三 暮 四
　아침 조　석 삼　저녁 모　넉 사

ⓕ 似 而 非
　비슷할 사　말이을 이　아니 비

ⓖ 武 陵 桃 源
　굳셀 무　언덕 릉　복숭아 도　근원 원

ⓗ 杯 中 蛇 影
　잔 배　가운데 중　뱀 사　그림자 영

ⓘ 瑕 玉
　티 하　옥 옥

ⓙ 天 知 地 知
　하늘 천　알 지　땅 지　알 지

　 我 知 子 知
　나 아　알 지　아들 자　알 지

1. '흠 있는 옥.' 흔히 옥에도 티가 있다고 표현한다. 거의 완벽하지만 아주 티끌
　만한 결점이 남아있다는 뜻이다.

2. '뼈에 붙은 살과 힘줄이 엉겨 붙은 곳.' 가장 긴요한 곳, 즉 급소를 말한다.

3. '비슷하게는 보이지만 실제로는 전혀 아닌 것. 겉으로는 훌륭한 사람처럼 행동하지만 실제로는 거짓을 일삼는 무리들을 가리키는 말.

4. '하늘의 그물은 넓고 넓어 엉성한 것 같아도 빠져나가지 못한다.' 우주의 법칙은 실오라기 하나의 오차도 허용치 않는 엄밀하고 정확한 것이다.

5. 하늘도 알고 땅도 알고 나도 알고 너도 안다. 나쁜 짓은 숨길 수 없다는 뜻이다.

6. 이상향, 혹은 유토피아를 말한다. '무릉에 있는 복숭아 숲'이란 뜻으로 '도원경(桃源境)'이라고도 한다.

7. '호랑이를 그리려다 개를 그리다.' 자질도 없는 사람이 호걸을 본받으려다 잘못되면 도리어 경박한 사람이 된다는 뜻.

8. '사마귀가 다리를 쳐들고 수레바퀴에 대든다.' 자기 분수를 모르는 무모한 사람을 의미한다.

9. '아침에 셋, 저녁에 넷.' 눈앞에 보이는 차이만 알고 결과가 같은 것을 모르는 것을 풍자한 말이다.

10. '잔속의 뱀 그림자'란 뜻. 쓸데없는 걱정으로 스스로 병을 만드는 것을 말한다.

정답 1.ⓘ 2.ⓓ 3.ⓕ 4.ⓐ 5.ⓙ 6.ⓖ 7.ⓒ 8.ⓑ 9.ⓔ 10.ⓗ

다음 고사성어를 읽고, 빈칸의 글자를
보기에서 찾아 채우세요.

ⓐ武 ⓑ我 ⓒ瑕 ⓓ暮 ⓔ肯 ⓕ虎 ⓖ網 ⓗ拒 ⓘ似 ⓙ杯

1. 螳螂 ☐ 轍

2. ☐ 而非

3. 朝三 ☐ 四

4. 天 ☐ 恢恢

5. ☐ 陵桃源

6. ☐ 玉

7. 天知地知 ☐ 知子知

8. ☐ 中蛇影

9. 畵 ☐ 類狗

10. ☐ 縈

다음 고사성어에서 틀린 한 글자를 찾고
보기에서 맞는 글자를 찾아 쓰세요.

ⓐ瑕 ⓑ類 ⓒ天 ⓓ縈 ⓔ轍 ⓕ杯 ⓖ子 ⓗ朝 ⓘ似 ⓙ桃

1. ①②③④
   螳螂拒鐵
   ➡ _____

2. ①②③
   師而非
   ➡ _____

3. ①②③④
   早三暮四
   ➡ _____

4. ①②③④
   千網恢恢
   ➡ _____

5. ①②③④
   武陵道源
   ➡ _____

6. ①②
   河玉
   ➡ _____

7. ①②③④
   盃中蛇影
   ➡ _____

8. ①②③④⑤⑥⑦⑧
   天知地知我知自知
   ➡ _____

9. ①②③④
   畵虎流狗
   ➡ _____

10. ①②
    肯競
    ➡ _____

✿ 일거양득 一擧兩得

一 한 일 | 擧 들 거 | 兩 둘 양 | 得 얻을 득

'하나를 들어 둘을 얻는다.' 한 가지 일을 통해 두 가지 이익을 얻는 것을 말한다. 일석이조(一石二鳥)와 같은 뜻이다. 출전은 『진서』 속석전(束晳傳), 『전국책』.

✿ 좌고우면 左顧右眄

左 왼쪽 좌 | 顧 돌아볼 고 | 右 오른쪽 우 | 眄 곁눈질할 면

'왼쪽을 봤다 오른쪽을 봤다 하는 것.' 좌우를 바라보면서 자신만만한 모습을 보일 때, 또는 좌우의 눈치를 살피면서 결정을 못 내릴 때를 말한다. 출전은 조조의 아들 조식이 지은 『여오계중서(與吳季重書)』.

✿ 만사휴의 萬事休矣

萬 일만 만 | 事 일 사 | 休 쉴 휴 | 矣 어조사 의

'모든 일이 끝났다.' 어찌할 수 없다는 뜻이다. 모든 노력을 다 기울여 애써 보았지만 결국 뜻대로 되지 않았을 때 쓰는 말이다. 출전은 『송사(宋史)』 형남고씨세가(荊南高氏世家).

✿ 분서갱유 焚書坑儒

焚 태울 분 | 書 글 서 | 坑 묻을 갱 | 儒 선비 유

'책을 태우고 유생을 묻었다.' 천하를 통일한 진시황이 당시 학자들을 탄압하기 위해 한 행동으로 출전은 『사기』 진시황본기(秦始皇本紀)이다.

✿ 각주구검 刻舟求劍

刻 새길 각 | 舟 배 주 | 求 찾을 구 | 劍 칼 검

'배에다 새겨 놓고 검을 찾는다.' 고지식하고 완고하거나 물정에 어두울 때 쓰는 말이다. 출전은 『여씨춘추』 찰금편(察今篇).

✿ 구화지문 口禍之門

口 입 구 | 禍 재앙 화 | 之 어조사 지 | 門 문 문

'입은 재앙을 부르는 문'이란 뜻이다. 흔히 쓰는 '입이 화근'이라는 의미이다. 출전은 풍도(馮道)가 지은 『설시(舌詩)』

✿ 평지파란 平地波瀾

平 평평할 평 | 地 땅 지 | 波 물결 파 | 瀾 물결 란

'평지에 물결을 일으키다.' 오늘날에는 평지풍파(平地風波)라는 말을 더 많이 쓴다. 쓸데없이 일을 더 악화시키거나 사람들 사이에서 공연히 분쟁을 일으키는 것을 말한다. 출전은 당나라 시인 유우석(劉禹錫)이 지은 죽지사(竹枝詞).

✿ 목탁 木鐸

木 나무 목 | 鐸 방울 탁

나무로 만든 방울. 국가가 명령을 내릴 때 나무 방울을 울렸다는 데서 유래했다. 오늘날에는 사회규범을 일깨우는 문필가나 저널리스트를 사회의 목탁이라고 한다. 출전은 『논어』 이인편(里仁篇).

✿ 문전성시 門前成市

門 문 문 | 前 앞 전 | 成 이룰 성 | 市 저자 시

'문 앞이 시장을 이룬다.' 출입하는 사람이 많아 붐비는 광경을 형용한 말이다. 흔히 잘 나가는 세도가의 집에는 들락날락하는 사람이 끊이질 않는데 이를 표현한 말이다. 출전은 『한서』 정숭전(鄭崇傳).

✿ 양두구육 羊頭狗肉

羊 양 양 | 頭 머리 두 | 狗 개 구 | 肉 고기 육

'양 머리를 걸어놓고 개고기를 판다(懸羊頭賣狗肉)'를 줄인 말이다. 겉으로는 좋은 간판을 내걸지만 속으로는 나쁜 물건을 판다는 뜻이다. 출전은 『항언록(恒言錄)』이고 『안자춘추(晏子春秋)』에 일화가 소개되어 있다.

다음 고사성어와 뜻풀이를
각각 연결하세요.

1. 일거양득 •

2. 좌고우면 •

3. 만사휴의 •

4. 분서갱유 •

5. 각주구검 •

6. 구화지문 •

7. 평지파란 •

8. 목탁 •

9. 문전성시 •

10. 양두구육 •

• ① 양 머리를 걸어놓고 개고기를 판다. 간판
과는 달리 나쁜 물건을 파는 것.

• ② 모든 일이 끝났다. 어찌할 수 없다는 뜻
이다.

• ③ 평지에 물결을 일으키다. 쓸데없이 일
을 악화시키는 것을 말한다.

• ④ 하나를 들어 둘을 얻는다. 한 가지 일을
통해 두 가지 이익을 얻는 것.

• ⑤ 배에다 새겨 놓고 검을 찾는다. 고지식하
고 물정에 어두운 것을 말함.

• ⑥ 왼쪽을 봤다 오른쪽을 봤다 하는 것. 눈
치를 살피며 결정을 못 내림.

• ⑦ 입은 재앙을 부르는 문. 입이 화근이라는
의미이다.

• ⑧ 책을 태우고 유생을 묻었다. 진시황이 학
자를 탄압하기 위해 한 행동.

• ⑨ 나무로 만든 방울. 사회규범을 일깨우는
문필가나 저널리스트를 말함.

• ⑩ 문 앞이 시장을 이룬다. 들락날락하는 사
람이 끊이지 않는 것을 표현.

정답 1.④ 2.⑥ 3.② 4.⑧ 5.⑤ 6.⑦ 7.③ 8.⑨ 9.⑩ 10.①

1. 목탁 •

2. 문전성시 •

3. 각주구검 •

4. 평지파란 •

5. 양두구육 •

6. 일거양득 •

7. 좌고우면 •

8. 만사휴의 •

9. 분서갱유 •

10. 구화지문 •

• ⓐ 口禍之門

• ⓑ 一擧兩得

• ⓒ 門前成市

• ⓓ 刻舟求劍

• ⓔ 木鐸

• ⓕ 焚書坑儒

• ⓖ 羊頭狗肉

• ⓗ 左顧右眄

• ⓘ 平地波瀾

• ⓙ 萬事休矣

정답 1.ⓔ 2.ⓒ 3.ⓓ 4.ⓘ 5.ⓖ 6.ⓑ 7.ⓗ 8.ⓙ 9.ⓕ 10.ⓐ

다음 고사성어의 한자와 뜻풀이를
각각 연결하세요.

1. 木鐸 •

• ① 왼쪽을 봤다 오른쪽을 봤다 하는 것. 눈치를 살피며 결정을 못 내림.

2. 左顧右眄 •

• ② 나무로 만든 방울. 사회규범을 일깨우는 문필가나 저널리스트를 말함.

3. 萬事休矣 •

• ③ 문 앞이 시장을 이룬다. 들락날락하는 사람이 끊이지 않는 것을 표현.

4. 門前成市 •

• ④ 입은 재앙을 부르는 문. 입이 화근이라는 의미이다.

5. 刻舟求劍 •

• ⑤ 책을 태우고 유생을 묻었다. 진시황이 학자를 탄압하기 위해 한 행동.

6. 焚書坑儒 •

• ⑥ 평지에 물결을 일으키다. 쓸데없이 일을 악화시키는 것을 말한다.

7. 口禍之門 •

• ⑦ 하나를 들어 둘을 얻는다. 한 가지 일을 통해 두 가지 이익을 얻는 것.

8. 一擧兩得 •

• ⑧ 배에다 새겨 놓고 검을 찾는다. 고지식하고 물정에 어두운 것을 말함.

9. 羊頭狗肉 •

• ⑨ 양 머리를 걸어놓고 개고기를 판다. 간판과는 달리 나쁜 물건을 파는 것.

10. 平地波瀾 •

• ⑩ 모든 일이 끝났다. 어찌할 수 없다는 뜻이다.

정답 1.② 2.① 3.⑩ 4.③ 5.⑧ 6.⑤ 7.④ 8.⑦ 9.⑨ 10.⑥

다음 뜻풀이에 해당하는
고사성어를 한글로 쓰세요.

1. 배에다 새겨 놓고 검을 찾는다. 고지식하고
   물정에 어두운 것을 말함.

2. 왼쪽을 봤다 오른쪽을 봤다 하는 것. 눈치를
   살피며 결정을 못 내림.

3. 하나를 들어 둘을 얻는다. 한 가지 일을 통해
   두 가지 이익을 얻는 것.

4. 문 앞이 시장을 이룬다. 들락날락하는 사람
   이 끊이지 않는 것을 표현.

5. 양 머리를 걸어놓고 개고기를 판다. 간판과
   는 달리 나쁜 물건을 파는 것.

6. 모든 일이 끝났다. 어찌할 수 없다는 뜻이다.

7. 책을 태우고 유생을 묻었다. 진시황이 학자
   를 탄압하기 위해 한 행동.

8. 평지에 물결을 일으키다. 쓸데없이 일을 악화
   시키는 것을 말한다.

9. 입은 재앙을 부르는 문. 입이 화근이라는 의
   미이다.

10. 나무로 만든 방울. 사회규범을 일깨우는 문
    필가나 저널리스트를 말함.

정답 1. 각주구검 2. 좌고우면 3. 일거양득 4. 문전성시 5. 양두구육 6. 만사휴의 7. 분서갱유
8. 평지파란 9. 구화지문 10. 목탁

다음 설명에 해당하는 고사성어를
보기에서 찾아 한자로 쓰세요.

ⓐ 口 禍 之 門
　　입구　재앙화　어조사지　문문

ⓑ 門 前 成 市
　　문문　앞전　이룰성　저자시

ⓒ 刻 舟 求 劍
　　새길각　배주　찾을구　칼검

ⓓ 木 鐸
　　나무목　방울탁

ⓔ 焚 書 坑 儒
　　태울분　글서　묻을갱　선비유

ⓕ 一 擧 兩 得
　　한일　들거　둘양　얻을득

ⓖ 羊 頭 狗 肉
　　양양　머리두　개구　고기육

ⓗ 左 顧 右 眄
　　왼쪽좌　돌아볼고　오른쪽우　곁눈질할면

ⓘ 平 地 波 瀾
　　평평할평　땅지　물결파　물결란

ⓙ 萬 事 休 矣
　　일만만　일사　쉴휴　어조사의

---

1. '하나를 들어 둘을 얻는다.' 한 가지 일을 통해 두 가지 이익을 얻는 것을 말
한다.

2. '왼쪽을 봤다 오른쪽을 봤다 하는 것.' 좌우의 눈치를 살피면서 결정을 못
내릴 때를 말한다.

3. '모든 일이 끝났다.' 어찌할 수 없다는 뜻이다. 모든 노력을 다 기울여 애써 보았지만 결국 뜻대로 되지 않았을 때 쓰는 말이다.

4. '책을 태우고 유생을 묻었다.' 천하를 통일한 진시황이 당시 학자들을 탄압하기 위해 한 행동.

5. '배에다 새겨 놓고 검을 찾는다.' 고지식하고 완고하거나 물정에 어두울 때 쓰는 말이다.

6. '입은 재앙을 부르는 문'이란 뜻이다. 흔히 쓰는 입이 화근이라는 의미이다.

7. '평지에 물결을 일으키다.' 쓸데없이 일을 더 악화시키거나 사람들 사이에서 공연히 분쟁을 일으키는 것을 말한다.

8. 나무로 만든 방울. 국가가 명령을 내릴 때 나무 방울을 울렸다는 데서 유래했다.

9. '문 앞이 시장을 이룬다.' 출입하는 사람이 많아 붐비는 광경을 형용한 말이다.

10. '양 머리를 걸어놓고 개고기를 판다(懸羊頭賣狗肉)'를 줄인 말이다. 겉으로는 좋은 간판을 내걸지만 속으로는 나쁜 물건을 판다는 뜻이다.

정답 1.ⓕ 2.ⓗ 3.ⓘ 4.ⓔ 5.ⓒ 6.ⓐ 7.ⓙ 8.ⓓ 9.ⓑ 10.ⓖ

ⓐ禍 ⓑ萬 ⓒ舟 ⓓ顧 ⓔ羊 ⓕ鐸 ⓖ成 ⓗ焚 ⓘ地 ⓙ擧

1. 木 ☐

6. 平 ☐ 波瀾

2. 門前 ☐ 市

7. ☐ 頭狗肉

3. ☐ 書坑儒

8. 左 ☐ 右眄

4. 刻 ☐ 求劍

9. ☐ 事休矣

5. 口 ☐ 之門

10. 一 ☐ 兩得

다음 고사성어에서 틀린 한 글자를 찾고
보기에서 맞는 글자를 찾아 쓰세요.

ⓐ 昒 ⓑ 波 ⓒ 休 ⓓ 口 ⓔ 木 ⓕ 劍 ⓖ 坑 ⓗ 門 ⓘ 狗 ⓙ 兩

---

1. 目^①鐸^②

   ➡ _____

6. 九^①禍^②之^③門^④

   ➡ _____

2. 問^①前^②成^③市^④

   ➡ _____

7. 平^①地^②破^③瀾^④

   ➡ _____

3. 焚^①書^②更^③儒^④

   ➡ _____

8. 羊^①頭^②九^③肉^④

   ➡ _____

4. 刻^①舟^②求^③檢^④

   ➡ _____

9. 左^①顧^②右^③面^④

   ➡ _____

5. 一^①擧^②陽^③得^④

   ➡ _____

10. 萬^①事^②虧^③矣^④

   ➡ _____

정답 1.①ⓔ 2.①ⓗ 3.③ⓖ 4.④ⓕ 5.③ⓘ 6.①ⓓ 7.③ⓑ 8.③ⓘ 9.④ⓐ 10.③ⓒ

❀ 녹림 綠林

綠 푸를 녹 │ 林 수풀 림

도둑이나 산적들을 의미하지만, 원래는 형주(荊州) 땅 녹림산(綠林山)을 가리키는 말이었다. 폭정에 항거하는 사람들이 이 산에 들어가 도둑이 되었기 때문이다. 출전은 『후한서』 유현전(劉玄傳).

❀ 의심암귀 疑心暗鬼

疑 의심할 의 │ 心 마음 심 │ 暗 어두울 암 │ 鬼 귀신 귀

'의심이 암귀를 낳는다.' 암귀란 밤 귀신을 말하는데 착각을 비유한 것이다. 일단 의심하는 마음이 들면 멀쩡한 것도 수상스럽게 보인다는 뜻이다. 출전은 『열자구의(列子口義)』 설부편(說符篇).

❀ 기우 杞憂

杞 기나라 기 │ 憂 근심 우

'기(杞)나라 사람의 근심'이란 뜻. 쓸데없는 걱정을 가리키는 말이다. 출전은 『열자』 천서편(天瑞篇).

❀ 화광동진 和光同塵

和 온화할 화 │ 光 빛 광 │ 同 같을 동 │ 塵 티끌 진

'화광(和光)'은 빛을 부드럽게 한다, '동진(同塵)'은 세속의 티끌에 섞인다는 뜻. 참된 도인은 뛰어난 지혜의 빛을 안으로 갈무리하면서 번뇌와 욕망이 들끓는 세속과 일체가 돼서 살아간다는 뜻. 출전은 『노자』.

❀ 조장 助長

助 도울 조 │ 長 길 장

'도와서 자라나게 한다.' 순리대로 되도록 내버려두지 않고 사사로운 욕심을 부려 억지로 재촉하거나 부추긴다는 뜻이다. 출전은 『맹자』 공손추편.

❀ 과전불납리 이하부정관 瓜田不納履 李下不整冠

瓜 오이 과 ┃ 田 밭 전 ┃ 不 아니 불(부) ┃ 納 들일 납 ┃ 履 신발 리 ┃ 李 오얏나무 리 ┃
下 아래 하 ┃ 整 가지런히할 정 ┃ 冠 갓 관

'외밭에서는 신발을 고쳐 신지 말고 오얏나무 아래서는 갓을 바로잡지 말아야 한
다.' 쓸데없는 행동을 해서 남의 의심을 사지 말라는 뜻이다. 출전은 『문선(文選)』
군자행(君子行).

❀ 옥상옥 屋上屋

屋 지붕 옥 ┃ 上 위 상

'지붕 위에 지붕을 올린다.' 이미 잘 되어 있는데 쓸데없이 똑같은 일을 중복하는
것을 말한다. 원래는 '지붕 밑에 다시 지붕을 만든다(屋下架屋)'에서 나왔다. 출전
은 『세설신어(世說新語)』

❀ 기화가거 奇貨可居

奇 기이할 기 ┃ 貨 재물 화 ┃ 可 가할 가 ┃ 居 머물 거

'진기한 재물이니 잡아두자'는 뜻. 남의 불행을 이용해서 큰 이익을 남길 때 쓰는
말이다. '이번 사건을 기화(奇貨)로 삼아 모두 힘을 합해 극복하자'라는 식으로 쓰
인다. 출전은 『사기』 여불위전(呂不韋傳).

❀ 사자신중충 獅子身中蟲

獅 사자 사 ┃ 子 아들 자 ┃ 身 몸 신 ┃ 中 가운데 중 ┃ 蟲 벌레 충

'사자 몸속의 벌레'란 뜻. 불교 신도로서 불교에 해를 끼치는 사람을 비유한 데서
유래했다. 자기편에 해를 끼치는 사람, 내부에서 재앙을 가져오는 사람이란 뜻
으로 쓰인다. 출전은 『범망경(梵網經)』

❀ 삼인시호 三人市虎

三 석 삼 ┃ 人 사람 인 ┃ 市 저자 시 ┃ 虎 호랑이 호

'세 사람이 말하면 시장 바닥에 호랑이도 있게 된다.' 근거 없는 낭설도 많은 사람
이 진짜인 듯 말하면 믿게 된다는 뜻. 출전은 『전국책』

1. 기우 •

2. 화광동진 •

3. 삼인시호 •

4. 조장 •

5. 기화가거 •

6. 과전불납리
이하부정관 •

7. 옥상옥 •

8. 녹림 •

9. 의심암귀 •

10. 사자신중충 •

• ① 도둑이나 산적들을 의미한다.

• ② 의심이 암귀를 낳는다. 의심이 들면 멀쩡한 것도 수상하게 보인다.

• ③ 기(杞)나라 사람의 근심이란 뜻. 쓸데없는 걱정을 가리키는 말이다.

• ④ 지혜의 빛을 안으로 갈무리하면서도 세속과 일체가 돼서 살아감.

• ⑤ 사사로운 욕심을 부려 억지로 재촉하거나 부추긴다는 뜻이다.

• ⑥ 쓸데없는 행동을 해서 남의 의심을 사지 말라는 뜻이다.

• ⑦ 지붕 위에 지붕을 올린다. 쓸데없이 똑같은 일을 중복하는 것.

• ⑧ 남의 불행을 이용해서 큰 이익을 남길 때 쓰는 말이다.

• ⑨ 사자 몸속의 벌레란 뜻. 자기편에 해를 끼치는 사람을 말한다.

• ⑩ 세 사람이 말하면 시장에 호랑이도 있게 된다. 근거 없는 낭설.

정답 1.③ 2.④ 3.⑩ 4.⑤ 5.⑧ 6.⑥ 7.⑦ 8.① 9.② 10.⑨

다음 고사성어와 한자를
각각 연결하세요.

1. 녹림   •   • ⓐ 三人市虎

2. 화광동진   •   • ⓑ 獅子身中蟲

3. 의심암귀   •   • ⓒ 助長

4. 조장   •   • ⓓ 屋上屋

5. 기화가거   •   • ⓔ 奇貨可居

6. 사자신중충   •   • ⓕ 杞憂

7. 과전불납리
   이하부정관   •   • ⓖ 疑心暗鬼

    • ⓗ 綠林

8. 옥상옥   •   • ⓘ 和光同塵

9. 기우   •   • ⓙ 瓜田不納履
                    李下不整冠

10. 삼인시호   •

정답 1.ⓗ 2.ⓘ 3.ⓖ 4.ⓒ 5.ⓔ 6.ⓑ 7.ⓙ 8.ⓓ 9.ⓕ 10.ⓐ

다음 고사성어의 한자와 뜻풀이를
각각 연결하세요.

1. 奇貨可居 •

2. 瓜田不納履
   李下不整冠 •

3. 杞憂 •

4. 助長 •

5. 三人市虎 •

6. 獅子身中蟲 •

7. 屋上屋 •

8. 疑心暗鬼 •

9. 綠林 •

10. 和光同塵 •

• ① 쓸데없는 행동을 해서 남의 의심을 사지 말라는 뜻이다.

• ② 세 사람이 말하면 시장에 호랑이도 있게 된다. 근거 없는 낭설.

• ③ 사자 몸속의 벌레란 뜻. 자기편에 해를 끼치는 사람을 말한다.

• ④ 도둑이나 산적들을 의미한다.

• ⑤ 의심이 암귀를 낳는다. 의심이 들면 멀쩡한 것도 수상하게 보인다.

• ⑥ 기(杞)나라 사람의 근심이란 뜻. 쓸데없는 걱정을 가리키는 말이다.

• ⑦ 지붕 위에 지붕을 올린다. 쓸데없이 똑같은 일을 중복하는 것.

• ⑧ 남의 불행을 이용해서 큰 이익을 남길 때 쓰는 말이다.

• ⑨ 지혜의 빛을 안으로 갈무리하면서도 세속과 일체가 돼서 살아감.

• ⑩ 사사로운 욕심을 부려 억지로 재촉하거나 부추긴다는 뜻이다.

정답 1.⑧ 2.① 3.⑥ 4.⑩ 5.② 6.③ 7.⑦ 8.⑤ 9.④ 10.⑨

다음 뜻풀이에 해당하는
고사성어를 한글로 쓰세요.

1. 의심이 암귀를 낳는다. 의심이 들면 멀쩡한
   것도 수상하게 보인다.

   _____

2. 기(杞)나라 사람의 근심이란 뜻. 쓸데없는 걱
   정을 가리키는 말이다.

   _____

3. 지붕 위에 지붕을 올린다. 쓸데없이 똑같은
   일을 중복하는 것.

   _____

4. 지혜의 빛을 안으로 갈무리하면서도 세속과
   일체가 돼서 살아감.

   _____

5. 사자 몸속의 벌레란 뜻. 자기편에 해를 끼치
   는 사람을 말한다.

   _____

6. 도둑이나 산적들을 의미한다.

   _____

7. 쓸데없는 행동을 해서 남의 의심을 사지 말
   라는 뜻이다.

   _____

8. 남의 불행을 이용해서 큰 이익을 남길 때 쓰
   는 말이다.

   _____

9. 사사로운 욕심을 부려 억지로 재촉하거나 부
   추긴다는 뜻이다.

   _____

10. 세 사람이 말하면 시장에 호랑이도 있게 된
    다. 근거 없는 낭설.

    _____

정답 1. 의심암귀 2. 기우 3. 옥상옥 4. 화광동진 5. 사자신중충 6. 녹림 7. 과전불납리 이하부
정관 8. 기화가거 9. 조장 10. 삼인시호

다음 설명에 해당하는 고사성어를
보기에서 찾아 한자로 쓰세요.

ⓐ 三 人 市 虎
석삼 사람인 저자시 호랑이호

ⓑ 獅 子 身 中 蟲
사자사 아들자 몸신 가운데중 벌레충

ⓒ 助 長
도울조 길장

ⓓ 屋 上 屋
지붕옥 위상 지붕옥

ⓔ 奇 貨 可 居
기이할기 재물화 가할가 머물거

ⓕ 杞 憂

ⓖ 疑 心 暗 鬼
의심할의 마음심 어두울암 귀신귀

ⓗ 綠 林
푸를녹 수풀림

ⓘ 和 光 同 塵
온화할화 빛광 같을동 티끌진

ⓙ 瓜 田 不 納 履
오이과 밭전 아니불 들일납 신발리

李 下 不 整 冠
오얏나무리 아래하 아니부 가지런히할정 갓관

1. 도둑이나 산적들을 의미하지만, 원래는 형주(荊州) 땅 녹림산(綠林山)을 가리
키는 말이었다.

2. '의심이 암귀를 낳는다.' 일단 의심하는 마음이 들면 멀쩡한 것도 수상스럽
게 보인다는 뜻이다.

3. '기(杞)나라 사람의 근심'이란 뜻. 쓸데없는 걱정을 가리키는 말이다.

4. 참된 도인은 뛰어난 지혜의 빛을 안으로 갈무리하면서 번뇌와 욕망이 들끓는 세속과 일체가 돼서 살아간다는 뜻.

5. '도와서 자라나게 한다.' 순리대로 되도록 내버려두지 않고 사사로운 욕심을 부려 억지로 재촉하거나 부추긴다는 뜻이다.

6. '외밭에서는 신발을 고쳐 신지 말고 오얏나무 아래서는 갓을 바로잡지 말아야 한다.' 쓸데없는 행동을 해서 남의 의심을 사지 말라는 뜻이다.

7. '지붕 위에 지붕을 올린다.' 이미 잘 되어 있는데 쓸데없이 똑같은 일을 중복하는 것을 말한다.

8. '진기한 재물이니 잡아두자'는 뜻. 남의 불행을 이용해서 큰 이익을 남길 때 쓰는 말이다.

9. '사자 몸속의 벌레'란 뜻. 자기편에 해를 끼치는 사람, 내부에서 재앙을 가져오는 사람이란 뜻으로 쓰인다.

10. '세 사람이 말하면 시장 바닥에 호랑이도 있게 된다.' 근거 없는 낭설도 많은 사람이 진짜인 듯 말하면 믿게 된다는 뜻.

정답 1.ⓗ 2.ⓖ 3.ⓕ 4.ⓘ 5.ⓒ 6.ⓘ 7.ⓓ 8.ⓔ 9.ⓑ 10.ⓐ

다음 고사성어를 읽고, 빈칸의 글자를
보기에서 찾아 채우세요.

ⓐ貨 ⓑ光 ⓒ助 ⓓ疑 ⓔ林 ⓕ獅 ⓖ市 ⓗ憂 ⓘ李 ⓙ屋

---

1. 綠 ☐

2. ☐ 心暗鬼

3. 杞 ☐

4. ☐ 上屋

5. 奇 ☐ 可居

6. 和 ☐ 同塵

7. ☐ 長

8. 瓜田不納履 ☐ 下 不整冠

9. ☐ 子身中蟲

10. 三人 ☐ 虎

정답 1.ⓔ 2.ⓓ 3.ⓗ 4.ⓙ 5.ⓐ 6.ⓑ 7.ⓒ 8.ⓘ 9.ⓕ 10.ⓖ

연/습/문/제/7단계

다음 고사성어에서 틀린 한 글자를 찾고
보기에서 맞는 글자를 찾아 쓰세요.

ⓐ奇 ⓑ和 ⓒ身 ⓓ人 ⓔ林 ⓕ上 ⓖ長 ⓗ瓜 ⓘ杞 ⓙ暗

---

1. 綠^①臨^②

➡ _____

2. 疑^①心^②巖^③鬼^④

➡ _____

3. 紀^①憂^②

➡ _____

4. 屋^①相^②屋^③

➡ _____

5. 基^①貨^②可^③居^④

➡ _____

6. 化^①光^②同^③塵^④

➡ _____

7. 助^①場^②

➡ _____

8. 科^①田^②不^③納^④履^⑤李^⑥下^⑦不^⑧整^⑨冠^⑩

➡ _____

9. 獅^①子^②申^③中^④蟲^⑤

➡ _____

10. 三^①忍^②市^③虎^④

➡ _____

정답 1.②ⓔ 2.③ⓘ 3.①ⓘ 4.②ⓕ 5.①ⓐ 6.①ⓑ 7.②ⓖ 8.①ⓗ 9.③ⓒ 10.②ⓓ

❀ 걸해골 乞骸骨

乞 구걸할 걸 ｜ 骸 해골 해 ｜ 骨 뼈 골

'해골을 구걸하다.' 신하가 자기 한 몸은 주군에게 바쳤지만 이제 뼈만이라도 돌려주십사 청하는 것. 관리가 사직을 청할 때 쓰는 말. 출전은『사기』항우본기.

❀ 농단 壟斷

壟 언덕 농 ｜ 斷 끊을 단

'작은 언덕에 올라가는 것.' 높은 곳에 올라가 좌우를 둘러보며 가장 유리한 곳을 차지해 이익을 독점한다는 고사에서 유래한다. 지금은 '부를 농단한다, 권력을 농단한다'는 식으로 쓰인다. 출전은『맹자』공손추편.

❀ 화이부동 和而不同

和 화합할 화 ｜ 而 말이을 이 ｜ 不 아니 부 ｜ 同 같을 동

'조화롭지만 똑같지는 않다.' 군자는 남과의 관계에서 항상 조화로움을 꾀하지만 영합하지는 않는다는 뜻. 출전은『논어』자로편.

❀ 노마지지 老馬之智

老 늙을 노 ｜ 馬 말 마 ｜ 之 어조사 지 ｜ 智 지혜 지

'늙은 말의 지혜.' 아무리 하찮은 사람이라도 그 나름대로의 독특한 지혜나 장기는 갖고 있다는 뜻. 또한 풍부한 경험에서 나오는 지혜를 가리키기도 한다. 출전은『한비자』세림편.

❀ 결초보은 結草報恩

結 맺을 결 ｜ 草 풀 초 ｜ 報 갚을 보 ｜ 恩 은혜 은

'풀잎을 엮어서 은혜를 갚다.' 한 번 입은 은혜를 잊지 않고 갚는다는 뜻. 출전은『좌전』.

❀ 단사표음 簞食瓢飲

簞 도시락 단 | 食 밥 사(먹을 식) | 瓢 표주박 표 | 飲 마실 음

'한 그릇 밥과 한 바가지의 물.' 지극히 소박한 음식으로 영위하는 청빈 생활을 가리킨다. 출전은『논어』옹야편.

❀ 대도폐유인의 大道廢有仁義

大 큰 대 | 道 길 도 | 廢 폐할 폐 | 有 있을 유 | 仁 어질 인 | 義 옳을 의

'대도가 무너짐으로써 인의가 있게 된다.' 우주만물의 본성과 일치하는 무위자연의 길을 따르면 인위적 규범인 인의(仁義) 따위는 필요 없다. 대도를 따르지 않기에 어쩔 수 없이 인의가 필요하다는 뜻. 출전은『노자』18장.

❀ 무용지용 無用之用

無 없을 무 | 用 쓸 용 | 之 어조사 지 | 用 쓸 용

'쓸모없는 것의 쓸모 있음.' 흔히 사람들이 쓸모없다고 여기는 것이 대도의 차원에서 볼 때는 세속적인 효용성을 넘어선 쓸모가 있다는 뜻. 출전은『장자』인간세편.

❀ 무항산자무항심 無恒産者無恒心

無 없을 무 | 恒 항상 항 | 産 낳을 산 | 者 놈 자 | 心 마음 심

'일정한 재산이 없는 자는 일정한 마음도 없다.' 일정한 직업이나 어느 정도의 재산이 없는 사람은 이해관계에 따라 마음이 오락가락한다는 뜻. 출전은『맹자』등문공편(藤文公篇).

❀ 물의 物議

物 물건 물 | 議 의논할 의

세상 사람들이 이러쿵저러쿵 말하거나 평가하는 것. 요즘은 스캔들의 의미로 쓰인다. 출전은『한서』사기경전(謝幾卿傳).

다음 고사성어와 뜻풀이를
각각 연결하세요.

1. 걸해골 •

• ① 세상 사람들이 이러쿵저러쿵 말하거나 평가하는 것. 즉 스캔들.

2. 농단 •

• ② 대도가 무너짐으로써 인의가 있게 된다.

3. 화이부동 •

• ③ 작은 언덕에 올라가는 것. 가장 유리한 곳을 차지해 이익을 독점함.

4. 노마지지 •

• ④ 일정한 재산이 없는 자는 일정한 마음도 없다.

5. 결초보은 •

• ⑤ 늙은 말의 지혜. 하찮은 사람의 지혜나 풍부한 경험에서 나오는 지혜.

6. 단사표음 •

• ⑥ 조화롭지만 똑같지는 않다. 조화로움을 꾀하되 영합하지는 않는다.

7. 대도폐 유인의 •

• ⑦ 한 그릇 밥과 한 바가지의 물. 청빈한 생활을 가리킨다.

8. 무용지용 •

• ⑧ 해골을 구걸하다. 관리가 사직을 청할 때 쓰는 말.

9. 무항산자 무항심 •

• ⑨ 쓸모없다고 여기는 것이라도 대도의 차원에서 볼 때는 쓸모가 있다.

10. 물의 •

• ⑩ 풀잎을 엮어서 은혜를 갚다. 은혜를 잊지 않고 갚는다는 뜻.

정답 1.⑧ 2.③ 3.⑥ 4.⑤ 5.⑩ 6.⑦ 7.② 8.⑨ 9.④ 10.①

연/습/문/제/2단계

다음 고사성어와 한자를
각각 연결하세요.

1. 무항산자
   무항심 •

2. 물의 •

3. 걸해골 •

4. 단사표음 •

5. 대도폐
   유인의 •

6. 무용지용 •

7. 노마지지 •

8. 농단 •

9. 화이부동 •

10. 결초보은 •

• ⓐ 無用之用

• ⓑ 簞食瓢飮

• ⓒ 大道廢有仁義

• ⓓ 結草報恩

• ⓔ 壟斷

• ⓕ 和而不同

• ⓖ 乞骸骨

• ⓗ 老馬之智

• ⓘ 物議

• ⓙ 無恒産者無恒心

정답 1.ⓙ 2.ⓘ 3.ⓖ 4.ⓑ 5.ⓒ 6.ⓐ 7.ⓗ 8.ⓔ 9.ⓕ 10.ⓓ

다음 고사성어의 한자와 뜻풀이를
각각 연결하세요.

1. 和而不同 •

2. 無用之用 •

3. 無恒産者
   無恒心 •

4. 結草報恩 •

5. 簞食瓢飮 •

6. 大道廢
   有仁義 •

7. 物議 •

8. 壟斷 •

9. 乞骸骨 •

10. 老馬之智 •

• ① 한 그릇 밥과 한 바가지의 물. 청빈한 생활을 가리킨다.

• ② 해골을 구걸하다. 관리가 사직을 청할 때 쓰는 말.

• ③ 작은 언덕에 올라가는 것. 가장 유리한 곳을 차지해 이익을 독점함.

• ④ 일정한 재산이 없는 자는 일정한 마음도 없다.

• ⑤ 풀잎을 엮어서 은혜를 갚다. 은혜를 잊지 않고 갚는다는 뜻.

• ⑥ 세상 사람들이 이러쿵저러쿵 말하거나 평가하는 것. 즉 스캔들.

• ⑦ 대도가 무너짐으로써 인의가 있게 된다.

• ⑧ 쓸모없다고 여기는 것이라도 대도의 차원에서 볼 때는 쓸모가 있다.

• ⑨ 늙은 말의 지혜. 하찮은 사람의 지혜나 풍부한 경험에서 나오는 지혜.

• ⑩ 조화롭지만 똑같지는 않다. 조화로움을 꾀하되 영합하지는 않는다.

정답 1.⑩ 2.⑧ 3.④ 4.⑤ 5.① 6.⑦ 7.⑥ 8.③ 9.② 10.⑨

1. 늙은 말의 지혜. 하찮은 사람의 지혜나 풍부한 경험에서 나오는 지혜.

_____

2. 한 그릇 밥과 한 바가지의 물. 청빈한 생활을 가리킨다.

_____

3. 작은 언덕에 올라가는 것. 가장 유리한 곳을 차지해 이익을 독점함.

_____

4. 일정한 재산이 없는 자는 일정한 마음도 없다.

_____

5. 조화롭지만 똑같지는 않다. 조화로움을 꾀하되 영합하지는 않는다.

_____

6. 해골을 구걸하다. 관리가 사직을 청할 때 쓰는 말.

_____

7. 대도가 무너짐으로써 인의가 있게 된다.

_____

8. 세상 사람들이 이러쿵저러쿵 말하거나 평가하는 것. 즉 스캔들.

_____

9. 쓸모없다고 여기는 것이라도 대도의 차원에서 볼 때는 쓸모가 있다.

_____

10. 풀잎을 엮어서 은혜를 갚다. 은혜를 잊지 않고 갚는다는 뜻.

_____

정답 1.노마지지 2.단사표음 3.농단 4.무항산자 무항심 5.화이부동 6.걸해골 7.대도폐 유인의 8.물의 9.무용지용 10.결초보은

다음 설명에 해당하는 고사성어를
보기에서 찾아 한자로 쓰세요.

ⓐ 無 用 之 用
없을 무   쓸 용   어조사 지   쓸 용

ⓑ 簞 食 瓢 飮
도시락 단   밥 사   표주박 표   마실 음

ⓒ 大 道 廢 有 仁 義
큰 대   길 도   폐할 폐   있을 유   어질 인   옳을 의

ⓓ 結 草 報 恩
맺을 결   풀 초   갚을 보   은혜 은

ⓔ 壟 斷
언덕 농   끊을 단

ⓕ 和 而 不 同
화합할 화   말이을 이   아니 부   같을 동

ⓖ 乞 骸 骨
구걸할 걸   해골 해   뼈 골

ⓗ 老 馬 之 智
늙을 노   말 마   어조사 지   지혜 지

ⓘ 物 議
물건 물   의논할 의

ⓙ 無 恒 産 者
없을 무   항상 항   낳을 산   놈 자

無 恒 心
없을 무   항상 항   마음 심

1. '해골을 구걸하다.' 신하가 자기 한 몸은 주군에게 바쳤지만 이제 뼈만이라도
   돌려주십사 사직을 청하는 것.

---

2. '작은 언덕에 올라가는 것.' 높은 곳에 올라가 좌우를 둘러보며 가장 유리한
   곳을 차지해 이익을 독점한다는 고사에서 유래한다.

---

3. '조화롭지만 똑같지는 않다.' 군자는 남과의 관계에서 항상 조화로움을 꾀하지만 영합하지는 않는다는 뜻.

4. '늙은 말의 지혜.' 아무리 하찮은 사람이라도 독특한 지혜나 장기는 갖고 있다는 뜻. 또한 풍부한 경험에서 나오는 지혜를 가리키기도 한다.

5. '풀잎을 엮어서 은혜를 갚다.' 한 번 입은 은혜를 잊지 않고 갚는다는 뜻.

6. '한 그릇 밥과 한 바가지의 물.' 지극히 소박한 음식으로 영위하는 청빈 생활을 가리킨다.

7. '대도가 무너짐으로써 인의가 있게 된다.' 무위자연의 길을 따르지 않기에 인의가 필요하다.

8. '쓸모없는 것의 쓸모 있음.' 사람들이 쓸모없다고 여기는 것이 대도의 차원에서 볼 때는 세속적인 효용성을 넘어선 쓸모가 있다는 뜻.

9. '일정한 재산이 없는 자는 일정한 마음도 없다.' 일정한 직업이나 재산이 없는 사람은 이해관계에 따라 마음이 오락가락한다는 뜻.

10. 세상 사람들이 이러쿵저러쿵 말하거나 평가하는 것. 요즘 말하는 스캔들.

정답 1.ⓖ 2.ⓔ 3.ⓕ 4.ⓗ 5.ⓓ 6.ⓑ 7.ⓒ 8.ⓐ 9.ⓙ 10.ⓘ

다음 고사성어를 읽고, 빈칸의 글자를
보기에서 찾아 채우세요.

ⓐ 用 ⓑ 和 ⓒ 恒 ⓓ 物 ⓔ 乞 ⓕ 草 ⓖ 食 ⓗ 廢 ⓘ 簞 ⓙ 老

1. ☐ 骸骨

2. ☐ 斷

3. 結 ☐ 報恩

4. 簞 ☐ 瓢飮

5. ☐ 而不同

6. ☐ 馬之智

7. 大道 ☐ 有仁義

8. 無 ☐ 之用

9. 無 ☐ 産者無恒心

10. ☐ 議

정답 1.ⓔ 2.ⓘ 3.ⓕ 4.ⓖ 5.ⓑ 6.ⓙ 7.ⓗ 8.ⓐ 9.ⓒ 10.ⓓ

다음 고사성어에서 틀린 한 글자를 찾고
보기에서 맞는 글자를 찾아 쓰세요.

ⓐ 馬 ⓑ 簞 ⓒ 産 ⓓ 道 ⓔ 無 ⓕ 議 ⓖ 同 ⓗ 斷 ⓘ 骸 ⓙ 結

---

1. 乞^①亥^②骨^③

   ➡ _____

2. 壟^①團^②

   ➡ _____

3. 決^①草^②報^③恩^④

   ➡ _____

4. 段^①食^②瓢^③飲^④

   ➡ _____

5. 和^①而^②不^③動^④

   ➡ _____

6. 老^①磨^②之^③智^④

   ➡ _____

7. 大^①度^②廢^③有^④仁^⑤義^⑥

   ➡ _____

8. 武^①用^②之^③用^④

   ➡ _____

9. 無^①恒^②山^③者^④無^⑤恒^⑥心^⑦

   ➡ _____

10. 物^①意^②

   ➡ _____

정답 1.②ⓘ 2.②ⓗ 3.①ⓙ 4.①ⓑ 5.④ⓖ 6.②ⓐ 7.②ⓓ 8.①ⓔ 9.③ⓒ 10.②ⓕ

✤ 백안시 白眼視

白 흰 백 | 眼 눈 안 | 視 볼 시

흘겨보는 것을 말한다. 상대를 싫어하거나 경멸할 때 쓰는 말이다. 출전은 『진서』
완적전(阮籍傳).

✤ 보원이덕 報怨以德

報 갚을 보 | 怨 원망할 원 | 以 써 이 | 德 덕 덕

'원한을 덕으로써 갚는다.' 원한을 원한으로 갚으면 악순환이 되어 끝이 없을 것이
다. 덕으로써 원한을 갚을 때 원한의 씨앗이 소멸된다. 출전은 『노자』63장.

✤ 붕정만리 鵬程萬里

鵬 붕새 붕 | 程 길 정 | 萬 일만 만 | 里 고을 리

'붕새의 여정은 만 리나 된다.' 갈 길이 아득히 먼 것을 말한다. 또 원대한 사업을
계획할 때도 이 말을 쓴다. 출전은 『장자』소요유편(逍遙遊篇).

✤ 빈자일등 貧者一燈

貧 가난 빈 | 者 놈 자 | 一 하나 일 | 燈 등불 등

가난한 사람의 등불 하나. 정성을 다해 부처님께 바친 등불 하나는 부자가 바친
만 개의 등불보다 공덕이 크다는 일화에서 유래했다. 재물이나 이름보다 참다운
마음이 소중하다는 뜻. 출전은 『현우경(賢愚經)』.

✤ 수서양단 首鼠兩端

首 머리 수 | 鼠 쥐 서 | 兩 둘 양 | 端 끝 단

'쥐가 쥐구멍에서 머리를 내밀고 이리저리 둘러보다.' 판단을 못 내리고 망설이는
상태, 또는 이리 붙을까 저리 붙을까 기회를 엿봄을 뜻한다. 출전은 『사기』위기
무안후열전(魏其武安候列傳).

❀ 사해형제 四海兄弟

四 넉 사 | 海 바다 해 | 兄 형 형 | 弟 동생 제

'세상 사람들이 다 형제다.' 사해(四海)는 천하, 곧 세상을 말한다. 세상의 모든 이웃들과 형제처럼 지내야 한다는 뜻. 출전은 『논어』 안연편.

❀ 양포지구 楊布之狗

楊 버들 양 | 布 베 포 | 之 어조사 지 | 狗 개 구

양포의 개. 겉모습이 바뀐 것을 보고 알맹이도 다른 것이라 판단할 때 쓰는 말이다. 출전은 『한비자』 세림편(說林篇).

❀ 여도지죄 餘桃之罪

餘 나머지 여 | 桃 복숭아 도 | 之 어조사 지 | 罪 죄 죄

먹다 남은 복숭아를 먹인 죄. 어떤 행실이 사랑할 때는 좋게 보이다가도 미워할 때는 나쁘게 보인다는 뜻이다. 나아가 자기 의견을 내세우기 힘들다는 뜻으로도 쓰인다. 출전은 『한비자』 세난편(說難篇).

❀ 요동시 遼東豕

遼 멀 요 | 東 동녘 동 | 豕 돼지 시

요동 지방의 돼지. 하찮은 공적을 마치 큰 공이나 되는 것처럼 자랑하는 것을 말한다. 또 남이 보면 당연한 것을 자신은 신기하다고 자랑하는 것을 말하기도 한다. 출전은 『후한서』 주부전(朱浮傳).

❀ 장수선무 다전선고 長袖善舞 多錢善賈

長 길 장 | 袖 소매 수 | 善 착할 선 | 舞 춤출 무 | 多 많을 다 | 錢 돈 전 | 賈 팔 고

'긴 소매가 춤을 잘 추고, 돈이 많으면 장사를 잘한다.' 무슨 일이나 조건이 좋은 사람이 유리하다는 뜻. 출전은 『한비자』 오두편(五斗篇). '오두'는 나라를 갉아먹는 다섯 가지 좀을 말한다.

다음 고사성어와 뜻풀이를
각각 연결하세요.

1. 빈자일등 •

2. 수서양단 •

3. 보원이덕 •

4. 붕정만리 •

5. 여도지죄 •

6. 요동시 •

7. 양포지구 •

8. 장수선무
   다전선고 •

9. 사해형제 •

10. 백안시 •

• ① 흘겨보는 것을 말한다.

• ② 원한을 덕으로써 갚는다. 원한의 씨앗을
  소멸하는 방법을 말한다.

• ③ 붕새의 여정은 만 리나 된다. 원대한 사
  업을 계획할 때 쓰는 말이다.

• ④ 가난한 사람의 등불 하나. 재물이나 이
  름보다 참다운 마음의 소중함.

• ⑤ 쥐가 쥐구멍에서 머리를 내밀고 이리저
  리 둘러보다. 기회를 엿봄.

• ⑥ 세상 사람들이 다 형제다. 모든 이웃과
  형제처럼 지내야 한다는 뜻.

• ⑦ 양포의 개. 겉모습이 바뀐 것을 보고 알
  맹이도 다른 것이라 판단함.

• ⑧ 남은 복숭아를 먹인 죄. 사랑하느냐 미워
  하느냐에 따라 달리 보임.

• ⑨ 요동 지방의 돼지. 하찮은 공적을 큰 공
  이나 되는 듯 자랑하는 것.

• ⑩ 긴 소매가 춤을 잘 추고 돈이 많으면 장
  사를 잘한다.

정답 1.④ 2.⑤ 3.② 4.③ 5.⑧ 6.⑨ 7.⑦ 8.⑩ 9.⑥ 10.①

다음 고사성어와 한자를
각각 연결하세요.

1. 요동시 •

2. 양포지구 •

3. 빈자일등 •

4. 백안시 •

5. 수서양단 •

6. 보원이덕 •

7. 장수선무
   다전선고 •

8. 사해형제 •

9. 붕정만리 •

10. 여도지죄 •

• ⓐ 首鼠兩端

• ⓑ 楊布之狗

• ⓒ 四海兄弟

• ⓓ 遼東豕

• ⓔ 長袖善舞 多錢善賈

• ⓕ 貧者一燈

• ⓖ 報怨以德

• ⓗ 白眼視

• ⓘ 餘桃之罪

• ⓙ 鵬程萬里

정답 1.ⓓ 2.ⓑ 3.ⓕ 4.ⓗ 5.ⓐ 6.ⓖ 7.ⓔ 8.ⓒ 9.ⓙ 10.ⓘ

다음 고사성어의 한자와 뜻풀이를
각각 연결하세요.

1. 四海兄弟 •

2. 鵬程萬里 •

3. 長袖善舞
   多錢善賈 •

4. 首鼠兩端 •

5. 楊布之狗 •

6. 貧者一燈 •

7. 餘桃之罪 •

8. 報怨以德 •

9. 遼東豕 •

10. 白眼視 •

• ① 흘겨보는 것을 말한다.

• ② 원한을 덕으로써 갚는다. 원한의 씨앗을
  소멸하는 방법을 말한다.

• ③ 붕새의 여정은 만 리나 된다. 원대한 사
  업을 계획할 때 쓰는 말이다.

• ④ 가난한 사람의 등불 하나. 재물이나 이름
  보다 참다운 마음의 소중함.

• ⑤ 쥐가 쥐구멍에서 머리를 내밀고 이리저
  리 둘러보다. 기회를 엿봄.

• ⑥ 세상 사람들이 다 형제다. 모든 이웃과
  형제처럼 지내야 한다는 뜻.

• ⑦ 양포의 개. 겉모습이 바뀐 것을 보고 알
  맹이도 다른 것이라 판단함.

• ⑧ 남은 복숭아를 먹인 죄. 사랑하느냐 미워
  하느냐에 따라 달리 보임.

• ⑨ 요동 지방의 돼지. 하찮은 공적을 큰 공
  이나 되는 듯 자랑하는 것.

• ⑩ 긴 소매가 춤을 잘 추고 돈이 많으면 장
  사를 잘한다.

정답 1.⑥ 2.③ 3.⑩ 4.⑤ 5.⑦ 6.④ 7.⑧ 8.② 9.⑨ 10.①

다음 뜻풀이에 해당하는
고사성어를 한글로 쓰세요.

1. 양포의 개. 겉모습이 바뀐 것을 보고 알맹이
도 다른 것이라 판단함.

_____

2. 남은 복숭아를 먹인 죄. 사랑하느냐 미워하
느냐에 따라 달리 보임.

_____

3. 원한을 덕으로써 갚는다. 원한의 씨앗을 소
멸하는 방법을 말한다.

_____

4. 붕새의 여정은 만 리나 된다. 원대한 사업을
계획할 때 쓰는 말이다.

_____

5. 긴 소매가 춤을 잘 추고 돈이 많으면 장사를
잘한다.

_____

6. 가난한 사람의 등불 하나. 재물이나 이름보
다 참다운 마음의 소중함.

_____

7. 세상 사람들이 다 형제다. 모든 이웃과 형제
처럼 지내야 한다는 뜻.

_____

8. 흘겨보는 것을 말한다.

_____

9. 요동 지방의 돼지. 하찮은 공적을 큰 공이나
되는 듯 자랑하는 것.

_____

10. 쥐가 쥐구멍에서 머리를 내밀고 이리저리 둘
러보다. 기회를 엿봄.

_____

정답 1.양포지구 2.여도지죄 3.보원이덕 4.붕정만리 5.장수선무 다전선고 6.빈자일등
7.사해형제 8.백안시 9.요동시 10.수서양단

다음 설명에 해당하는 고사성어를
보기에서 찾아 한자로 쓰세요.

ⓐ 鵬 程 萬 里
　봉새봉　길정　일만만　고을리

ⓑ 白 眼 視
　흴백　눈안　볼시

ⓒ 楊 布 之 狗
　버들양　베포　어조사지　개구

ⓓ 餘 桃 之 罪
　나머지여　복숭아도　어조사지　죄죄

ⓔ 長 袖 善 舞
　길장　소매수　착할선　춤출무

　 多 錢 善 賈
　많을다　돈전　착할선　팔고

ⓕ 貧 者 一 燈
　가난빈　놈자　하나일　등불등

ⓖ 首 鼠 兩 端
　머리수　쥐서　둘양　끝단

ⓗ 四 海 兄 弟
　넉사　바다해　형형　동생제

ⓘ 遼 東 豕
　멀요　동녘동　돼지시

ⓙ 報 怨 以 德
　갚을보　원망할원　써이　덕덕

---

1. 흘겨보는 것을 말한다. 상대를 싫어하거나 경멸할 때 쓰는 말이다.

---

2. '원한을 덕으로써 갚는다.' 원한을 덕으로써 갚을 때 원한의 씨앗이 소멸된다.

3. '봉새의 여정은 만 리나 된다.' 갈 길이 아득히 먼 것을 말한다. 또 원대한 사업을 계획할 때도 이 말을 쓴다.

4. 가난한 사람의 등불 하나. 재물이나 이름보다 참다운 마음이 소중하다는 뜻.

5. '쥐가 쥐구멍에서 머리를 내밀고 이리저리 둘러보다.' 판단을 못 내리고 망설임, 이리 붙을까 저리 붙을까 기회를 엿봄을 뜻한다.

6. '세상 사람들이 다 형제다.' 세상의 모든 이웃들과 형제처럼 지내야 한다는 뜻.

7. 양포의 개. 겉모습이 바뀐 것을 보고 알맹이도 다른 것이라 판단할 때 쓰는 말이다.

8. 먹다 남은 복숭아를 먹인 죄. 어떤 행실이 사랑할 때는 좋게 보이다가도 미워할 때는 나쁘게 보인다는 뜻이다.

9. 요동 지방의 돼지. 하찮은 공적을 마치 큰 공이나 되는 것처럼 자랑하는 것.

10. '긴 소매가 춤을 잘 추고, 돈이 많으면 장사를 잘한다.' 무슨 일이나 조건이 좋은 사람이 유리하다는 뜻.

정답 1.ⓑ 2.ⓘ 3.ⓐ 4.ⓕ 5.ⓖ 6.ⓗ 7.ⓒ 8.ⓓ 9.ⓙ 10.ⓔ

다음 고사성어를 읽고, 빈칸의 글자를
보기에서 찾아 채우세요.

ⓐ程 ⓑ貧 ⓒ袖 ⓓ眼 ⓔ布 ⓕ桃 ⓖ四 ⓗ豕 ⓘ鼠 ⓙ以

1. 白 ☐ 視

2. 報怨 ☐ 德

3. 首 ☐ 兩端

4. ☐ 海兄弟

5. 鵬 ☐ 萬里

6. ☐ 者一燈

7. 楊 ☐ 之狗

8. 餘 ☐ 之罪

9. 遼東 ☐

10. 長 ☐ 善舞 多錢善賈

정답 1.ⓓ 2.ⓙ 3.ⓘ 4.ⓖ 5.ⓐ 6.ⓑ 7.ⓔ 8.ⓕ 9.ⓗ 10.ⓒ

연/습/문/제/7단계

다음 고사성어에서 틀린 한 글자를 찾고
보기에서 맞는 글자를 찾아 쓰세요.

ⓐ德 ⓑ弟 ⓒ萬 ⓓ狗 ⓔ餘 ⓕ豕 ⓖ舞 ⓗ視 ⓘ鼠 ⓙ燈

1. 白眼施 ①②③

➡ _____

2. 報怨以悳 ①②③④

➡ _____

3. 首誓兩端 ①②③④

➡ _____

4. 四海兄題 ①②③④

➡ _____

5. 鵬程滿里 ①②③④

➡ _____

6. 貧者一等 ①②③④

➡ _____

7. 楊布之究 ①②③④

➡ _____

8. 與桃之罪 ①②③④

➡ _____

9. 遼東時 ①②③

➡ _____

10. 長袖善巫多錢先賈 ①②③④⑤⑥⑦⑧

➡ _____

정답 1.③ⓗ 2.④ⓐ 3.②ⓘ 4.④ⓑ 5.③ⓒ 6.④ⓙ 7.④ⓓ 8.①ⓔ 9.③ⓕ 10.④ⓖ

179

⚜ 공중누각 空中樓閣

空 하늘(빌) 공 | 中 가운데 중 | 樓 누각 루 | 閣 누각 각

하늘에 지은 누각. 허상(虛像), 환상(幻像)의 뜻으로서 전혀 비현실적인 것을 말하거나 가공(架空)의 사물을 말한다. 출전은 송 나라 때 심괄(沈括)이 지은 『몽계필담(夢溪筆談)』.

⚜ 괴력난신 怪力亂神

怪 괴이할 괴 | 力 힘 력 | 亂 어지러울 난 | 神 귀신 신

괴이한 일, 이상한 힘, 인륜을 어지럽히는 일, 귀신에 대한 일 등은 말하지 않는다. 출전은 『논어』 술이편(述而篇).

⚜ 연저지인 吮疽之仁

吮 빨(핥을) 연 | 疽 악창 저 | 之 어조사 지 | 仁 어질 인

종기의 고름을 빨아주는 인자함. 순수하게 자비를 베푸는 것이 아니라 어떤 의도 하에서 베푸는 선행을 뜻한다. 출전은 『사기』 손자오기열전(孫子·吳起列傳).

⚜ 대의멸친 大義滅親

大 큰 대 | 義 옳을 의 | 滅 멸할 멸 | 親 친할 친

'대의를 지키기 위해서는 친족도 죽인다'. 공적인 대의를 위해서는 사적인 친족 관계를 돌아보지 않는다는 뜻이다. 출전은 『춘추좌씨전』.

⚜ 안중지정 眼中之釘

眼 눈 안 | 中 가운데 중 | 之 어조사 지 | 釘 못 정

눈 속의 못. 자기에게 장애나 방해가 되는 것을 가리킨다. '눈엣가시'라는 우리 말과 같은 뜻. 출전은 『오대사』 조재례전(趙在禮傳).

✸ 상전벽해 桑田碧海

| 桑 뽕나무 상 | 田 밭 전 | 碧 푸를 벽 | 海 바다 해 |

'푸른 바다가 변해서 뽕나무 밭이 된다'. 세상의 변천이 몰라볼 정도로 심하게 이루어진 것을 말한다. 창상지변(滄桑之變), 창해상전(滄海桑田), 상창(桑滄), 상해(桑海)라고도 한다. 출전은『신선전』.

✸ 빈계지신 牝鷄之晨

| 牝 암컷 빈 | 鷄 닭 계 | 之 어조사 지 | 晨 새벽 신 |

'암탉의 새벽 울음'. 암탉이 새벽에 울면 집안이 망한다는 뜻. 즉 여자가 너무 나서서 설쳐대는 것을 경계한 말이다. 출전은『서경』목서편(牧誓篇).

✸ 용두사미 龍頭蛇尾

| 龍 용 용 | 頭 머리 두 | 蛇 뱀 사 | 尾 꼬리 미 |

'용 머리와 뱀 꼬리'. 처음 시작할 땐 화려하고 거창하나 끝으로 갈수록 보잘것없어진다는 뜻. 출전은『벽암록(碧岩錄)』.

✸ 주지육림 酒池肉林

| 酒 술 주 | 池 못 지 | 肉 고기 육 | 林 수풀 림 |

'술로 만든 연못과 고기로 만든 숲'이란 뜻이다. 상식을 벗어난 호사스러운 잔치를 말하는 것으로 출전은『사기』은본기(殷本紀).

✸ 학철부어 涸轍鮒魚

| 涸 마를 학 | 轍 수레바퀴자국 철 | 鮒 붕어 부 | 魚 물고기 어 |

수레바퀴 자국의 고여 있는 물에 갇힌 붕어. 더 이상 어쩔 수 없는 곤경이나 궁지에 처했을 때 쓰이는 말인데, 거철부어(車轍鮒魚), 학철(涸轍)로도 쓰인다. 출전은『장자』외물편(外物篇).

다음 고사성어와 뜻풀이를
각각 연결하세요.

1. 안중지정 •

2. 상전벽해 •

3. 빈계지신 •

4. 용두사미 •

5. 학철부어 •

6. 공중누각 •

7. 괴력난신 •

8. 연저지인 •

9. 대의멸친 •

10. 주지육림 •

• ① 종기의 고름을 빨아주는 인자함. 어떤 의도 하에서 베푸는 선행.

• ② 괴이하거나 이상하거나 인륜을 어지럽히거나 귀신 일 등은 말하지 않음.

• ③ 대의를 지키기 위해서는 친족도 죽인다.

• ④ 눈 속의 못. 자기에게 장애나 방해가 되는 것을 가리킨다.

• ⑤ 푸른 바다가 변해서 뽕나무 밭이 된다. 세상일의 변천이 심함.

• ⑥ 술로 만든 연못과 고기로 만든 숲이란 뜻으로 호사스러운 잔치를 말한다.

• ⑦ 암탉의 새벽 울음. 암탉이 새벽에 울면 집안이 망한다는 뜻.

• ⑧ 수레바퀴 자국의 고인 물에 갇힌 붕어. 곤경이나 궁지에 처했을 때 씀.

• ⑨ 용 머리와 뱀 꼬리. 처음은 거창하나 갈수록 보잘것없어진다는 뜻.

• ⑩ 하늘에 지은 누각. 비현실적인 것을 말하거나 가공의 사물을 말함.

정답 1.④ 2.⑤ 3.⑦ 4.⑨ 5.⑧ 6.⑩ 7.② 8.① 9.③ 10.⑥

1. 빈계지신 •

2. 용두사미 •

3. 안중지정 •

4. 공중누각 •

5. 대의멸친 •

6. 상전벽해 •

7. 괴력난신 •

8. 연저지인 •

9. 학철부어 •

10. 주지육림 •

• ⓐ 空中樓閣

• ⓑ 大義滅親

• ⓒ 眼中之釘

• ⓓ 怪力亂神

• ⓔ 吮疽之仁

• ⓕ 桑田碧海

• ⓖ 牝鷄之晨

• ⓗ 龍頭蛇尾

• ⓘ 酒池肉林

• ⓙ 涸轍鮒魚

정답 1.ⓖ 2.ⓗ 3.ⓒ 4.ⓐ 5.ⓑ 6.ⓕ 7.ⓓ 8.ⓔ 9.ⓙ 10.ⓘ

다음 고사성어의 한자와 뜻풀이를
각각 연결하세요.

1. 大義滅親 •

2. 龍頭蛇尾 •

3. 吮疽之仁 •

4. 桑田碧海 •

5. 空中樓閣 •

6. 眼中之釘 •

7. 怪力亂神 •

8. 涸轍鮒魚 •

9. 酒池肉林 •

10. 牝鷄之晨 •

• ① 수레바퀴 자국의 고인 물에 갇힌 붕어.
  곤경이나 궁지에 처했을 때 씀.

• ② 하늘에 지은 누각. 비현실적인 것을 말하
  거나 가공의 사물을 말함.

• ③ 종기의 고름을 빨아주는 인자함. 어떤 의
  도 하에서 베푸는 선행.

• ④ 대의를 지키기 위해서는 친족도 죽인다.

• ⑤ 술로 만든 연못과 고기로 만든 숲이란 뜻
  으로 호사스러운 잔치를 말한다.

• ⑥ 암탉의 새벽 울음. 암탉이 새벽에 울면
  집안이 망한다는 뜻.

• ⑦ 눈 속의 못. 자기에게 장애나 방해가 되
  는 것을 가리킨다.

• ⑧ 푸른 바다가 변해서 뽕나무 밭이 된다.
  세상일의 변천이 심함.

• ⑨ 괴이하거나 이상하거나 인륜을 어지럽
  히거나 귀신 일 등은 말하지 않음.

• ⑩ 용 머리와 뱀 꼬리. 처음은 거창하나 갈
  수록 보잘것없어진다는 뜻.

정답 1.④ 2.⑩ 3.③ 4.⑧ 5.② 6.⑦ 7.⑨ 8.① 9.⑤ 10.⑥

1. 대의를 지키기 위해서는 친족도 죽인다. _____

2. 술로 만든 연못과 고기로 만든 숲이란 뜻으
   로 호사스러운 잔치를 말한다. _____

3. 암탉의 새벽 울음. 암탉이 새벽에 울면 집안
   이 망한다는 뜻. _____

4. 하늘에 지은 누각. 비현실적인 것을 말하거
   나 가공의 사물을 말함. _____

5. 괴이하거나 이상하거나 인륜을 어지럽히거
   나 귀신 일 등은 말하지 않음. _____

6. 수레바퀴 자국의 고인 물에 갇힌 붕어. 곤경
   이나 궁지에 처했을 때 씀. _____

7. 종기의 고름을 빨아주는 인자함. 어떤 의도
   하에서 베푸는 선행. _____

8. 용 머리와 뱀 꼬리. 처음은 거창하나 갈수록
   보잘것없어진다는 뜻. _____

9. 눈 속의 못. 자기에게 장애나 방해가 되는 것
   을 가리킨다. _____

10. 푸른 바다가 변해서 뽕나무 밭이 된다. 세상
    일의 변천이 심함. _____

정답 1.대의멸친 2.주지육림 3.빈계지신 4.공중누각 5.괴력난신 6.학철부어 7.연저지인
8.용두사미 9.안중지정 10.상전벽해

다음 설명에 해당하는 고사성어를
보기에서 찾아 한자로 쓰세요.

ⓐ 空 中 樓 閣
하늘(빌) 공 가운데 중 누각 루 누각 각

ⓑ 大 義 滅 親
큰 대 옳을 의 멸할 멸 친할 친

ⓒ 眼 中 之 釘
눈 안 가운데 중 어조사 지 못 정

ⓓ 怪 力 亂 神
괴이할 괴 힘 력 어지러울 난 귀신 신

ⓔ 吮 疽 之 仁
핥을 연 악창 저 어조사 지 어질 인

ⓕ 酒 池 肉 林
술 주 못 지 고기 육 수풀 림

ⓖ 桑 田 碧 海
뽕나무 상 밭 전 푸를 벽 바다 해

ⓗ 牝 鷄 之 晨
암컷 빈 닭 계 어조사 지 새벽 신

ⓘ 龍 頭 蛇 尾
용 용 머리 두 뱀 사 꼬리 미

ⓙ 涸 轍 鮒 魚
마를 학 수레바퀴자국 철 붕어 부 물고기 어

1. 괴이한 일, 이상한 힘, 인륜을 어지럽히는 일, 귀신에 대한 일 등은 말하지 않는다.

2. 종기의 고름을 빨아주는 인자함. 순수하게 자비를 베푸는 것이 아니라 어떤 의도 하에서 베푸는 선행을 뜻한다.

3. 대의를 지키기 위해서는 친족도 죽인다. 공적인 대의를 위해서는 사적인 친족 관계를 돌아보지 않는다는 뜻.

4. 눈 속의 못. 자기에게 장애나 방해가 되는 것을 가리킨다.

5. 용 머리와 뱀 꼬리. 처음 시작할 땐 화려하고 거창하나 끝으로 갈수록 보잘 것 없어진다는 뜻.

6. 술로 만든 연못과 고기로 만든 숲이란 뜻으로 호사스러운 잔치를 말한다.

7. 암탉의 새벽 울음. 암탉이 새벽에 울면 집안이 망한다는 뜻. 즉 여자가 너무 나서서 설쳐대는 것을 경계한 말.

8. 수레바퀴 자국의 고여 있는 물에 갇힌 붕어. 더 이상 어쩔 수 없는 곤경이나 궁지에 처했을 때 쓰이는 말.

9. 하늘에 지은 누각. 허상, 환상의 뜻으로서 전혀 비현실적인 것을 말하거나 가공의 사물을 말한다.

10. 푸른 바다가 변해서 뽕나무 밭이 된다. 세상의 변천이 몰라볼 정도로 심하게 이루어진 것을 말한다.

정답 1.ⓓ 2.ⓔ 3.ⓑ 4.ⓒ 5.ⓘ 6.ⓕ 7.ⓗ 8.ⓙ 9.ⓐ 10.ⓖ

다음 고사성어를 읽고, 빈칸의 글자를
보기에서 찾아 채우세요.

ⓐ鷄 ⓑ眼 ⓒ力 ⓓ涸 ⓔ桑 ⓕ義 ⓖ空 ⓗ疽 ⓘ頭 ⓙ酒

1. ☐ 中樓閣

2. 大 ☐ 滅親

3. ☐ 中之釘

4. 怪 ☐ 亂神

5. 吮 ☐ 之仁

6. ☐ 田碧海

7. 牝 ☐ 之晨

8. 龍 ☐ 蛇尾

9. ☐ 池肉林

10. ☐ 轍鮒魚

1.ⓖ 2.ⓕ 3.ⓑ 4.ⓒ 5.ⓗ 6.ⓔ 7.ⓐ 8.ⓘ 9.ⓙ 10.ⓓ

다음 고사성어에서 틀린 한 글자를 찾고
보기에서 맞는 글자를 찾아 쓰세요.

ⓐ仁 ⓑ滅 ⓒ轍 ⓓ晨 ⓔ尾 ⓕ亂 ⓖ碧 ⓗ樓 ⓘ釘 ⓙ酒

---

1. 空中累閣
   ①②③④

   ➡ _____

6. 桑田壁海
   ①②③④

   ➡ _____

2. 大義蔑親
   ①②③④

   ➡ _____

7. 牝鷄之信
   ①②③④

   ➡ _____

3. 眼中之精
   ①②③④

   ➡ _____

8. 龍頭蛇美
   ①②③④

   ➡ _____

4. 怪力難神
   ①②③④

   ➡ _____

9. 珠池肉林
   ①②③④

   ➡ _____

5. 吮疽之因
   ①②③④

   ➡ _____

10. 涸鐵鮒魚
    ①②③④

    ➡ _____

정답 1.③ⓗ 2.③ⓑ 3.④ⓘ 4.③ⓕ 5.④ⓐ 6.③ⓖ 7.④ⓓ 8.④ⓔ 9.①ⓘ 10.②ⓒ

❀ 철부지급 轍鮒之急

轍 수레바퀴 철 | 鮒 붕어 부 | 之 어조사 지 | 急 급할 급

수레바퀴 자국 속에 있는 붕어의 위급함. 죽느냐 사느냐 하는 다급한 위기나 곤란한 처지에 있을 때 '철부지급'이란 말을 쓴다. 출전은 『장자』 외물편(外物篇).

❀ 호계삼소 虎溪三笑

虎 호랑이 호 | 溪 계곡 계 | 三 석 삼 | 笑 웃을 소

호계(虎溪)에서 세 사람이 웃다. 서로 나누는 이야기에 골몰하다가 평소의 규칙을 어겼을 때 쓰이는 말이다. 출전은 진성유(陳聖俞)가 지은 『여산기(廬山記)』.

❀ 칠신탄탄 漆身吞炭

漆 옻칠할 칠 | 身 몸 신 | 吞 삼킬 탄 | 炭 숯 탄

몸에 옻을 칠하고 숯을 삼키다. 온몸을 던져 복수를 시도하는 것. 출전 『사기』 자객열전.

❀ 사족 蛇足

蛇 뱀 사 | 足 발 족

뱀의 발. '뱀을 그리는데 발을 덧붙이다(畵蛇添足)'를 줄인 말. 쓸데없는 말이나 행동을 덧붙임으로써 일을 그르칠 때 "사족을 붙인다"고 말한다. 또 책을 다 쓰고 나서 뒤에 몇 마디 덧붙일 때 겸양의 표현으로 '사족'이라고 한다. 출전은 『전국책(戰國策)』 제책(齊策).

❀ 다다익선 多多益善

多 많을 다 | 益 더할 익 | 善 착할 선

많으면 많을수록 좋다. 출전은 『한서(漢書)』 한신전(韓信傳).

190

✸ 조령모개 朝令暮改

朝 아침 조 | 令 명령 령 | 暮 저물 모 | 改 고칠 개

아침에 법령을 내렸는데 저녁에 고친다. 법률이나 규칙은 한 번 정하면 지속적으로 지켜져야 하는데, 너무나 자주 뜯어고치면서 이랬다저랬다 할 때 이 말을 쓴다. 출전은 한나라의 문제(文帝) 때 조착(晁錯)이 상소한 『논귀속소(論貴粟疏: 곡식의 귀중함을 논한 상소문)』.

✸ 도탄 塗炭

塗 진흙 도 | 炭 숯 탄

'도(塗)'는 진흙탕, '탄(炭)'은 숯불을 말한다. 진흙탕이나 숯불 속에 빠져 있는 듯한 격심한 고통을 '도탄에 빠진 괴로움(塗炭之苦)'이라고 한다. 출처는 『서경(書經)』 상서(商書)에 나오는 중훼(仲虺)의 상고문.

✸ 할계언용우도 割鷄焉用牛刀

割 가를 할 | 鷄 닭 계 | 焉 어찌 언 | 用 쓸 용 | 牛 소 우 | 刀 칼 도

닭을 잡는 데 어찌 소 잡는 칼을 쓰겠는가? 사소한 일을 처리하는 데 큰일을 다루는 사람이 나설 필요가 없다는 뜻이다. 출처는 『논어』 양화편(陽貨篇).

✸ 배반낭자 杯盤狼藉

杯 잔 배 | 盤 쟁반 반 | 狼 어지러울 낭 | 藉 어지러울 자

술잔과 그릇들이 어지럽게 흩어져 있다. 술좌석이 한창이거나, 아니면 그 술좌석이 끝난 자리를 가리킨다. 출전은 『사기』 골계열전(骨稽列傳) 순우곤전(淳于髡傳).

✸ 백발백중 百發百中

百 일백 백 | 發 필 발 | 中 맞을(가운데) 중

백 번을 쏴도 백 번 다 맞춘다. 활을 쏘는 데서 유래됐지만, 요즘에는 시험을 칠 때 답을 모두 맞추거나, 게임이나 놀이를 하는 데서도 쓰인다. 『사기』 주기(周紀)에 실려 있다.

다음 고사성어와 뜻풀이를
각각 연결하세요.

1. 조령모개 •

2. 도탄 •

3. 할계
   언용우도 •

4. 배반낭자 •

5. 백발백중 •

6. 철부지급 •

7. 호계삼소 •

8. 칠신탄탄 •

9. 사족 •

10. 다다익선 •

• ① 호계에서 세 사람이 웃다. 이야기에 골몰
  하다 평소 규칙을 어겼을 때 씀.

• ② 백 번을 쏴도 백 번 다 맞춘다.

• ③ 많으면 많을수록 좋다.

• ④ 술잔과 그릇들이 어지럽게 흩어져 있다.

• ⑤ 뱀의 발. 쓸데없는 말이나 행동을 덧붙임
  으로써 일을 그르칠 때 씀.

• ⑥ 아침에 법령을 내렸는데 저녁에 고친다.

• ⑦ 수레바퀴 자국 속에 있는 붕어의 위급
  함. 곤란한 처지에 있을 때 씀.

• ⑧ 몸에 옻을 칠하고 숯을 삼키다. 온몸을
  던져 복수를 시도하는 것.

• ⑨ 진흙탕이나 숯불 속에 빠져 있는 듯한 격
  심한 고통이나 괴로움.

• ⑩ 닭을 잡는 데 어찌 소 잡는 칼을 쓰겠
  는가?

정답 1.⑥ 2.⑨ 3.⑩ 4.④ 5.② 6.⑦ 7.① 8.⑧ 9.⑤ 10.③

다음 고사성어와 한자를
각각 연결하세요.

1. 도탄 •

2. 할계
   언용우도 •

3. 배반낭자 •

4. 호계삼소 •

5. 칠신탄탄 •

6. 백발백중 •

7. 조령모개 •

8. 철부지급 •

9. 다다익선 •

10. 사족 •

• ⓐ 轍鮒之急

• ⓑ 虎溪三笑

• ⓒ 多多益善

• ⓓ 朝令暮改

• ⓔ 漆身吞炭

• ⓕ 蛇足

• ⓖ 塗炭

• ⓗ 割鷄焉用牛刀

• ⓘ 杯盤狼藉

• ⓙ 百發百中

정답 1. ⓖ 2. ⓗ 3. ⓘ 4. ⓑ 5. ⓔ 6. ⓙ 7. ⓓ 8. ⓐ 9. ⓒ 10. ⓕ

다음 고사성어의 한자와 뜻풀이를
각각 연결하세요.

1. 割鷄
   焉用牛刀
   •

2. 多多益善
   •

3. 朝令暮改
   •

4. 轍鮒之急
   •

5. 虎溪三笑
   •

6. 漆身吞炭
   •

7. 蛇足
   •

8. 百發百中
   •

9. 塗炭
   •

10. 杯盤狼藉
   •

• ① 백 번을 쏴도 백 번 다 맞춘다.

• ② 호계에서 세 사람이 웃다. 이야기에 골몰
  하다 평소 규칙을 어겼을 때 씀.

• ③ 몸에 옻을 칠하고 숯을 삼키다. 온몸을
  던져 복수를 시도하는 것.

• ④ 닭을 잡는 데 어찌 소 잡는 칼을 쓰겠는
  가?

• ⑤ 술잔과 그릇들이 어지럽게 흩어져 있다.

• ⑥ 뱀의 발. 쓸데없는 말이나 행동을 덧붙임
  으로써 일을 그르칠 때 씀.

• ⑦ 수레바퀴 자국 속에 있는 붕어의 위급함.
  곤란한 처지에 있을 때 씀.

• ⑧ 많으면 많을수록 좋다.

• ⑨ 아침에 법령을 내렸는데 저녁에 고친다.

• ⑩ 진흙탕이나 숯불 속에 빠져 있는 듯한 격
  심한 고통이나 괴로움.

정답 1.④ 2.⑧ 3.⑨ 4.⑦ 5.② 6.③ 7.⑥ 8.① 9.⑩ 10.⑤

연/습/문/제/4단계

다음 뜻풀이에 해당하는
고사성어를 한글로 쓰세요.

1. 수레바퀴 자국 속에 있는 붕어의 위급함. 곤
   란한 처지에 있을 때 씀.

   _____

2. 호계에서 세 사람이 웃다. 이야기에 골몰하
   다 평소 규칙을 어겼을 때 씀.

   _____

3. 몸에 옻을 칠하고 숯을 삼키다. 온몸을 던져
   복수를 시도하는 것.

   _____

4. 아침에 법령을 내렸는데 저녁에 고친다.

   _____

5. 닭을 잡는 데 어찌 소 잡는 칼을 쓰겠는가?

   _____

6. 술잔과 그릇들이 어지럽게 흩어져 있다.

   _____

7. 뱀의 발. 쓸데없는 말이나 행동을 덧붙임으
   로써 일을 그르칠 때 씀.

   _____

8. 진흙탕이나 숯불 속에 빠져 있는 듯한 격심한
   고통이나 괴로움.

   _____

9. 많으면 많을수록 좋다.

   _____

10. 백 번을 쏘도 백 번 다 맞춘다.

   _____

정답 1.철부지급 2.호계삼소 3.칠신탄탄 4.조령모개 5.할계언용우도 6.배반낭자 7.사족
8.도탄 9.다다익선 10.백발백중

다음 설명에 해당하는 고사성어를
보기에서 찾아 한자로 쓰세요.

@ 轍 鮒 之 急
수레바퀴 철　붕어 부　어조사 지　급할 급

ⓑ 虎 溪 三 笑
호랑이 호　계곡 계　석 삼　웃을 소

ⓒ 多 多 益 善
많을 다　많을 다　더할 익　착할 선

ⓓ 朝 令 暮 改
아침 조　명령 령　저물 모　고칠 개

ⓔ 漆 身 吞 炭
옻칠할 칠　몸 신　삼킬 탄　숯 탄

ⓕ 蛇 足
뱀 사　발 족

ⓖ 塗 炭
진흙 도　숯 탄

ⓗ 割 鷄 焉 用 牛 刀
가를 할　닭 계　어찌 언　쓸 용　소 우　칼 도

ⓘ 杯 盤 狼 藉
잔 배　쟁반 반　어지러울 낭　어지러울 자

ⓙ 百 發 百 中
일백 백　필 발　일백 백　맞을(가운데) 중

1. 호계에서 세 사람이 웃다. 서로 나누는 이야기에 골몰하다가 평소의 규칙을
   어겼을 때 쓰이는 말이다.

2. 몸에 옻을 칠하고 숯을 삼키다. 온몸을 던져 복수를 시도하는 것.

3. 뱀의 발. '뱀을 그리는데 발을 덧붙이다.' 쓸데없는 말이나 행동을 덧붙임으로 써 일을 그르칠 때, 혹은 책을 다 쓰고 나서 말미에 몇 마디 덧붙일 때 겸양의 표현으로 쓰인다.

4. 수레바퀴 자국 속에 있는 붕어의 위급함. 죽느냐 사느냐 하는 다급한 위기 나 곤란한 처지에 있을 때 쓴다.

5. 많으면 많을수록 좋다.

6. 아침에 법령을 내렸는데 저녁에 고친다. 법률이나 규칙은 한 번 정하면 지 속적으로 지켜져야 하는데, 너무나 자주 뜯어고칠 때 쓴다.

7. 진흙탕이나 숯불 속에 빠져 있는 듯한 격심한 고통이나 괴로움.

8. 백 번을 쏴도 백 번 다 맞춘다. 활을 쏘는 데서 유래됐지만, 요즘에는 시험을 칠 때 답을 모두 맞추거나, 게임이나 놀이를 하는 데서도 쓰인다.

9. 닭을 잡는 데 어찌 소 잡는 칼을 쓰겠는가? 사소한 일을 처리하는 데 큰일을 다루는 사람이 나설 필요가 없다는 뜻.

10. 술잔과 그릇들이 어지럽게 흩어져 있다. 술좌석이 한창이거나, 그 술좌석이 끝난 자리를 말한다.

정답 1.ⓑ 2.ⓔ 3.ⓕ 4.ⓐ 5.ⓒ 6.ⓓ 7.ⓖ 8.ⓙ 9.ⓗ 10.ⓘ

ⓐ割 ⓑ蛇 ⓒ身 ⓓ改 ⓔ盤 ⓕ中 ⓖ溪 ⓗ急 ⓘ塗 ⓙ多

1. 轍鮒之 ☐

6. ☐ 足

2. 虎 ☐ 三笑

7. ☐ 炭

3. 多 ☐ 益善

8. ☐ 鷄焉用牛刀

4. 朝令暮 ☐

9. 杯 ☐ 狼藉

5. 漆 ☐ 呑炭

10. 百發百 ☐

정답 1.ⓗ 2.ⓖ 3.ⓙ 4.ⓓ 5.ⓒ 6.ⓑ 7.ⓘ 8.ⓐ 9.ⓔ 10.ⓕ

다음 고사성어에서 틀린 한 글자를 찾고
보기에서 맞는 글자를 찾아 쓰세요.

ⓐ中 ⓑ漆 ⓒ三 ⓓ之 ⓔ益 ⓕ用 ⓖ朝 ⓗ狼 ⓘ塗 ⓙ蛇

1. ①轍 ②鮒 ③指 ④急

➡ _____

2. ①虎 ②溪 ③參 ④笑

➡ _____

3. ①多 ②多 ③翼 ④善

➡ _____

4. ①調 ②令 ③暮 ④改

➡ _____

5. ①七 ②身 ③吞 ④炭

➡ _____

6. ①士 ②足

➡ _____

7. ①道 ②炭

➡ _____

8. ①割 ②鷄 ③焉 ④容 ⑤牛 ⑥刀

➡ _____

9. ①杯 ②盤 ③浪 ④藉

➡ _____

10. ①百 ②發 ③百 ④重

➡ _____

정답 1.③ⓓ 2.③ⓒ 3.③ⓔ 4.①ⓖ 5.①ⓑ 6.①ⓘ 7.①ⓘ 8.④ⓘ 9.③ⓗ 10.④ⓐ

❋ 완벽 完璧

完 완전할 완 │ 璧 구슬 벽

우리는 '완벽'이란 말을 자주 쓰는데, 이 말의 문자적 뜻은 '완전한 구슬'이다. 『사기』 인상여전(藺相如傳)에 나온다.

❋ 모순 矛楯

矛 창 모 │ 楯 방패 순

창과 방패. 서로 다른 주장이 동시에 양립할 수 없을 때, 또는 말이나 행동의 앞뒤가 맞지 않을 때를 '모순'이라고 한다. 『한비자(韓非子)』 난일편(難一篇), 난세편(難勢篇)에 나온다.

❋ 양약고구 良藥苦口

良 좋을 량 │ 藥 약 약 │ 苦 괴로울 고 │ 口 입 구

'좋은 약은 입에 쓰고(良藥苦口), 충직한 말은 귀에 거슬린다(忠言逆耳)'에서 나온 말이다. 효과가 뛰어난 약일수록 입에 쓰기 마련이며, 자기의 잘못을 지적하는 충고일수록 귀에는 거슬리기 마련이다. 출전은 『공자가어』 육본편(六本篇).

❋ 역린 逆鱗

逆 거스를 역 │ 鱗 비늘 린

'거꾸로 박힌 비늘'이란 뜻. 원래 임금의 분노를 살 때, '역린을 건드렸다'고 말한다. 요즘은 상대의 아픈 곳을 건드린다는 폭넓은 의미로 쓰이고 있다. 출전은 『한비자』 세난편(說難篇).

❋ 전전긍긍 戰戰兢兢

戰 두려울(싸울) 전 │ 兢 조심할 긍

'겁에 질려 어쩔 줄 모르는 것'을 말한다. 잘못을 저질러 놓고 어쩔 줄 모르고 있을 때, '전전긍긍한다'고 표현한다. '전전'은 겁을 먹고 두려워하는 모양, '긍긍'은 몸을 삼가고 조심하는 모양이다. 출전은 『시경』 소민(小旻)의 일절.

❀ 포호빙하 暴虎馮河

暴 사나울 포 | 虎 호랑이 호 | 馮 걸어서물건널 빙 | 河 강 하

맨손으로 범을 때려잡고, 황허 강을 걸어서 건넌다는 뜻으로, 용기는 있으나 지혜가 없음을 이르는 말. 출전은『논어』술이편(述而篇).

❀ 득롱망촉 得隴望蜀

得 얻을 득 | 隴 땅이름(언덕) 롱 | 望 바랄 망 | 蜀 땅이름 촉

농서 땅을 얻고 나서 다시 촉 땅을 바란다. 사람의 욕심은 끝이 없어 하나를 얻으니 다른 하나마저 얻고 싶다는 말이다. 출전은『후한서』광무기(光武紀).

❀ 의식족즉지영욕 衣食足則知榮辱

衣 옷 의 | 食 먹을 식 | 足 족할 족 | 則 곧 즉 | 知 알 지 | 榮 번영할 영 | 辱 욕될 욕

먹고 입는 것이 충분해야 명예와 수치를 안다. 사람이 배가 고프면 염치를 잊는다. 흔히 '의식이 족해야 예절을 안다'는 말로 쓰이고 있다. 출전은『관자(管子)』목민편(牧民篇).

❀ 연목구어 緣木求魚

緣 연할 연 | 木 나무 목 | 求 구할 구 | 魚 고기어 어

나무에 올라가 물고기를 구한다. 터무니없이 불가능한 일을 비유할 때 쓰이는 말이다. 출전은『맹자』공손추장.

❀ 식언 食言

食 먹을 식 | 言 말씀 언

쓸데없는 말, 거짓말을 뜻한다. 뱉은 말을 삼킨다는 의미로 말만 앞세우고 실천이 따르지 않을 때, '식언한다', '식언을 일삼는다'라는 표현을 쓴다. 출전은『서경』탕서(湯誓)편.

다음 고사성어와 뜻풀이를
각각 연결하세요.

1. 포호빙하 •

2. 식언 •

3. 득롱망촉 •

4. 의식족즉
   지영욕 •

5. 연목구어 •

6. 완벽 •

7. 모순 •

8. 양약고구 •

9. 역린 •

10. 전전긍긍 •

• ① 쓸데없는 말, 거짓말을 뜻함. 말만 앞세
    우고 실천이 따르지 않을 때.

• ② 효과가 뛰어난 약일수록 입에 쓰기 마련
    이다.

• ③ 농서 땅을 얻고 나서 다시 촉 땅을 바란
    다. 사람의 욕심이 끝이 없음.

• ④ 겁에 질려 어쩔 줄 모르는 것.

• ⑤ 먹고 입는 것이 충분해야 명예와 수치를
    안다.

• ⑥ 맨손으로 범을 때려잡고, 황허 강을 걸어
    서 건넌다는 뜻.

• ⑦ 거꾸로 박힌 비늘. 상대의 아픈 곳을
    건드린다는 의미.

• ⑧ 창과 방패. 서로 다른 주장이 동시에 양
    립할 수 없을 때 씀.

• ⑨ 나무에 올라가 물고기를 구한다. 터무니
    없이 불가능한 일을 비유.

• ⑩ 완전하다. 이 말의 문자적 뜻은 '완전한
    구슬'이다.

정답 1.⑥ 2.① 3.③ 4.⑤ 5.⑨ 6.⑩ 7.⑧ 8.② 9.⑦ 10.④

1. 전전긍긍 •

2. 의식족즉
   지영욕 •

3. 포호빙하 •

4. 연목구어 •

5. 완벽 •

6. 모순 •

7. 양약고구 •

8. 역린 •

9. 득롱망촉 •

10. 식언 •

• ⓐ 完璧

• ⓑ 食言

• ⓒ 矛楯

• ⓓ 戰戰兢兢

• ⓔ 暴虎馮河

• ⓕ 良藥苦口

• ⓖ 逆鱗

• ⓗ 得隴望蜀

• ⓘ 衣食足則知榮辱

• ⓙ 緣木求魚

정답 1.ⓓ 2.ⓘ 3.ⓔ 4.ⓙ 5.ⓐ 6.ⓒ 7.ⓕ 8.ⓖ 9.ⓗ 10.ⓑ

다음 고사성어의 한자와 뜻풀이를
각각 연결하세요.

1. 緣木求魚 •

• ① 맨손으로 범을 때려잡고, 황허 강을 걸
어서 건넌다는 뜻.

2. 完璧 •

• ② 겁에 질려 어쩔 줄 모르는 것.

3. 得隴望蜀 •

• ③ 창과 방패. 서로 다른 주장이 동시에 양
립할 수 없을 때 씀.

4. 食言 •

• ④ 거꾸로 박힌 비늘. 상대의 아픈 곳을 건
드린다는 의미.

5. 良藥苦口 •

• ⑤ 쓸데없는 말, 거짓말을 뜻함. 말만 앞세
우고 실천이 따르지 않을 때.

6. 衣食足則
知榮辱 •

• ⑥ 농서 땅을 얻고 나서 다시 촉 땅을 바란
다. 사람의 욕심이 끝이 없음.

• ⑦ 먹고 입는 것이 충분해야 명예와 수치를
안다.

7. 逆鱗 •

• ⑧ 효과가 뛰어난 약일수록 입에 쓰기 마련
이다.

8. 戰戰兢兢 •

• ⑨ 나무에 올라가 물고기를 구한다. 터무니
없이 불가능한 일을 비유.

9. 矛楯 •

• ⑩ 완전하다. 이 말의 문자적 뜻은 '완전한
구슬'이다.

10. 暴虎馮河 •

정답 1.⑨ 2.⑩ 3.⑥ 4.⑤ 5.⑧ 6.⑦ 7.④ 8.② 9.③ 10.①

다음 뜻풀이에 해당하는
고사성어를 한글로 쓰세요.

1. 쓸데없는 말, 거짓말을 뜻함. 말만 앞세우고
   실천이 따르지 않을 때.　　　　　　　　＿＿＿＿＿＿＿

2. 나무에 올라가 물고기를 구한다. 터무니없이
   불가능한 일을 비유.　　　　　　　　　＿＿＿＿＿＿＿

3. 맨손으로 범을 때려잡고, 황허 강을 걸어서
   건넌다는 뜻.　　　　　　　　　　　　＿＿＿＿＿＿＿

4. 겁에 질려 어쩔 줄 모르는 것.　　　　　＿＿＿＿＿＿＿

5. 창과 방패. 서로 다른 주장이 동시에 양립할
   수 없을 때 씀.　　　　　　　　　　　＿＿＿＿＿＿＿

6. 농서 땅을 얻고 나서 다시 촉 땅을 바란다.
   사람의 욕심이 끝이 없음.　　　　　　　＿＿＿＿＿＿＿

7. 거꾸로 박힌 비늘. 상대의 아픈 곳을 건드린
   다는 의미.　　　　　　　　　　　　　＿＿＿＿＿＿＿

8. 완전하다. 이 말의 문자적 뜻은 '완전한 구슬'
   이다.　　　　　　　　　　　　　　　＿＿＿＿＿＿＿

9. 먹고 입는 것이 충분해야 명예와 수치를 안다.　＿＿＿＿＿＿＿

10. 효과가 뛰어난 약일수록 입에 쓰기 마련이다.　＿＿＿＿＿＿＿

정답 1.식언 2.연목구어 3.포호빙하 4.전전긍긍 5.모순 6. 득롱망촉 7.역린 8.완벽
9.의식족즉 지영욕 10.양약고구

다음 설명에 해당하는 고사성어를
보기에서 찾아 한자로 쓰세요.

ⓐ 完 璧
완전할 완 구슬 벽

ⓑ 矛 楯
창 모 방패 순

ⓒ 戰 戰 兢 兢
두려울 전 두려울 전 조심할 긍 조심할 긍

ⓓ 暴 虎 馮 河
사나울 포 호랑이 호 걸어서물건널 빙 강 하

ⓔ 良 藥 苦 口
좋을 량 약 약 괴로울 고 입 구

ⓕ 逆 鱗
거스를 역 비늘 린

ⓖ 得 隴 望 蜀
얻을 득 땅이름(언덕) 롱 바랄 망 땅이름 촉

ⓗ 衣 食 足 則
옷 의 먹을 식 족할 족 곧 즉

知 榮 辱
알 지 번영할 영 욕될 욕

ⓘ 緣 木 求 魚
연할 연 나무 목 구할 구 고기 어

ⓙ 食 言
먹을 식 말씀 언

1. 쓸데없는 말, 거짓말을 뜻한다. 뱉은 말을 삼킨다는 의미로 말만 앞세우고 실
천이 따르지 않을 때 쓴다.

2. 창과 방패. 서로 다른 주장이 동시에 양립할 수 없을 때, 또는 말이나 행동
의 앞뒤가 맞지 않을 때 쓰이는 말이다.

3. 효과가 뛰어난 약일수록 입에 쓰기 마련이며, 자기의 잘못을 지적하는 충고일수록 귀에는 거슬리기 마련이다.

4. 거꾸로 박힌 비늘. 원래 임금의 분노를 살 때 쓰지만, 요즘은 상대의 아픈 곳을 건드린다는 폭넓은 의미로 쓰이고 있다.

5. 겁에 질려 어쩔 줄 모르는 것. 잘못을 저질러 놓고 어쩔 줄 모르고 있을 때 쓰인다.

6. 맨손으로 범을 때려잡고, 황허 강을 걸어서 건넌다는 뜻으로, 용기는 있으나 지혜가 없음을 이르는 말.

7. 완전하다. 이 말의 문자적 뜻은 '완전한 구슬'이다.

8. 농서 땅을 얻고 나서 다시 촉 땅을 바란다. 사람의 욕심은 끝이 없어 하나를 얻으니 다른 하나마저 얻고 싶다는 말이다.

9. 먹고 입는 것이 충분해야 명예와 수치를 안다. 흔히 '의식이 족해야 예절을 안다'는 말로 쓰이고 있다.

10. 나무에 올라가 물고기를 구한다. 터무니없이 불가능한 일을 비유할 때 쓰이는 말이다.

정답 1.ⓙ 2.ⓑ 3.ⓔ 4.ⓕ 5.ⓒ 6.ⓓ 7.ⓐ 8.ⓖ 9.ⓗ 10.ⓘ

ⓐ藥 ⓑ木 ⓒ望 ⓓ足 ⓔ楯 ⓕ食 ⓖ完 ⓗ戰 ⓘ河 ⓙ逆

1. ☐ 璧

6. ☐ 言

2. 矛 ☐

7. ☐ 鱗

3. 戰 ☐ 兢兢

8. 得隴 ☐ 蜀

4. 暴虎馮 ☐

9. 衣食 ☐ 則知榮辱

5. 良 ☐ 苦口

10. 緣 ☐ 求魚

정답 1.ⓖ 2.ⓔ 3.ⓗ 4.ⓘ 5.ⓐ 6.ⓕ 7.ⓙ 8.ⓒ 9.ⓓ 10.ⓑ

ⓐ 兢 ⓑ 蜀 ⓒ 河 ⓓ 矛 ⓔ 魚 ⓕ 口 ⓖ 鱗 ⓗ 知 ⓘ 璧 ⓙ 食

---

1. 完碧 ①②

   ➡ _____

2. 模楯 ①②

   ➡ _____

3. 戰戰兢肯 ①②③④

   ➡ _____

4. 暴虎馮夏 ①②③④

   ➡ _____

5. 良藥苦九 ①②③④

   ➡ _____

6. 逆吝 ①②

   ➡ _____

7. 喰言 ①②

   ➡ _____

8. 得隴望促 ①②③④

   ➡ _____

9. 衣食足則指榮辱 ①②③④⑤⑥⑦

   ➡ _____

10. 緣木求馱 ①②③④

    ➡ _____

정답 1.②ⓘ 2.①ⓓ 3.④ⓐ 4.④ⓒ 5.④ⓕ 6.②ⓖ 7.①ⓙ 8.④ⓑ 9.⑤ⓗ 10.④ⓔ

⊛ 토사구팽 兎死狗烹

兎 토끼 토 ㅣ 死 죽을 사 ㅣ 狗 개 구 ㅣ 烹 삶을 팽

'토끼가 죽으면 사냥개도 삶아진다'. 목표를 성취할 때까지는 쓸모 있었지만, 일단 목표를 이룬 뒤에는 더 이상 쓸모가 없어 버려진다는 뜻. 남에게 이용만 당하고 아무 소득도 없을 때 쓰이는 말이다. 출전은『사기』회음후열전(淮陰候列傳).

⊛ 영위계구 무위우후 寧爲鷄口 無爲牛後

寧 차라리(편안할) 영 ㅣ 爲 할(될) 위 ㅣ 鷄 닭 계 ㅣ 口 입 구 ㅣ 無 없을 무 ㅣ 牛 소 우 ㅣ 後 뒤 후

'닭의 머리가 될지언정 소 꼬리는 되지 말라'. '닭 머리'는 작지만 귀중한 것이요, 소 꼬리는 크지만 보잘것없는 것이다. 작더라도 중심적인 역할을 하는 핵심 인물이 되라는 뜻이다. 출전은『사기』소진전(蘇秦傳).

⊛ 치망설존 齒亡舌存

齒 이빨 치 ㅣ 亡 없앨 망 ㅣ 舌 혀 설 ㅣ 存 간직할 존

'이빨이 없어져도 혀는 계속 존재한다'. 강하고 딱딱한 것이 먼저 없어지며, 부드러운 것은 계속 존재한다는 뜻. 출전은『설원(說苑)』

⊛ 누란지위 累卵之危

累 쌓을 누 ㅣ 卵 알 란 ㅣ 之 어조사 지 ㅣ 危 위급할 위

'알을 포개 놓은 듯한 위기'. 국가의 운명이 풍전등화에 처하거나 회사가 도산의 위기에 처했을 때 '누란지위'라는 말을 쓴다. 출전은『사기』범수채택열전(范雎蔡澤列傳).

⊛ 추선 秋扇

秋 가을 추 ㅣ 扇 부채 선

'가을 부채'. 쓸모없는 것, 남자의 사랑을 잃은 여인을 가르킨다. 출전은 반첩여가 지은 시 원가행(怨歌行).

❀ 요령부득 要領不得

要 중요할 요 | 領 목 령 | 不 아니 부 | 得 얻을 득

'요점을 얻지 못하다'. 여기서 '요령'은 '요점'이란 뜻이다. 요점을 이해하지 못하겠다는 뜻이지만 "요령을 잘 피운다", "요령이 좋다"고 하면 '꾀'나 '수단'의 의미로 쓰인다. 출전은 『사기』 대완전(大宛傳).

❀ 호가호위 狐假虎威

狐 여우 호 | 假 빌릴 가 | 虎 호랑이 호 | 威 위세 위

'여우가 호랑이의 위세를 가장하다'. 소인배들이 권력을 등에 지고 멋대로 구는 것을 말한다. 우리 말에 '호랑이 없는 곳에 여우가 왕 노릇 한다'고 하는데, 뉘앙스의 차이는 있지만 이와 비슷한 말이다. 출전은 『전국책(戰國策)』.

❀ 원수불구근화 遠水不救近火

遠 멀 원 | 水 물 수 | 不 아니 불 | 救 구할 구 | 近 가까울 근 | 火 불 화

'멀리 있는 물은 가까운 불을 끄지 못한다'. 먼 곳에 떨어져 있는 것은 분초를 다투는 시급한 일에는 소용이 없다는 뜻이다. 집 안에서 불이 났는데, 태평양 물이 아무리 많다 한들 무슨 소용이 있겠는가? 출전은 『한비자』 세림(說林).

❀ 와각지쟁 蝸角之爭

蝸 달팽이 와 | 角 뿔 각 | 之 어조사 지 | 爭 다툴 쟁

'달팽이 뿔 위의 다툼'. 사소한 일, 쓸데없는 일로 다투는 것을 '와각지쟁', 또는 '와우각상지쟁(蝸牛角上之爭)'이라 한다. 춘추전국시대 때 제후들의 패권 다툼을 대도(大道)의 입장에서 풍자한 말이다. 출전은 『장자』 칙양편(則陽篇).

❀ 무안색 無顏色

無 없을 무 | 顏 얼굴 안 | 色 빛깔 색

'얼굴 빛이 없다'. 무안하다는 말로 부끄러움으로 얼굴을 들지 못할 때 쓴다. 출전은 백낙천의 시 장한가(長恨歌).

다음 고사성어와 뜻풀이를
각각 연결하세요.

1. 누란지위 •

2. 요령부득 •

3. 호가호위 •

4. 원수불구
   근화 •

5. 와각지쟁 •

6. 추선 •

7. 토사구팽 •

8. 영위계구
   무위우후 •

9. 치망설존 •

10. 무안색 •

• ① 토끼가 죽으면 사냥개도 삶아진다. 남에게 이용만 당하고 아무 소득도 없을 때.

• ② 요점을 얻지 못하다. 요점을 잘 이해하지 못하겠다는 뜻.

• ③ 이빨이 없어져도 혀는 계속 존재한다.

• ④ 알을 포개 놓은 듯한 위기. 국가 운명이나 회사가 위기에 처했을 때 쓰인다.

• ⑤ 가을 부채. 쓸모없는 것, 남자의 사랑을 잃은 여인을 가르킨다.

• ⑥ 얼굴 빛이 없다. 부끄러움으로 얼굴을 들지 못할 때 쓴다.

• ⑦ 멀리 있는 물은 가까운 불을 끄지 못한다. 멀리 있는 것은 급할 때 소용이 없다.

• ⑧ 여우가 호랑이 위세를 가장하다. 소인배들이 권력을 등에 지고 멋대로 구는 것.

• ⑨ 달팽이 뿔 위의 다툼. 사소한 일, 쓸데없는 일로 다투는 것.

• ⑩ 닭의 머리가 될지언정 소 꼬리는 되지 말라.

정답 1.④ 2.② 3.⑧ 4.⑦ 5.⑨ 6.⑤ 7.① 8.⑩ 9.③ 10.⑥

다음 고사성어와 한자를
각각 연결하세요.

1. 호가호위 •

2. 영위계구
   무위우후 •

3. 누란지위 •

4. 요령부득 •

5. 원수불구
   근화 •

6. 추선 •

7. 토사구팽 •

8. 무안색 •

9. 치망설존 •

10. 와각지쟁 •

• ⓐ 秋扇

• ⓑ 兎死狗烹

• ⓒ 齒亡舌存

• ⓓ 累卵之危

• ⓔ 無顔色

• ⓕ 寧爲鷄口 無爲牛後

• ⓖ 要領不得

• ⓗ 狐假虎威

• ⓘ 遠水不救近火

• ⓙ 蝸角之爭

정답 1.ⓗ 2.ⓕ 3.ⓓ 4.ⓖ 5.ⓘ 6.ⓐ 7.ⓑ 8.ⓔ 9.ⓒ 10.ⓙ

1. 遠水不救
   近火 •

2. 累卵之危 •

3. 寧爲鷄口
   無爲牛後 •

4. 要領不得 •

5. 狐假虎威 •

6. 蝸角之爭 •

7. 秋扇 •

8. 兎死狗烹 •

9. 齒亡舌存 •

10. 無顔色 •

• ① 닭의 머리가 될지언정 소 꼬리는 되지 말라.

• ② 요점을 얻지 못하다. 요점을 잘 이해하지 못하겠다는 뜻.

• ③ 이빨이 없어져도 혀는 계속 존재한다.

• ④ 멀리 있는 물은 가까운 불을 끄지 못한다. 멀리 있는 것은 급할 때 소용이 없다.

• ⑤ 토끼가 죽으면 사냥개도 삶아진다. 이용만 당하고 아무 소득도 없을 때.

• ⑥ 달팽이 뿔 위의 다툼. 사소한 일, 쓸데없는 일로 다투는 것.

• ⑦ 가을 부채. 쓸모없는 것, 남자의 사랑을 잃은 여인을 가르킨다.

• ⑧ 얼굴 빛이 없다. 부끄러움으로 얼굴을 들지 못할 때 쓴다.

• ⑨ 여우가 호랑이 위세를 가장하다. 소인배들이 권력을 등에 지고 멋대로 구는 것.

• ⑩ 알을 포개 놓은 듯한 위기. 국가 운명이나 회사가 위기에 처했을 때 쓰인다.

정답 1.④ 2.⑩ 3.① 4.② 5.⑨ 6.⑥ 7.⑦ 8.⑤ 9.③ 10.⑧

1. 이빨이 없어져도 혀는 계속 존재한다. _____

2. 알을 포개 놓은 듯한 위기. 국가 운명이나 회
   사가 위기에 처했을 때 쓰인다. _____

3. 얼굴 빛이 없다. 부끄러움으로 얼굴을 들지
   못할 때 쓴다. _____

4. 요점을 얻지 못하다. 요점을 잘 이해하지 못
   하겠다는 뜻. _____

5. 토끼가 죽으면 사냥개도 삶아진다. 남에게
   이용만 당하고 아무 소득도 없을 때. _____

6. 닭의 머리가 될지언정 소 꼬리는 되지 말라. _____

7. 멀리 있는 물은 가까운 불을 끄지 못한다.
   멀리 있는 것은 급할 때 소용이 없다. _____

8. 달팽이 뿔 위의 다툼. 사소한 일, 쓸데없는 일
   로 다투는 것. _____

9. 여우가 호랑이 위세를 가장하다. 소인배들이
   권력을 등에 지고 멋대로 구는 것. _____

10. 가을 부채. 쓸모없는 것, 남자의 사랑을 잃은
    여인을 가르킨다. _____

정답 1. 치망설존 2. 누란지위 3. 무안색 4. 요령부득 5. 토사구팽 6. 영위계구 무위우후 7. 원
수불구근화 8. 와각지쟁 9. 호가호위 10. 추선

215

다음 설명에 해당하는 고사성어를
보기에서 찾아 한자로 쓰세요.

ⓐ 秋 扇
　　가을 추　부채 선

ⓑ 兎 死 狗 烹
　　토끼 토　죽을 사　개 구　삶을 팽

ⓒ 齒 亡 舌 存
　　이빨 치　없앨 망　혀 설　간직할 존

ⓓ 累 卵 之 危
　　쌓을 누　알 란　어조사 지　위급할 위

ⓔ 寧 爲 鷄 口
　　차라리 영　할 위　닭 계　입 구

　　無 爲 牛 後
　　없을 무　할 위　소 우　뒤 후

ⓕ 要 領 不 得
　　중요할 요　목 령　아니 부　얻을 득

ⓖ 狐 假 虎 威
　　여우 호　빌릴 가　호랑이 호　위세 위

ⓗ 無 顔 色
　　없을 무　얼굴 안　빛깔 색

ⓘ 遠 水 不 救
　　멀 원　물 수　아니 불　구할 구

　　近 火
　　가까울 근　불 화

ⓙ 蝸 角 之 爭
　　달팽이 와　뿔 각　어조사 지　다툴 쟁

1. 토끼가 죽으면 사냥개도 삶아진다. 목표를 성취할 때까지는 쓸모 있었지만, 일단 목표를 이룬 뒤에는 더 이상 쓸모가 없어서 버려진다. 남에게 이용만 당하고 아무 소득도 없을 때 쓰이는 말이다.

2. 닭의 머리가 될지언정 소 꼬리는 되지 말라. 큰 것만을 따르다 말단의 인물이 되지 말고, 작더라도 핵심 인물이 되라는 뜻이다.

3. 멀리 있는 물은 가까운 불을 끄지 못한다. 먼 곳에 떨어져 있는 것은 분초를 다투는 시급한 일에는 소용이 없다는 뜻이다.

4. 달팽이 뿔 위의 다툼. 사소한 일, 쓸데없는 일로 다투는 것. 원래는 춘추전국 시대 때 제후들의 패권다툼을 대도(大道)의 입장에서 풍자한 말이다.

5. 이빨이 없어져도 혀는 계속 존재한다. 강하고 딱딱한 것이 먼저 없어지며, 부드러운 것은 계속 존재한다는 뜻.

6. 요점을 얻지 못하다. 요점을 잘 이해하지 못하겠다는 뜻. 또 '꾀'나 '수단'의 의미로 쓰이기도 한다.

7. 여우가 호랑이의 위세를 가장하다. 소인배들이 권력을 등에 지고 멋대로 구는 것을 말한다.

8. 알을 포개 놓은 듯한 위기. 국가의 운명이 풍전등화에 처하거나 회사가 도산의 위기에 처했을 때 쓰인다.

9. 얼굴 빛이 없다. 부끄러움으로 얼굴을 들지 못할 때 쓰는 말이다.

10. 가을 부채. 쓸모없는 것, 남자의 사랑을 잃은 여인을 가르키는 말이다.

정답 1.ⓑ 2.ⓔ 3.ⓘ 4.ⓙ 5.ⓒ 6.ⓕ 7.ⓖ 8.ⓓ 9.ⓗ 10.ⓐ

다음 고사성어를 읽고, 빈칸의 글자를
보기에서 찾아 채우세요.

ⓐ 要 ⓑ 寧 ⓒ 角 ⓓ 假 ⓔ 顔 ⓕ 兎 ⓖ 卵 ⓗ 遠 ⓘ 秋 ⓙ 舌 ⓚ 牛

1. 無 ☐ 色

2. ☐ 死狗烹

3. 齒亡 ☐ 存

4. 累 ☐ 之危

5. ☐ 爲鷄口

   無爲 ☐ 後

6. ☐ 領不得

7. 狐 ☐ 虎威

8. ☐ 水不救近火

9. 蝸 ☐ 之爭

10. ☐ 扇

다음 고사성어에서 틀린 한 글자를 찾고
보기에서 맞는 글자를 찾아 쓰세요.

ⓐ 危 ⓑ 鷄 ⓒ 領 ⓓ 爭 ⓔ 威 ⓕ 救 ⓖ 顔 ⓗ 秋 ⓘ 死 ⓙ 齒

---

1. 無安色
　①②③
　➡ _____

2. 兎事狗烹
　①②③④
　➡ _____

3. 治亡舌存
　①②③④
　➡ _____

4. 累卵之威
　①②③④
　➡ _____

5. 寧爲計口無爲牛後
　①②③④⑤⑥⑦⑧
　➡ _____

6. 要令不得
　①②③④
　➡ _____

7. 狐假虎位
　①②③④
　➡ _____

8. 遠水不求近火
　①②③④⑤⑥
　➡ _____

9. 蝸角之諍
　①②③④
　➡ _____

10. 推扇
　①②
　➡ _____

정답　1.②ⓖ　2.②ⓘ　3.①ⓙ　4.④ⓐ　5.③ⓑ　6.②ⓒ　7.④ⓔ　8.④ⓕ　9.④ⓓ　10.①ⓗ

❀ 기호지세 騎虎之勢

騎 탈 기 | 虎 호랑이 호 | 之 어조사 지 | 勢 세력 세

'호랑이를 탄 형세'. 달리는 호랑이 등에 타고 있으면 중간에 내릴 수가 없듯이, 일단 벌려놓은 일을 중간에서 그만두지 못하는 상황을 가리킨다. 출전은 『수서(隋書)』.

❀ 어부지리 漁父之利

漁 고기잡이 어 | 父 아비 부 | 之 어조사 지 | 利 이익 리

'어부의 이익'. 둘이서 이해를 다투다가 제3자가 그 이익을 차지할 때 '어부지리'를 취했다고 말한다. 출전은 『전국책』.

❀ 순망치한 脣亡齒寒

脣 입술 순 | 亡 잃을(망할) 망 | 齒 이빨 치 | 寒 찰 한

'입술이 없어지면 이빨이 시리다'. 떼려야 뗄 수 없는 밀접한 관계, 어느 한쪽이 멸망하면 다른 한쪽도 위태로워지는 관계를 말한다. 출전은 『춘추좌씨전』.

❀ 동호지필 董狐之筆

董 바로잡을 동 | 狐 여우 호 | 之 어조사 지 | 筆 붓 필

'동호의 올바른 기록'. 동호는 역사를 기록하는 사관이다. 권력에 굴하지 않고 올바르게 역사적 사건을 사실대로 기록했기 때문에 '올바른 역사 기록'을 '동호지필'이라 한다. 출전은 『춘추좌씨전』.

❀ 가정맹어호 苛政猛於虎

苛 가혹할 가 | 政 다스릴 정 | 猛 사나울 맹 | 於 어조사 어 | 虎 호랑이 호

'가혹한 정치는 호랑이보다 무섭다'. 옛날에는 호랑이가 공포의 대상이었다. 하지만 과중한 세금 부과와 강제 노역으로 백성들을 착취하는 것은 이 호랑이보다 더 무서운 해독을 끼친다는 뜻이다. 출전은 『예기』.

❀ 격양가 擊壤歌

擊 칠 격 | 壤 토지 양 | 歌 노래 가

'땅을 치면서 부른 노래'라는 뜻. 백성들이 태평세월을 노래한 것인데, 나중에 '태평성대'를 뜻하게 됐다. 원래 '배를 두드리고 땅을 치면서(鼓腹擊壤)' 노래한 데서 유래한 것임. 출전은 『십팔사략』.

❀ 백홍관일 白虹貫日

白 흰 백 | 虹 무지개 홍 | 貫 뚫을 관 | 日 날(해) 일

'하얀 무지개가 태양을 관통하다'. 지극한 정성이 하늘에까지 감응하여 나타나는 현상을 말한다. 출전은 『사기』.

❀ 오십보백보 五十步百步

五 다섯 오 | 十 열 십 | 步 걸을 보 | 百 일백 백

'오십 보나 백 보나 마찬가지다'. 이런 잘못이나 저런 잘못이나 잘못하기는 마찬가지라는 뜻. 우리 속담 '똥 묻은 개가 겨 묻은 개 나무란다'와 일맥상통한다. 출전은 『맹자』양혜왕편.

❀ 맥수지탄 麥秀之嘆

麥 보리 맥 | 秀 빼어날 수 | 之 어조사 지 | 嘆 탄식할 탄

'보리가 자라나는 걸 보고 탄식함'. 망한 나라를 한탄할 때 쓰는 말이다. 출전은 『사기』송미자세가(宋微子世家).

❀ 구우일모 九牛一毛

九 아홉 구 | 牛 소 우 | 一 한 일 | 毛 털 모

'아홉 마리 소에서 뽑은 털 하나'. 헤아릴 수 없이 많은 소털 가운데서 털 하나면 아주 적은 것이다. 거의 없는 거나 다름없는 극소수를 의미한다. 출전은 『한서』 보임안서(報任安書). 친구인 임안에게 보내는 편지글이다.

다음 고사성어와 뜻풀이를
각각 연결하세요.

1. 격양가 •

2. 백홍관일 •

3. 오십보백보 •

4. 맥수지탄 •

5. 구우일모 •

6. 기호지세 •

7. 어부지리 •

8. 순망치한 •

9. 동호지필 •

10. 가정맹어호 •

• ① 오십 보나 백 보나 마찬가지다. 이런 잘 못이나 저런 잘못이나 마찬가지.

• ② 어부의 이익. 둘이서 이해를 다투다가 제 3자가 그 이익을 차지할 때 쓰인다.

• ③ 가혹한 정치는 호랑이보다 무섭다.

• ④ 아홉 마리 소에서 뽑은 털 하나. 거의 없 는 거나 다름없는 극소수를 의미한다.

• ⑤ 보리가 자라나는 걸 보고 탄식함. 망한 나라를 한탄할 때 쓰는 말이다.

• ⑥ 동호의 올바른 기록. 권력에 굴하지 않고 사실대로 기록한 올바른 역사 기록.

• ⑦ 하얀 무지개가 태양을 관통하다. 정성이 하늘에까지 감응하여 나타나는 현상.

• ⑧ 입술이 없어지면 이빨이 시리다. 떼려야 뗄 수 없는 밀접한 관계.

• ⑨ 호랑이를 탄 형세. 일단 벌려놓은 일을 중간에서 그만두지 못하는 상황.

• ⑩ 땅을 치면서 부른 노래. 백성들이 태평세 월을 노래한 것. 태평성대를 뜻함.

정답 1.⑩ 2.⑦ 3.① 4.⑤ 5.④ 6.⑨ 7.② 8.⑧ 9.⑥ 10.③

다음 고사성어와 한자를
각각 연결하세요.

1. 동호지필 •   • ⓐ 麥秀之嘆

2. 백홍관일 •   • ⓑ 擊壤歌

3. 오십보백보 •   • ⓒ 苛政猛於虎

4. 격양가 •   • ⓓ 五十步百步

5. 순망치한 •   • ⓔ 九牛一毛

6. 기호지세 •   • ⓕ 白虹貫日

7. 어부지리 •   • ⓖ 董狐之筆

8. 가정맹어호 •   • ⓗ 漁父之利

9. 맥수지탄 •   • ⓘ 騎虎之勢

10. 구우일모 •   • ⓙ 脣亡齒寒

정답 1.ⓖ 2.ⓕ 3.ⓓ 4.ⓑ 5.ⓙ 6.ⓘ 7.ⓗ 8.ⓒ 9.ⓐ 10.ⓔ

다음 고사성어의 한자와 뜻풀이를
각각 연결하세요.

1. 麥秀之嘆 •

• ① 동호의 올바른 기록. 권력에 굴하지 않고 사실대로 기록한 올바른 역사 기록.

2. 脣亡齒寒 •

• ② 오십 보나 백 보나 마찬가지다. 이런 잘못이나 저런 잘못이나 마찬가지.

3. 漁父之利 •

• ③ 보리가 자라나는 걸 보고 탄식함. 망한 나라를 한탄할 때 쓰는 말이다.

4. 苛政猛於虎 •

• ④ 땅을 치면서 부른 노래. 백성들이 태평세월을 노래한 것. 태평성대를 뜻함.

5. 騎虎之勢 •

• ⑤ 어부의 이익. 둘이서 이해를 다투다가 제3자가 그 이익을 차지할 때 쓰인다.

6. 五十步百步 •

• ⑥ 호랑이를 탄 형세. 일단 벌려놓은 일을 중간에서 그만두지 못하는 상황.

7. 白虹貫日 •

• ⑦ 아홉 마리 소에서 뽑은 털 하나. 거의 없는 거나 다름없는 극소수를 의미한다.

8. 擊壤歌 •

• ⑧ 하얀 무지개가 태양을 관통하다. 정성이 하늘에까지 감응하여 나타나는 현상.

9. 董狐之筆 •

• ⑨ 가혹한 정치는 호랑이보다 무섭다.

10. 九牛一毛 •

• ⑩ 입술이 없어지면 이빨이 시리다. 떼려야 뗄 수 없는 밀접한 관계.

정답   1.③ 2.⑩ 3.⑤ 4.⑨ 5.⑥ 6.② 7.⑧ 8.④ 9.① 10.⑦

다음 뜻풀이에 해당하는
고사성어를 한글로 쓰세요.

1. 가혹한 정치는 호랑이보다 무섭다.

2. 입술이 없어지면 이빨이 시리다. 떼려야 뗄 수 없는 밀접한 관계.

3. 아홉 마리 소에서 뽑은 털 하나. 거의 없는 거나 다름없는 극소수를 의미한다.

4. 동호의 올바른 기록. 권력에 굴하지 않고 사실대로 기록한 올바른 역사 기록.

5. 보리가 자라나는 걸 보고 탄식함. 망한 나라를 한탄할 때 쓰는 말이다.

6. 어부의 이익. 둘이서 이해를 다투다가 제3자가 그 이익을 차지할 때 쓰인다.

7. 땅을 치면서 부른 노래. 백성들이 태평세월을 노래한 것. 태평성대를 뜻함.

8. 오십 보나 백 보나 마찬가지다. 이런 잘못이나 저런 잘못이나 마찬가지.

9. 호랑이를 탄 형세. 일단 벌려놓은 일을 중간에서 그만두지 못하는 상황.

10. 하얀 무지개가 태양을 관통하다. 정성이 하늘에까지 감응하여 나타나는 현상.

정답 1. 가정맹어호 2. 순망치한 3. 구우일모 4. 동호지필 5. 맥수지탄 6. 어부지리 7. 격양가 8. 오십보백보 9. 기호지세 10. 백홍관일

다음 설명에 해당하는 고사성어를
보기에서 찾아 한자로 쓰세요.

ⓐ 騎 虎 之 勢
탈 기 호랑이 호 어조사 지 세력 세

ⓕ 董 狐 之 筆
바로잡을 동 여우 호 어조사 지 붓 필

ⓑ 漁 父 之 利
고기잡이 어 아비 부 어조사 지 이익 리

ⓖ 白 虹 貫 日
흴 백 무지개 홍 뚫을 관 날 일

ⓒ 苛 政 猛 於 虎
가혹할 가 다스릴 정 사나울 맹 어조사 어 호랑이 호

ⓗ 五 十 步 百 步
다섯 오 열 십 걸을 보 일백 백 걸을 보

ⓓ 擊 壤 歌
칠 격 토지 양 노래 가

ⓘ 麥 秀 之 嘆
보리 맥 빼어날 수 어조사 지 탄식할 탄

ⓔ 脣 亡 齒 寒
입술 순 잃을 망 이빨 치 찰 한

ⓙ 九 牛 一 毛
아홉 구 소 우 한 일 털 모

1. 입술이 없어지면 이빨이 시리다. 떼려야 뗄 수 없는 밀접한 관계, 어느 한쪽이 멸망하면 다른 한쪽도 위태로워지는 관계를 말한다.

2. 동호의 올바른 기록. 동호는 역사를 기록하는 사관이다. 권력에 굴하지 않고 올바르게 역사적 사건을 사실대로 기록한 '올바른 역사 기록'을 말한다.

3. 가혹한 정치는 호랑이보다 무섭다. 과중한 세금 부과와 강제 노역으로 백성들을 착취하는 것은 맹수인 호랑이보다 무서운 해독을 끼친다.

4. 호랑이를 탄 형세. 달리는 호랑이 등에 타고 있으면 중간에 내릴 수가 없듯이, 일단 벌려놓은 일을 중간에서 그만두지 못하는 상황을 가리킨다.

5. 보리가 자라나는 걸 보고 탄식함. 망한 나라를 한탄할 때 쓰는 말이다.

6. 어부의 이익. 둘이서 이해를 다투다가 제3자가 그 이익을 차지할 때 쓰인다.

7. 아홉 마리 소에서 뽑은 털 하나. 헤아릴 수 없이 많은 소털 가운데서 털 하나면 아주 적은 것이다. 거의 없는 거나 다름없는 극소수를 의미한다.

8. 오십 보나 백 보나 마찬가지다. 이런 잘못이나 저런 잘못이나 잘못하기는 마찬가지라는 뜻.

9. 땅을 치면서 부른 노래. 백성들이 태평세월을 노래한 것인데, 나중에 '태평성대'를 뜻하게 됐다.

10. 하얀 무지개가 태양을 관통하다. 지극한 정성이 하늘에까지 감응하여 나타나는 현상을 말한다.

정답 1.ⓔ 2.ⓕ 3.ⓒ 4.ⓐ 5.ⓘ 6.ⓑ 7.ⓙ 8.ⓗ 9.ⓓ 10.ⓖ

다음 고사성어를 읽고, 빈칸의 글자를
보기에서 찾아 채우세요.

ⓐ齒 ⓑ擊 ⓒ秀 ⓓ貫 ⓔ筆 ⓕ虎 ⓖ毛 ⓗ父 ⓘ政 ⓙ步

1. 騎 □ 之勢

2. 漁 □ 之利

3. 苛 □ 猛於虎

4. □ 壤歌

5. 脣亡 □ 寒

6. 董狐之 □

7. 白虹 □ 日

8. 五十 □ 百步

9. 麥 □ 之嘆

10. 九牛一 □

정답   1.ⓕ 2.ⓗ 3.ⓘ 4.ⓑ 5.ⓐ 6.ⓔ 7.ⓓ 8.ⓙ 9.ⓒ 10.ⓖ

다음 고사성어에서 틀린 한 글자를 찾고
보기에서 맞는 글자를 찾아 쓰세요.

ⓐ筆 ⓑ猛 ⓒ寒 ⓓ利 ⓔ步 ⓕ秀 ⓖ毛 ⓗ勢 ⓘ虹 ⓙ歌

1. 騎虎之歲
   ➡ _____

6. 董狐之必
   ➡ _____

2. 漁父之理
   ➡ _____

7. 白洪貫日
   ➡ _____

3. 苛政孟於虎
   ➡ _____

8. 五十報百步
   ➡ _____

4. 擊壤家
   ➡ _____

9. 麥水之嘆
   ➡ _____

5. 脣亡齒閑
   ➡ _____

10. 九牛一矛
    ➡ _____

정답 1.④ⓗ 2.④ⓓ 3.③ⓑ 4.③ⓘ 5.④ⓒ 6.④ⓐ 7.②ⓘ 8.③ⓔ 9.②ⓕ 10.④ⓖ

❀ 내우외환 內憂外患

內 안 내 | 憂 근심 우 | 外 밖 외 | 患 근심 환

'안으로도 근심이 있고, 밖으로도 걱정이 있다'. 안팎으로 근심걱정에 시달리는 것을 말한다. 출전은 『국어(國語)』.

❀ 도불습유 道不拾遺

道 길 도 | 不 아니 불 | 拾 주을 습 | 遺 버릴 유

'길에 떨어진 것을 줍지 않는다'. 백성들이 잘 살고 태평스런 세상을 말한다. 출전은 『사기』 상군전(商君傳).

❀ 구인공휴일궤 九仞功虧一簣

九 아홉 구 | 仞 길(잴) 인 | 功 공적 공 | 虧 이지러질 휴 | 一 하나 일 | 簣 삼태기 궤

'아홉 길의 공이 한 삼태기로 무너진다'. 아홉 길이나 되는 산을 거의 다 쌓아 놓고서 마지막 한 삼태기를 게을리한다면, 지금껏 해온 공적이 모두 수포로 돌아간다는 뜻이다. 출전은 『서경』 여오편(旅獒篇).

❀ 만전지책 萬全之策

萬 일만 만 | 全 온전할 전 | 之 어조사 지 | 策 꾀할 책

'가장 완전한 대책'. 흔히 '만전을 기한다'는 말로 많이 쓰인다. 출전은 『후한서』 유표전(劉表傳).

❀ 명철보신 明哲保身

明 밝을 명 | 哲 밝을 철 | 保 보호할 보 | 身 몸 신

'사리를 잘 알아 처신을 잘하는 것'을 말한다. 지혜와 덕이 있는 사람은 세상 돌아가는 이치를 훤히 알아, 나아갈 때 나아가고 물러날 때 물러나는 지혜로운 처신을 한다는 뜻. 출전은 『시경』 대아편(大雅篇)의 증민(蒸民).

❀ 망국지음 亡國之音

亡 망할 망 | 國 나라 국 | 之 어조사 지 | 音 소리 음

'나라를 망치는 음악' 또는 '망한 나라의 음악'. 『예기』 악기 편에는 '망한 나라의 음악(亡國之音)은 애달프고 슬프니 백성들이 곤궁했기 때문이다'라는 말이 나온다. 출전은 『한비자』 십과편(十過篇).

❀ 묵수 墨守

墨 먹 묵 | 守 지킬 수

'묵적(墨翟)의 지킴'. 자기 영역을 잘 지켜서 굴복하지 않는 것을 말한다. 묵적은 춘추시대의 사상가이다. 만인에 대한 차별 없는 사랑을 내세운 겸애설(兼愛說)을 주장했다. 출전은 『묵자』 공수편(公輸篇).

❀ 발호 跋扈

跋 뛰어넘을 발 | 扈 통발 호

함부로 날뛰면서 윗사람을 해치는 것을 '발호'라 한다. '발(跋)'은 뛰어넘는다, '호(扈)'는 통발이란 뜻인데, 작은 고기는 통발에 남지만 큰 고기는 통발을 뛰어넘어 도망치는 데서 유래한 말이다. 출전은 『후한서』 양익전(梁翼傳).

❀ 백년하청 百年河淸

百 일백 백 | 年 해 년 | 河 물 하 | 淸 맑을 청

'백 년 세월이 흘러도 황하의 탁류는 맑아지지 않는다'. 아무리 기다려도 소용이 없다는 뜻이다. 출전은 『춘추좌씨전』 양왕(襄王) 8년.

❀ 백면서생 白面書生

白 흰 백 | 面 얼굴 면 | 書 글 서 | 生 낳을 생

'창백한 얼굴의 서생'. 글만 읽었지 세상물정에는 전혀 경험이 없는 사람을 가리킨다. 출전은 『송서』 심경지전(沈慶之傳).

다음 고사성어와 뜻풀이를
각각 연결하세요.

1. 망국지음 •

2. 묵수 •

3. 발호 •

4. 백년하청 •

5. 백면서생 •

6. 내우외환 •

7. 도불습유 •

8. 구인공
   휴일궤 •

9. 만전지책 •

10. 명철보신 •

• ① 함부로 날뛰면서 윗사람을 해치는 것.

• ② 창백한 얼굴의 서생. 글만 읽었지 세상물
   정에는 전혀 경험이 없는 사람.

• ③ 백 년 세월이 흘러도 황하의 탁류는 맑아
   지지 않는다.

• ④ 나라를 망치는 음악. 또는 '망한 나라의
   음악.

• ⑤ 가장 완전한 대책. 흔히 '만전을 기한다'
   는 말로 많이 쓰인다.

• ⑥ 길에 떨어진 것을 줍지 않는다. 백성들이
   잘 살고 태평스런 세상을 말한다.

• ⑦ 안으로도 근심이 있고, 밖으로도 걱정이
   있다. 안팎으로 근심걱정에 시달리는 것.

• ⑧ 아홉 길의 공이 한 삼태기로 무너진다.

• ⑨ 사리를 잘 알아 처신을 잘하는 것.

• ⑩ 묵적(墨翟)의 지킴. 자기 영역을 잘 지켜
   서 굴복하지 않는 것을 말한다.

정답 1.④ 2.⑩ 3.① 4.③ 5.② 6.⑦ 7.⑥ 8.⑧ 9.⑤ 10.⑨

연/습/문/제/2단계

다음 고사성어와 한자를
각각 연결하세요.

1. 백면서생 •

2. 구인공
   휴일궤 •

3. 만전지책 •

4. 망국지음 •

5. 묵수 •

6. 발호 •

7. 백년하청 •

8. 내우외환 •

9. 도불습유 •

10. 명철보신 •

• ⓐ 亡國之音

• ⓑ 萬全之策

• ⓒ 明哲保身

• ⓓ 內憂外患

• ⓔ 百年河淸

• ⓕ 道不拾遺

• ⓖ 白面書生

• ⓗ 跋扈

• ⓘ 九仞功虧一簣

• ⓙ 墨守

정답 1.ⓖ 2.ⓘ 3.ⓑ 4.ⓐ 5.ⓙ 6.ⓗ 7.ⓔ 8.ⓓ 9.ⓕ 10.ⓒ

1. 道不拾遺 •

2. 墨守 •

3. 內憂外患 •

4. 亡國之音 •

5. 白面書生 •

6. 萬全之策 •

7. 百年河淸 •

8. 明哲保身 •

9. 跋扈 •

10. 九仞功
虧一簣 •

• ① 백 년 세월이 흘러도 황하의 탁류는 맑
아지지 않는다.

• ② 안으로도 근심이 있고, 밖으로도 걱정이
있다. 안팎으로 근심걱정에 시달리는 것.

• ③ 나라를 망치는 음악. 또는 '망한 나라의
음악.

• ④ 묵적(墨翟)의 지킴. 자기 영역을 잘 지켜
서 굴복하지 않는 것을 말한다.

• ⑤ 아홉 길의 공이 한 삼태기로 무너진다.

• ⑥ 사리를 잘 알아 처신을 잘하는 것.

• ⑦ 함부로 날뛰면서 윗사람을 해치는 것.

• ⑧ 길에 떨어진 것을 줍지 않는다. 백성들이
잘 살고 태평스런 세상을 말한다.

• ⑨ 창백한 얼굴의 서생. 글만 읽었지 세상물
정에는 전혀 경험이 없는 사람.

• ⑩ 가장 완전한 대책. 흔히 '만전을 기한다'
는 말로 많이 쓰인다.

정답 1.⑧ 2.④ 3.② 4.③ 5.⑨ 6.⑩ 7.① 8.⑥ 9.⑦ 10.⑤

다음 뜻풀이에 해당하는
고사성어를 한글로 쓰세요.

1. 길에 떨어진 것을 줍지 않는다. 백성들이 잘
   살고 태평스런 세상을 말한다. _____

2. 아홉 길의 공이 한 삼태기로 무너진다. _____

3. 안으로도 근심이 있고, 밖으로도 걱정이 있
   다. 안팎으로 근심걱정에 시달리는 것. _____

4. 묵적(墨翟)의 지킴. 자기 영역을 잘 지켜서
   굴복하지 않는 것을 말한다. _____

5. 백 년 세월이 흘러도 황하의 탁류는 맑아지
   지 않는다. _____

6. 사리를 잘 알아 처신을 잘하는 것. _____

7. 함부로 날뛰면서 윗사람을 해치는 것. _____

8. 창백한 얼굴의 서생. 글만 읽었지 세상물정에
   는 전혀 경험이 없는 사람. _____

9. 가장 완전한 대책. 흔히 '만전을 기한다'는 말
   로 많이 쓰인다. _____

10. 나라를 망치는 음악. 또는 '망한 나라의 음악. _____

정답 1.도불습유 2.구인공 휴일궤 3.내우외환 4.묵수 5.백년하청 6.명철보신 7.발호
8.백면서생 9.만전지책 10.망국지음

235

연/습/문/제 / 5단계

다음 설명에 해당하는 고사성어를
보기에서 찾아 한자로 쓰세요.

ⓐ 內 憂 外 患
　안내 근심우 밖외 근심환

ⓑ 道 不 拾 遺
　길도 아니불 주을습 버릴유

ⓒ 明 哲 保 身
　밝을명 밝을철 보호할보 몸신

ⓓ 亡 國 之 音
　망할망 나라국 어조사지 소리음

ⓔ 九 仞 功
　아홉구 길인 공적공

　虧 一 簣
이지러질휴 한일 삼태기궤

ⓕ 萬 全 之 策
　일만만 온전할전 어조사지 꾀할책

ⓖ 墨 守
　먹묵 지킬수

ⓗ 跋 扈
　뛰어넘을발 통발호

ⓘ 百 年 河 淸
　일백백 해년 물하 맑을청

ⓙ 白 面 書 生
　흴백 얼굴면 글서 낳을생

---

1. 백 년 세월이 흘러도 황하의 탁류는 맑아지지 않는다. 아무리 기다려도 소용
   이 없다는 뜻이다.

2. 함부로 날뛰면서 윗사람을 해치는 것. 작은 고기는 통발에 남지만 큰 고기는
   통발을 뛰어넘어 도망치는 데서 유래한 말이다.

3. 사리를 잘 알아 처신을 잘하는 것. 세상 돌아가는 이치를 훤히 알아서 나아갈 때 나아가고 물러날 때 물러나는 지혜로운 처신을 하는 것.

4. 나라를 망치는 음악. 또는 '망한 나라의 음악.

5. '안으로도 근심이 있고, 밖으로도 걱정이 있다'. 안팎으로 근심걱정에 시달리는 것을 말한다.

6. '길에 떨어진 것을 줍지 않는다'. 백성들이 잘 살고 태평스런 세상을 말한다.

7. 창백한 얼굴의 서생. 글만 읽었지 세상물정에는 전혀 경험이 없는 사람을 가리킨다.

8. 가장 완전한 대책. 흔히 '만전을 기한다'는 말로 많이 쓰인다.

9. 아홉 길의 공이 한 삼태기로 무너진다. 아홉 길이나 되는 산을 거의 다 쌓아 놓고서 마지막 한 삼태기를 게을리한다면, 지금껏 해온 공적이 모두 수포로 돌아간다는 뜻.

10. 묵적(墨翟)의 지킴. 자기 영역을 잘 지켜서 굴복하지 않는 것을 말한다.

ⓐ面 ⓑ跋 ⓒ哲 ⓓ拾 ⓔ功 ⓕ憂 ⓖ守 ⓗ國 ⓘ年 ⓙ全

1. 內 ☐ 外患

6. 萬 ☐ 之策

2. 道不 ☐ 遺

7. 墨 ☐

3. 明 ☐ 保身

8. ☐ 扈

4. 亡 ☐ 之音

9. 百 ☐ 河淸

5. 九仞 ☐ 虧一簣

10. 白 ☐ 書生

다음 고사성어에서 틀린 한 글자를 찾고
보기에서 맞는 글자를 찾아 쓰세요.

ⓐ萬 ⓑ忉 ⓒ書 ⓓ守 ⓔ扈 ⓕ河 ⓖ患 ⓗ道 ⓘ亡 ⓙ保

1. 內憂外環 ①②③④

➡ _____

2. 度不拾遺 ①②③④

➡ _____

3. 明哲寶身 ①②③④

➡ _____

4. 望國之音 ①②③④

➡ _____

5. 九忍功虧一簣 ①②③④⑤⑥

➡ _____

6. 滿全之策 ①②③④

➡ _____

7. 墨水 ①②

➡ _____

8. 跋虎 ①②

➡ _____

9. 百年夏淸 ①②③④

➡ _____

10. 白面序生 ①②③④

➡ _____

정답 1.④ⓖ 2.①ⓗ 3.③ⓙ 4.①ⓘ 5.②ⓑ 6.①ⓐ 7.②ⓓ 8.②ⓔ 9.③ⓕ 10.③ⓒ

⊛ 비방지목 誹謗之木

誹 나무랄 비 | 謗 헐뜯을 방 | 之 어조사 지 | 木 나무 목

'비방하는 나무'. 정치에 불만이 있는 사람은 나무 기둥에 그 불만을 써놓고 희망을 말하게 한 데서 유래했다. 출전은『회남자』.

⊛ 약법삼장 約法三章

約 요약할 약 | 法 법 법 | 三 석 삼 | 章 문장 장

'법률을 세 가지로 요약하다'. 복잡한 법규를 핵심적인 세 가지로 줄인다는 뜻. 규정을 간단하게 정하는 것을 말하는데, 이 간단한 규정만은 반드시 지킨다는 뜻에서 약속을 지킨다는 의미도 갖고 있다. 출전은『사기』고조본기.

⊛ 부중지어 釜中之魚

釜 솥 부 | 中 가운데 중 | 之 어조사 지 | 魚 고기 어

'솥 안의 고기'. 삶아지는 것도 모른 채 솥 안에서 헤엄치는 고기를 말한다. 생명이 얼마 남지 않았다는 뜻이다. 출전은『자치통감』한기(漢紀).

⊛ 복차지계 覆車之戒

覆 엎을 복 | 車 수레 차 | 之 어조사 지 | 戒 경계 계

'엎어진 수레의 교훈'. 앞 수레의 엎어진 수레바퀴 자국은 뒤에 오는 수레의 교훈이라는 데서 유래했다. 이전 사람들의 실패를 거울삼아 현재를 돌아볼 것을 깨우친 말이다. 출전은『한서』가의전(賈誼傳),『설원(說苑)』.

⊛ 초왕실궁 초인득지 楚王失弓 楚人得之

楚 초나라 초 | 王 임금 왕 | 失 잃을 실 | 弓 활 궁 | 人 사람 인 | 得 얻을 득 | 之 어조사 지

'초나라 왕이 잃어버린 활을 초나라 사람이 줍다'. 도량이 좁은 것을 뜻한다. 출전은『설원(說苑)』지공편(至公篇).

✿ 축록자불견산 逐鹿者不見山

逐 쫓을 축 | 鹿 사슴 록 | 者 놈 자 | 不 아니 불 | 見 볼 견 | 山 뫼 산

'사슴을 쫓는 자는 산을 보지 못한다'. 명예나 이익에 눈이 먼 사람은 주변도 무시하고 도리도 저버린다는 뜻. 또는 한 가지 일에 마음을 빼긴 사람이 그 밖의 다른 일을 돌보지 않을 때도 쓰인다. 출전은 『회남자』 설림훈편(說林訓篇) 등.

✿ 한단지보 邯鄲之步

邯 땅이름 한 | 鄲 땅이름 단 | 之 어조사 지 | 步 걸음 보

'한단 지방의 걸음걸이'. 자기 분수는 생각지 않고 남의 흉내만 내다 하나도 얻지 못하는 것을 말한다. 출전은 『장자』 추수편(秋水篇).

✿ 갈불음도천수 渴不飮盜泉水

渴 목마를 갈 | 不 아니 불 | 飮 마실 음 | 盜 도둑 도 | 泉 샘 천 | 水 물 수

'갈증이 나도 도천의 물은 마시지 않는다'. 아무리 처지가 나쁘더라도 의롭지 못한 일은 하지 않는다는 뜻이다. 출전은 『문선(文選)』에 실려있는 육사형(陸士衡)의 시 『맹호행(猛虎行)』.

✿ 당랑박선 螳螂搏蟬

螳 사마귀 당 | 螂 사마귀 랑 | 搏 잡을 박 | 蟬 매미 선

'사마귀가 매미를 잡으려 하다'. 이익을 탐내다가 자신의 위험은 돌아보지 못한다는 뜻이다. 출전은 『장자』 산목편(山木篇).

✿ 관중규표 管中窺豹

管 대롱 관 | 中 가운데 중 | 窺 엿볼 규 | 豹 표범 표

'대롱을 통해 표범을 보다'. 사물을 보는 시야가 좁은 것을 뜻한다. '대롱을 통해 본다(管見)'와 같은 뜻. 출전은 『진서』 왕헌지전(王獻之傳).

다음 고사성어와 뜻풀이를
각각 연결하세요.

1. 축록자
   불견산 •

2. 한단지보 •

3. 갈불음
   도천수 •

4. 당랑박선 •

5. 관중규표 •

6. 비방지목 •

7. 약법삼장 •

8. 부중지어 •

9. 복차지계 •

10. 초왕실궁
    초인득지 •

• ① 대롱을 통해 표범을 보다. 사물을 보는 시야가 좁은 것을 뜻한다.

• ② 솥 안의 고기. 생명이 얼마 남지 않았다는 뜻.

• ③ 사슴을 쫓는 자는 산을 보지 못한다.

• ④ 갈증이 나도 도천의 물은 마시지 않는다.

• ⑤ 비방하는 나무. 정치에 불만이 있는 사람은 기둥에 불만을 써놓은 데서 유래.

• ⑥ 엎어진 수레의 교훈. 앞 수레의 엎어진 자국은 뒤에 오는 수레의 교훈.

• ⑦ 한단 지방의 걸음걸이. 남의 흉내만 내다 하나도 얻지 못하는 것을 말한다.

• ⑧ 초나라 왕이 잃어버린 활을 초나라 사람이 줍다. 도량이 좁은 것을 뜻한다.

• ⑨ 사마귀가 매미를 잡으려 하다. 이익을 탐내다가 자신의 위험은 돌아보지 못한다.

• ⑩ 법률을 세 가지로 요약하다. 규정을 간단하게 정하는 것을 말함.

정답 1.③ 2.⑦ 3.④ 4.⑨ 5.① 6.⑤ 7.⑩ 8.② 9.⑥ 10.⑧

다음 고사성어와 한자를
각각 연결하세요.

1. 복차지계 •

2. 약법삼장 •

3. 갈불음
   도천수 •

4. 당랑박선 •

5. 축록자
   불견산 •

6. 관중규표 •

7. 비방지목 •

8. 부중지어 •

9. 한단지보 •

10. 초왕실궁
    초인득지 •

• ⓐ 誹謗之木

• ⓑ 約法三章

• ⓒ 楚王失弓 楚人得之

• ⓓ 逐鹿者不見山

• ⓔ 釜中之魚

• ⓕ 覆車之戒

• ⓖ 邯鄲之步

• ⓗ 渴不飮盜泉水

• ⓘ 螳螂搏蟬

• ⓙ 管中窺豹

정답 1.ⓕ 2.ⓑ 3.ⓗ 4.ⓘ 5.ⓓ 6.ⓙ 7.ⓐ 8.ⓔ 9.ⓖ 10.ⓒ

다음 고사성어의 한자와 뜻풀이를
각각 연결하세요.

1. 約法三章 •

• ① 솥 안의 고기. 생명이 얼마 남지 않았다는 뜻.

2. 螳螂搏蟬 •

• ② 사마귀가 매미를 잡으려 하다. 이익을 탐내다가 자신의 위험은 돌아보지 못한다.

3. 逐鹿者
不見山 •

• ③ 초나라 왕이 잃어버린 활을 초나라 사람이 줍다. 도량이 좁은 것을 뜻한다.

4. 覆車之戒 •

• ④ 법률을 세 가지로 요약하다. 규정을 간단하게 정하는 것을 말함.

5. 誹謗之木 •

• ⑤ 대롱을 통해 표범을 보다. 사물을 보는 시야가 좁은 것을 뜻한다.

6. 邯鄲之步 •

• ⑥ 비방하는 나무. 정치에 불만이 있는 사람은 기둥에 불만을 써놓은 데서 유래.

7. 楚王失弓
楚人得之 •

• ⑦ 사슴을 쫓는 자는 산을 보지 못한다.

8. 渴不飮
盜泉水 •

• ⑧ 엎어진 수레의 교훈. 앞 수레의 엎어진 수레바퀴 자국은 뒤에 오는 수레의 교훈.

9. 管中窺豹 •

• ⑨ 한단 지방의 걸음걸이. 남의 흉내만 내다 하나도 얻지 못하는 것을 말한다.

10. 釜中之魚 •

• ⑩ 갈증이 나도 도천의 물은 마시지 않는다.

정답 1.④ 2.② 3.⑦ 4.⑧ 5.⑥ 6.⑨ 7.③ 8.⑩ 9.⑤ 10.①

다음 뜻풀이에 해당하는
고사성어를 한글로 쓰세요.

1. 사마귀가 매미를 잡으려 하다. 이익을 탐내
   다가 자신의 위험은 돌아보지 못한다.

2. 한단 지방의 걸음걸이. 남의 흉내만 내다 하
   나도 얻지 못하는 것을 말한다.

3. 대롱을 통해 표범을 보다. 사물을 보는 시야
   가 좁은 것을 뜻한다.

4. 사슴을 쫓는 자는 산을 보지 못한다.

5. 솥 안의 고기. 생명이 얼마 남지 않았다는 뜻.

6. 엎어진 수레의 교훈. 앞 수레의 엎어진 수레
   바퀴 자국은 뒤에 오는 수레의 교훈.

7. 초나라 왕이 잃어버린 활을 초나라 사람이
   줍다. 도량이 좁은 것을 뜻한다.

8. 법률을 세 가지로 요약하다. 규정을 간단하게
   정하는 것을 말함.

9. 갈증이 나도 도천의 물은 마시지 않는다.

10. 비방하는 나무. 정치에 불만이 있는 사람은
    기둥에 불만을 써놓은 데서 유래.

정답 1. 당랑박선 2. 한단지보 3. 관중규표 4. 축록자불견산 5. 부중지어 6. 복차지계 7. 초왕
실궁 초인득지 8. 약법삼장 9. 갈불음도천수 10. 비방지목

다음 설명에 해당하는 고사성어를
보기에서 찾아 한자로 쓰세요.

ⓐ 誹 謗 之 木
나무랄 비 헐뜯을 방 어조사 지 나무 목

ⓑ 約 法 三 章
요약할 약 법 법 석 삼 문장 장

ⓒ 楚 王 失 弓
초나라 초 임금 왕 잃을 실 활 궁

楚 人 得 之
초나라 초 사람 인 얻을 득 어조사 지

ⓓ 逐 鹿 者
쫓을 축 사슴 록 놈 자

不 見 山
아니 불 볼 견 뫼 산

ⓔ 釜 中 之 魚
솥 부 가운데 중 어조사 지 고기 어

ⓕ 覆 車 之 戒
엎을 복 수레 차 어조사 지 경계 계

ⓖ 邯 鄲 之 步
땅이름 한 땅이름 단 어조사 지 걸음 보

ⓗ 渴 不 飮 盜 泉 水
목마를 갈 아니 불 마실 음 도둑 도 샘 천 물 수

ⓘ 螳 螂 搏 蟬
사마귀 당 사마귀 랑 잡을 박 매미 선

ⓙ 管 中 窺 豹
대롱 관 가운데 중 엿볼 규 표범 표

1. 법률을 세 가지로 요약하다. 규정을 간단하게 정하는 것을 말하는데, 이 간단
한 규정만은 반드시 지킨다는 뜻에서 약속을 지킨다는 의미도 갖고 있다.

2. 솥 안의 고기. 삶아지는 것도 모른 채 솥 안에서 헤엄치는 고기를 말한다.
생명이 얼마 남지 않았다는 뜻이다.

3. 엎어진 수레의 교훈. 앞 수레의 엎어진 수레바퀴 자국은 뒤에 오는 수레의 교훈. 이전 사람들의 실패를 거울삼아 현재를 돌아볼 것을 깨우친 말이다.

4. 대롱을 통해 표범을 보다. 사물을 보는 시야가 좁은 것을 뜻한다.

5. 갈증이 나도 도천의 물은 마시지 않는다. 아무리 처지가 나쁘더라도 의롭지 못한 일을 하지 않는다는 뜻이다.

6. 사슴을 쫓는 자는 산을 보지 못한다. 명예나 이익에 눈이 먼 사람은 주변도 무시하고 도리도 저버린다는 뜻. 또는 한 가지 일에 마음을 뺏긴 사람이 그 밖의 다른 일은 돌보지 않는 것.

7. 한단 지방의 걸음걸이. 자기 분수는 생각지 않고 남의 흉내만 내다 하나도 얻지 못하는 것을 말한다.

8. 비방하는 나무. 정치에 불만이 있는 사람은 나무 기둥에 그 불만을 써놓고 희망을 말하게 한 데서 유래했다.

9. 사마귀가 매미를 잡으려 하다. 이익을 탐내다가 자신의 위험은 돌아보지 못한다는 뜻이다.

10. 초나라 왕이 잃어버린 활을 초나라 사람이 줍다. 도량이 좁은 것을 뜻한다.

다음 고사성어를 읽고, 빈칸의 글자를
보기에서 찾아 채우세요.

ⓐ窺 ⓑ法 ⓒ搏 ⓓ謗 ⓔ步 ⓕ車 ⓖ鹿 ⓗ飮 ⓘ王 ⓙ魚

---

1. 誹 ☐ 之木

2. 約 ☐ 三章

3. 楚 ☐ 失弓楚人得之

4. 逐 ☐ 者不見山

5. 釜中之 ☐

6. 覆 ☐ 之戒

7. 邯鄲之 ☐

8. 渴不 ☐ 盜泉水

9. 螳螂 ☐ 蟬

10. 管中 ☐ 豹

정답 1.ⓓ 2.ⓑ 3.ⓙ 4.ⓖ 5.ⓘ 6.ⓕ 7.ⓔ 8.ⓗ 9.ⓒ 10.ⓐ

다음 고사성어에서 틀린 한 글자를 찾고
보기에서 맞는 글자를 찾아 쓰세요.

ⓐ失 ⓑ渴 ⓒ覆 ⓓ管 ⓔ釜 ⓕ蟬 ⓖ約 ⓗ木 ⓘ逐 ⓙ步

---

1. 誹謗之目
   ①②③④

   ➡ _____

2. 弱法三章
   ①②③④

   ➡ _____

3. 楚王室弓楚人得之
   ①②③④⑤⑥⑦⑧

   ➡ _____

4. 蹴鹿者不見山
   ①②③④⑤⑥

   ➡ _____

5. 府中之魚
   ①②③④

   ➡ _____

6. 福車之戒
   ①②③④

   ➡ _____

7. 邯鄲之寶
   ①②③④

   ➡ _____

8. 葛不飮盜泉水
   ①②③④⑤⑥

   ➡ _____

9. 螳螂搏線
   ①②③④

   ➡ _____

10. 貫中窺豹
    ①②③④

    ➡ _____

정답   1.④ⓗ 2.①ⓖ 3.③ⓐ 4.①ⓘ 5.①ⓔ 6.①ⓒ 7.④ⓙ 8.①ⓑ 9.④ⓕ 10.①ⓓ

✸ 문전작라 門前雀羅

門 문 문 | 前 앞 전 | 雀 참새 작 | 羅 그물(벌릴) 라

'문 앞에 참새를 잡는 그물이 쳐있다'. 부와 권력이 쇠락하자 사람은 찾아오지 않고 새들만 찾아와서 그물을 칠 정도이다. 세력이 몰락한 집안의 풍경 또는 집안이 쓸쓸하고 한산한 상태를 가리킨다. 출전은 『사기』 급정열전(汲鄭列傳).

✸ 사회부연 死灰復然

死 죽을 사 | 灰 재 회 | 復 다시 부 | 然 탈(그러할) 연

'죽은 재가 다시 불붙기 시작한다'. 꺼져버린 불꽃이 다시 타기 시작하듯이, 잃어버린 세력을 다시 만회하는 것을 뜻한다. 출전은 『사기』 한장유전(韓長孺傳).

✸ 양주지학 揚州之鶴

揚 오를 양 | 州 고을 주 | 之 어조사 지 | 鶴 학 학

'양주의 학'. 여러가지 소망을 한꺼번에 다 채우길 바란다는 뜻인데, '학을 타고 양주로 날아간다'는 말에서 나왔다. 출전은 『사류전서(事類全書)』.

✸ 후목불가조 朽木不可雕

朽 썩을 후 | 木 나무 목 | 不 아니 불 | 可 가할 가 | 雕 새길 조

'썩은 나무에는 조각을 할 수 없다'. 본바탕을 올바르게 정립시키지 않는다면 가르침을 펼 수가 없다는 뜻. 출전은 『논어』 공야장편(公冶長篇).

✸ 예미도중 曳尾塗中

曳 끌 예 | 尾 꼬리 미 | 塗 진흙 도 | 中 가운데 중

'꼬리를 진흙 속에서 끌다'. 벼슬아치가 되어 속박을 받기보다는 가난하더라도 고향에서 편하게 지내는 게 낫다는 뜻. 출전은 『장자』 추수편(秋水篇).

❀ 서제막급 噬臍莫及

噬 물 서 ┃ 臍 배꼽 제 ┃ 莫 말 막 ┃ 及 미칠 급

'배꼽을 물려 해도 입이 미치지 못한다'. 그냥 '서제(噬臍)'로도 쓰인다. 기회를 잃고 나면 아무리 후회해도 소용이 없다는 뜻이다. 출전은 『춘추좌씨전』 장공편(莊公篇).

❀ 장경오훼 長頸烏喙

長 길 장 ┃ 頸 목 경 ┃ 烏 까마귀 오 ┃ 喙 부리 훼

'목이 길고 입이 새처럼 뾰족 나온 모습'. 범려가 월나라왕 구천(句踐)을 평한 말인데, 사람됨이 도량이 좁고 의심이 많은 것을 뜻한다. 이런 자는 일을 성취하고 나면 동지에게 등을 돌리는 관상이다. 출전은 『사기』.

❀ 견토지쟁 犬兎之爭

犬 개 견 ┃ 兎 토끼 토 ┃ 之 어조사 지 ┃ 爭 다툴 쟁

개와 토끼의 다툼. 서로 만만한 상대끼리 싸우는 바람에 제3자가 이익을 보는 것으로 '어부지리(漁父之利)'와 같은 뜻이다. 여기서는 밭을 가는 농부가 중간에서 이익을 취하기 때문에 '전부지공(田父之功)'이라고도 한다. 출전은 『전국책(戰國策)』.

❀ 불수진 拂鬚塵

拂 떨칠 불 ┃ 鬚 수염 수 ┃ 塵 먼지(티끌) 진

수염에 붙은 먼지를 털다. 즉 윗사람이나 권력 있는 사람에게 아부하거나 상사에게 비굴한 태도를 보이는 것을 뜻한다. 출전은 『송사(宋史)』 구준전(寇準傳).

❀ 수석침류 漱石枕流

漱 양치질할 수 ┃ 石 돌 석 ┃ 枕 베개 침 ┃ 流 흐를 류

돌로 양치질을 하고 흐르는 물을 베개 삼는다. 실수를 인정하지 않고 억지를 부리는 태도를 이르는 말. 출전은 『진서(晉書)』 손초전(孫楚傳).

다음 고사성어와 뜻풀이를
각각 연결하세요.

1. 서제막급 •

• ① 죽은 재가 다시 불붙기 시작한다. 잃어버린 세력을 다시 만회하는 것을 뜻한다.

2. 장경오훼 •

• ② 돌로 양치질을 하고 흐르는 물을 베개 삼는다. 실수를 인정하지 않는 태도.

3. 견토지쟁 •

• ③ 양주의 학. 여러 가지 소망을 한꺼번에 다 채우길 바란다는 뜻.

4. 불수진 •

• ④ 배꼽을 물려 해도 입이 미치지 못한다. 기회를 잃고 나면 후회해도 소용이 없다.

5. 수석침류 •

• ⑤ 개와 토끼의 다툼. 서로 만만한 상대끼리 싸우다 보니 제3자가 이익을 보는 것.

6. 문전작라 •

• ⑥ 꼬리를 진흙 속에서 끌다. 벼슬아치로 속박되기보다 고향에서 지내는 게 낫다.

7. 사회부연 •

• ⑦ 목이 길고 입이 새처럼 뾰족 나온 모습. 사람됨이 도량이 좁고 의심이 많은 것.

8. 양주지학 •

• ⑧ 문 앞에 참새를 잡는 그물이 쳐 있다.

9. 후목불가조 •

• ⑨ 수염에 붙은 먼지를 털다. 권력에 아부하거나 비굴한 태도를 보이는 것.

10. 예미도중 •

• ⑩ 썩은 나무에는 조각을 할 수 없다.

정답 1.④ 2.⑦ 3.⑤ 4.⑨ 5.② 6.⑧ 7.① 8.③ 9.⑩ 10.⑥

다음 고사성어와 한자를
각각 연결하세요.

1. 견토지쟁 •

2. 장경오훼 •

3. 예미도중 •

4. 사회부연 •

5. 불수진 •

6. 서제막급 •

7. 수석침류 •

8. 문전작라 •

9. 후목불가조 •

10. 양주지학 •

• ⓐ 門前雀羅

• ⓑ 死灰復然

• ⓒ 曳尾塗中

• ⓓ 噬臍莫及

• ⓔ 揚州之鶴

• ⓕ 朽木不可雕

• ⓖ 長頸烏喙

• ⓗ 犬兎之爭

• ⓘ 拂鬚塵

• ⓙ 漱石枕流

정답 1.ⓗ 2.ⓖ 3.ⓒ 4.ⓑ 5.ⓘ 6.ⓓ 7.ⓙ 8.ⓐ 9.ⓕ 10.ⓔ

다음 고사성어의 한자와 뜻풀이를
각각 연결하세요.

1. 死灰復然 •

2. 曳尾塗中 •

3. 朽木不可雕 •

4. 長頸烏喙 •

5. 犬兔之爭 •

6. 噬臍莫及 •

7. 漱石枕流 •

8. 揚州之鶴 •

9. 拂鬚塵 •

10. 門前雀羅 •

• ① 개와 토끼의 다툼. 서로 만만한 상대끼리
싸우다 보니 제3자가 이익을 보는 것.

• ② 썩은 나무에는 조각을 할 수 없다.

• ③ 문 앞에 참새를 잡는 그물이 쳐 있다.

• ④ 배꼽을 물려 해도 입이 미치지 못한다.
기회를 잃고 나면 후회해도 소용이 없다.

• ⑤ 죽은 재가 다시 불붙기 시작한다. 잃어버
린 세력을 다시 만회하는 것을 뜻한다.

• ⑥ 목이 길고 입이 새처럼 뾰족 나온 모습.
사람됨이 도량이 좁고 의심이 많은 것.

• ⑦ 꼬리를 진흙 속에서 끌다. 벼슬아치로 속
박되기보다 고향에서 지내는 게 낫다.

• ⑧ 수염에 붙은 먼지를 털다. 권력에 아부하
거나 비굴한 태도를 보이는 것.

• ⑨ 양주의 학. 여러 가지 소망을 한꺼번에
다 채우길 바란다는 뜻.

• ⑩ 돌로 양치질을 하고 흐르는 물을 베개 삼
는다. 실수를 인정하지 않는 태도.

정답 1.⑤ 2.⑦ 3.② 4.⑥ 5.① 6.④ 7.⑩ 8.⑨ 9.⑧ 10.③

다음 뜻풀이에 해당하는
고사성어를 한글로 쓰세요.

1. 목이 길고 입이 새처럼 뾰족 나온 모습. 사람
   됨이 도량이 좁고 의심이 많은 것.
   _____

2. 개와 토끼의 다툼. 서로 만만한 상대끼리 싸
   우다 보니 제3자가 이익을 보는 것.
   _____

3. 썩은 나무에는 조각을 할 수 없다.
   _____

4. 문 앞에 참새를 잡는 그물이 쳐 있다.
   _____

5. 양주의 학. 여러 가지 소망을 한꺼번에 다 채
   우길 바란다는 뜻.
   _____

6. 돌로 양치질을 하고 흐르는 물을 베개 삼는
   다. 실수를 인정하지 않는 태도.
   _____

7. 배꼽을 물려 해도 입이 미치지 못한다. 기회
   를 잃고 나면 후회해도 소용이 없다.
   _____

8. 꼬리를 진흙 속에서 끌다. 벼슬아치로 속박되
   기보다 고향에서 지내는 게 낫다.
   _____

9. 죽은 재가 다시 불붙기 시작한다. 잃어버린
   세력을 다시 만회하는 것을 뜻한다.
   _____

10. 수염에 붙은 먼지를 털다. 권력에 아부하거
    나 비굴한 태도를 보이는 것.
    _____

정답 1. 장경오훼 2. 견토지쟁 3. 후목불가조 4. 문전작라 5. 양주지학 6. 수석침류 7. 서제막
급 8. 예미도중 9. 사회부연 10. 불수진

연/습/문/제 / 5단계

다음 설명에 해당하는 고사성어를
보기에서 찾아 한자로 쓰세요.

ⓐ 門 前 雀 羅
문문 앞전 참새작 벌릴라

ⓑ 死 灰 復 然
죽을사 재회 다시부 그러할연

ⓒ 曳 尾 塗 中
끌예 꼬리미 진흙도 가운데중

ⓓ 噬 臍 莫 及
물서 배꼽제 말막 미칠급

ⓔ 揚 州 之 鶴
오를양 고을주 어조사지 학학

ⓕ 朽 木 不 可 雕
썩을후 나무목 아니불 가할가 새길조

ⓖ 長 頸 烏 喙
길장 목경 까마귀오 부리훼

ⓗ 犬 兎 之 爭
개견 토끼토 어조사지 다툴쟁

ⓘ 拂 鬚 塵
떨칠불 수염수 먼지(티끌)진

ⓙ 漱 石 枕 流
양치질할수 돌석 베개침 흐를류

1. 수염에 붙은 먼지를 털다. 윗사람이나 권력 있는 사람에게 아부하거나 상사에게 비굴한 태도를 보이는 것.

2. 썩은 나무에는 조각을 할 수 없다. 본바탕을 올바르게 정립시키지 않는다면 가르침을 펼 수가 없다는 뜻.

256

3. 꼬리를 진흙 속에서 끌다. 벼슬아치가 되어 속박을 받기보다는 가난하더라도 고향에서 편하게 지내는 게 낫다.

4. 배꼽을 물려 해도 입이 미치지 못한다. 기회를 잃고 나면 아무리 후회해도 소용이 없다.

5. '문 앞에 참새를 잡는 그물이 쳐 있다'. 부와 권력이 쇠락하자 사람은 찾아오지 않고 새들만 찾아와서 그물을 칠 정도이다. 세력이 몰락한 집안의 풍경을 말해준다.

6. '죽은 재가 다시 불붙기 시작한다'. 꺼져버린 불꽃이 다시 타기 시작하듯이, 잃어버린 세력을 다시 만회하는 것을 뜻한다.

7. '돌로 양치질을 하고 흐르는 물을 베개 삼는다'. 실수를 인정하지 않고 억지를 부리는 태도를 이르는 말.

8. 개와 토끼의 다툼. 서로 만만한 상대끼리 싸우는 바람에 제3자가 이익을 보는 것으로 '어부지리(漁父之利)'와 같은 뜻이다.

9. '학을 타고 양주로 날아간다'는 말에서 나왔다. 여러 가지 소망을 한꺼번에 다 채우길 바란다는 뜻.

10. 목이 길고 입이 새처럼 뾰족 나온 모습. 사람됨이 도량이 좁고 의심이 많은 것을 뜻한다. 일을 성취하고 나면 동지에게 등을 돌리는 관상이다.

정답 1.ⓘ 2.ⓕ 3.ⓒ 4.ⓓ 5.ⓐ 6.ⓑ 7.ⓙ 8.ⓗ 9.ⓔ 10.ⓖ

연/습/문/제 / 6단계

다음 고사성어를 읽고, 빈칸의 글자를
보기에서 찾아 채우세요.

ⓐ塵 ⓑ兎 ⓒ枕 ⓓ木 ⓔ前 ⓕ長 ⓖ臍 ⓗ塗 ⓘ然 ⓙ之

---

1. 門 ☐ 雀羅

2. 死灰復 ☐

3. 曳尾 ☐ 中

4. 噬 ☐ 莫及

5. 揚州 ☐ 鶴

6. 朽 ☐ 不可雕

7. ☐ 頸烏喙

8. 犬 ☐ 之爭

9. 拂鬚 ☐

10. 漱石 ☐ 流

정답 1.ⓔ 2.ⓘ 3.ⓗ 4.ⓖ 5.ⓙ 6.ⓓ 7.ⓕ 8.ⓑ 9.ⓐ 10.ⓒ

258

다음 고사성어에서 틀린 한 글자를 찾고
보기에서 맞는 글자를 찾아 쓰세요.

ⓐ頸 ⓑ鬚 ⓒ雕 ⓓ州 ⓔ塗 ⓕ爭 ⓖ漱 ⓗ雀 ⓘ灰 ⓙ及

1. 門①前②鵲③羅④

➡ _____

2. 死①懷②復③然④

➡ _____

3. 曳①尾②道③中④

➡ _____

4. 噬①臍②莫③級④

➡ _____

5. 揚①周②之③鶴④

➡ _____

6. 朽①木②不③可④調⑤

➡ _____

7. 長①逕②烏③喙④

➡ _____

8. 犬①兎②之③諍④

➡ _____

9. 拂①搜②塵③

➡ _____

10. 水①石②枕③流④

➡ _____

❀ 사불급설 駟不及舌

駟 네말의수레 사 ｜ **不** 아니 불 ｜ **及** 미칠 급 ｜ **舌** 혀 설

네 말이 끄는 수레도 혀보다 빠르지 않다. 사람들 사이에 퍼지는 입소문이 그 어느 것보다 빠르다는 것으로서 항상 말조심을 하라는 뜻이다. 출전은『논어』안연편(顔淵篇).

❀ 정곡 正鵠

正 바를 정 ｜ **鵠** 고니 곡

과녁의 표적 한가운데를 맞추는 것. 어떤 일이나 문제의 핵심을 짚을 때에 '정곡을 찔렀다'고 말한다. 출전은『예기(禮記)』사의편(射義篇).

❀ 검려지기 黔驢之技

黔 검을 검 ｜ **驢** 당나귀 려 ｜ **之** 갈 지 ｜ **技** 재주 기

'보잘것없는 재주'. 중국 검주(黔州)의 당나귀가 울음소리가 커서 호랑이도 두려워하다가 당나귀에게 별다른 힘과 재주가 없다는 걸 알고는 오히려 잡아먹은 데서 유래했다. 출전은 유종원(柳宗元)의『유하동집(柳河東集)』.

❀ 선시어외 先始於隗

先 앞 선 ｜ **始** 시작할 시 ｜ **於** 어조사 어 ｜ **隗** 높을 외

'먼저 외부터 시작하라'. 가까운 데서부터 시작하라는 뜻. 나중에는 어떤 일을 할 때 '나부터 시작하라', 또는 '너부터 시작하라'는 뜻으로 쓰였다. 출전은『전국책』.

❀ 양호유환 養虎遺患

養 기를 양 ｜ **虎** 호랑이 호 ｜ **遺** 남길 유 ｜ **患** 근심 환

'호랑이를 길러 후환을 남기다'. 어떤 일을 깨끗이 마무리하지 못하고 화근을 남기는 것을 말한다. 출전은『사기』항우본기.

❀ 양금택목 良禽擇木

良 어질 양 │ 禽 새 금 │ 擇 가릴 택 │ 木 나무 목

'현명한 새는 나무를 가린다'. 현명한 새는 아무데나 둥지를 트는 것이 아니라, 알맞은 나무를 찾아서 둥지를 튼다. 현명한 사람은 아무에게나 종사하는 것이 아니라, 자기의 재능을 키워줄 수 있는 사람을 택해 종사한다는 뜻. 출전은 『춘추좌씨전』.

❀ 요원지화 燎原之火

燎 태울 료 │ 原 들판 원 │ 之 어조사 지 │ 火 불 화

'들판을 태우는 불길'. 들판을 태우는 불길처럼 세력이 엄청나서 도저히 막을 수 없는 것을 말한다. 흔히 '요원의 불길처럼 번져나간다'는 말로 쓰인다. 출전은 『서경』 상서(商書).

❀ 은감불원 殷鑑不遠

殷 은나라 은 │ 鑑 거울 감 │ 不 아니 불 │ 遠 멀 원

'은나라의 거울은 먼 데 있지 않다'. 은나라가 나라를 다스리는 데 거울로 삼을 만한 것은 먼 데 있지 않고 바로 하나라 걸왕에 있다는 뜻. 즉 남의 실패를 자신의 거울로 삼아야 하는 것을 말한다. 출전은 『시경』 대아편(大雅篇).

❀ 자두연기 煮豆燃萁

煮 삶을 자 │ 豆 콩 두 │ 燃 불탈 연 │ 萁 콩깍지 기

'콩을 삶는 데 콩깍지를 태운다'. 피를 나눈 형제끼리 시기하고 다투는 것을 뜻한다. 출전은 『세설신어(世說新語)』.

❀ 칠보지재 七步之才

七 일곱 칠 │ 步 걸음(발자국) 보 │ 之 어조사 지 │ 才 재주 재

일곱 걸음을 걷는 동안 시를 지을 수 있는 재능. 아주 뛰어난 글재주를 가진 사람을 일컫는다. 출전은 『세설신어(世說新語)』 문학편(文學篇).

다음 고사성어와 뜻풀이를
각각 연결하세요.

1. 양금택목 •

    • ① 은나라의 거울은 먼 데 있지 않다. 남의 실패를 자신의 거울로 삼아야 하는 것.

2. 요원지화 •

    • ② 과녁의 표적 한가운데를 맞추는 것. 어떤 일이나 문제의 핵심을 찌를 때 쓴다.

3. 은감불원 •

    • ③ 콩을 삶는 데 콩깍지를 태운다. 피를 나눈 형제끼리 시기하고 다투는 것.

4. 자두연기 •

    • ④ 현명한 새는 나무를 가린다. 현명한 사람은 재능을 키워줄 사람을 택한다.

5. 칠보지재 •

    • ⑤ 먼저 외부터 시작하라. 가까운 데서부터 시작하라는 뜻.

6. 사불급설 •

    • ⑥ 들판을 태우는 불길. 들판을 태우는 불길처럼 세력이 엄청나 막을 수 없는 것.

7. 정곡 •

    • ⑦ 네 말이 끄는 수레도 혀보다 빠르지 않다. 입소문이 어느 것보다 빠르다.

8. 검려지기 •

    • ⑧ 호랑이를 길러 후환을 남기다. 깨끗이 마무리하지 못하고 화근을 남기는 것.

9. 선시어외 •

    • ⑨ 보잘것없는 재주. 당나귀에게 힘이 없음을 알고 호랑이가 잡아먹은 데서 유래.

10. 양호유환 •

    • ⑩ 일곱 걸음을 걷는 동안 시를 지을 수 있는 재능. 뛰어난 글재주를 가진 사람.

정답 1.④ 2.⑥ 3.① 4.③ 5.⑩ 6.⑦ 7.② 8.⑨ 9.⑤ 10.⑧

다음 고사성어와 한자를
각각 연결하세요.

1. 검려지기   •

2. 은감불원   •

3. 자두연기   •

4. 양금택목   •

5. 요원지화   •

6. 사불급설   •

7. 정곡   •

8. 칠보지재   •

9. 양호유환   •

10. 선시어외   •

• ⓐ 駟不及舌

• ⓑ 正鵠

• ⓒ 良禽擇木

• ⓓ 黔驢之技

• ⓔ 燎原之火

• ⓕ 先始於隗

• ⓖ 養虎遺患

• ⓗ 殷鑑不遠

• ⓘ 煮豆燃萁

• ⓙ 七步之才

정답 1.ⓓ 2.ⓗ 3.ⓘ 4.ⓒ 5.ⓔ 6.ⓐ 7.ⓑ 8.ⓙ 9.ⓖ 10.ⓕ

연/습/문/제/3단계

다음 고사성어의 한자와 뜻풀이를
각각 연결하세요.

1. 黔驢之技 •

2. 煮豆燃萁 •

3. 先始於隗 •

4. 駟不及舌 •

5. 正鵠 •

6. 良禽擇木 •

7. 燎原之火 •

8. 七步之才 •

9. 養虎遺患 •

10. 殷鑑不遠 •

• ① 들판을 태우는 불길. 들판을 태우는 불
길처럼 세력이 엄청나 막을 수 없는 것.

• ② 호랑이를 길러 후환을 남기다. 깨끗이 마
무리하지 못하고 화근을 남기는 것.

• ③ 콩을 삶는 데 콩깍지를 태운다. 피를 나
눈 형제끼리 시기하고 다투는 것.

• ④ 네 말이 끄는 수레도 혀보다 빠르지 않
다. 입소문이 어느 것보다 빠르다.

• ⑤ 일곱 걸음을 걷는 동안 시를 지을 수 있
는 재능. 뛰어난 글재주를 가진 사람.

• ⑥ 과녁의 표적 한가운데를 맞추는 것. 어떤
일이나 문제의 핵심을 찌를 때 쓴다.

• ⑦ 은나라의 거울은 먼 데 있지 않다. 남의
실패를 자신의 거울로 삼아야 하는 것.

• ⑧ 보잘것없는 재주. 당나귀에게 힘이 없음
을 알고 호랑이가 잡아먹은 데서 유래.

• ⑨ 먼저 외부터 시작하라. 가까운 데서부터
시작하라는 뜻.

• ⑩ 현명한 새는 나무를 가린다. 현명한 사람
은 재능을 키워줄 사람을 택한다.

정답 1.⑧ 2.③ 3.⑨ 4.④ 5.⑥ 6.⑩ 7.① 8.⑤ 9.② 10.⑦

264

연/습/문/제/4단계

다음 뜻풀이에 해당하는
고사성어를 한글로 쓰세요.

1. 들판을 태우는 불길. 들판을 태우는 불길처럼 세력이 엄청나 막을 수 없는 것.

2. 보잘것없는 재주. 당나귀에게 힘이 없음을 알고 호랑이가 잡아먹은 데서 유래.

3. 콩을 삶는 데 콩깍지를 태운다. 피를 나눈 형제끼리 시기하고 다투는 것.

4. 현명한 새는 나무를 가린다. 현명한 사람은 재능을 키워줄 사람을 택한다.

5. 과녁의 표적 한가운데를 맞추는 것. 어떤 일이나 문제의 핵심을 찌를 때 쓴다.

6. 은나라의 거울은 먼 데 있지 않다. 남의 실패를 자신의 거울로 삼아야 하는 것.

7. 먼저 외부터 시작하라. 가까운 데서부터 시작하라는 뜻.

8. 호랑이를 길러 후환을 남기다. 깨끗이 마무리하지 못하고 화근을 남기는 것.

9. 네 말이 끄는 수레도 혀보다 빠르지 않다. 입소문이 어느 것보다 빠르다.

10. 일곱 걸음을 걷는 동안 시를 지을 수 있는 재능. 뛰어난 글재주를 가진 사람.

정답 1. 요원지화 2. 검려지기 3. 자두연기 4. 양금택목 5. 정곡 6. 은감불원 7. 선시어외 8. 양호유환 9. 사불급설 10. 칠보지재

다음 설명에 해당하는 고사성어를
보기에서 찾아 한자로 쓰세요.

ⓐ 駟 不 及 舌
네말의수레 사 아니 불 미칠 급 혀 설

ⓕ 先 始 於 隗
앞 선 시작할 시 어조사 어 높을 외

ⓑ 正 鵠
바를 정 고니 곡

ⓖ 養 虎 遺 患
기를 양 호랑이 호 남길 유 근심 환

ⓒ 良 禽 擇 木
어질 양 새 금 가릴 택 나무 목

ⓗ 殷 鑑 不 遠
은나라 은 거울 감 아니 불 멀 원

ⓓ 黔 驢 之 技
검을 검 당나귀 려 갈 지 재주 기

ⓘ 煮 豆 燃 萁
삶을 자 콩 두 불탈 연 콩깍지 기

ⓔ 燎 原 之 火
태울 료 들판 원 어조사 지 불 화

ⓙ 七 步 之 才
일곱 칠 걸음 보 어조사 지 재주 재

1. '보잘것없는 재주.' 중국 검주(黔州)의 당나귀가 울음소리가 커서 호랑이도 두
   려워하다가 당나귀에게 별다른 힘과 재주가 없다는 걸 알고는 오히려 잡아먹
   은 데서 유래했다.

2. 먼저 외부터 시작하라. 가까운 데서부터 시작하라는 뜻.

266

3. 호랑이를 길러 후환을 남기다. 어떤 일을 깨끗이 마무리하지 못하고 화근을 남기는 것을 말한다.

4. 현명한 새는 나무를 가린다. 현명한 사람은 아무에게나 종사하지 않고 자신의 재능을 키워줄 수 있는 사람을 택한다는 뜻.

5. 과녁의 표적 한가운데를 맞추는 것. 어떤 일이나 문제의 핵심을 찌를 때 쓴다.

6. 들판을 태우는 불길. 들판을 태우는 불길처럼 세력이 엄청나서 도저히 막을 수 없는 것.

7. 은나라의 거울은 먼 데 있지 않다. 남의 실패를 자신의 거울로 삼아야 하는 것을 말한다.

8. 콩을 삶는 데 콩깍지를 태운다. 피를 나눈 형제끼리 시기하고 다투는 것을 뜻한다.

9. 네 말이 끄는 수레도 혀보다 빠르지 않다. 사람들 사이에 퍼지는 입소문이 그 어느 것보다 빠르다는 것으로서 항상 말조심을 하라는 뜻이다.

10. 일곱 걸음을 걷는 동안 시를 지을 수 있는 재능. 아주 뛰어난 글재주를 가진 사람을 일컫는다.

정답 1.ⓓ 2.ⓕ 3.ⓖ 4.ⓒ 5.ⓑ 6.ⓔ 7.ⓗ 8.ⓘ 9.ⓐ 10.ⓙ

ⓐ遠 ⓑ虎 ⓒ豆 ⓓ燎 ⓔ及 ⓕ禽 ⓖ始 ⓗ步 ⓘ鴿 ⓙ驢

1. 駟不 ☐ 舌

2. 正 ☐

3. 良 ☐ 擇木

4. ☐ 原之火

5. 先 ☐ 於隗

6. 養 ☐ 遺患

7. 殷鑑不 ☐

8. 煮 ☐ 燃萁

9. 七 ☐ 之才

10. 黔 ☐ 之技

268

다음 고사성어에서 틀린 한 글자를 찾고
보기에서 맞는 글자를 찾아 쓰세요.

ⓐ 遠 ⓑ 始 ⓒ 煮 ⓓ 虎 ⓔ 禽 ⓕ 駟 ⓖ 之 ⓗ 正 ⓘ 步 ⓙ 驢

---

1. 四不及舌
   ①②③④

   ➡ _____

2. 定鵠
   ①②

   ➡ _____

3. 良琴擇木
   ①②③④

   ➡ _____

4. 燎原志火
   ①②③④

   ➡ _____

5. 先時於隗
   ①②③④

   ➡ _____

6. 養豪遺患
   ①②③④

   ➡ _____

7. 殷鑑不願
   ①②③④

   ➡ _____

8. 者豆燃萁
   ①②③④

   ➡ _____

9. 七報之才
   ①②③④

   ➡ _____

10. 黔廬之技
    ①②③④

    ➡ _____

정답 1.①ⓕ 2.①ⓗ 3.②ⓔ 4.③ⓖ 5.②ⓑ 6.②ⓓ 7.④ⓐ 8.①ⓒ 9.②ⓘ 10.②ⓙ

✸ 좌단 左袒

左 왼쪽 좌 | 袒 옷벗어멜 단

'왼쪽 어깨를 벗는다'. 어느 한쪽 편을 드는 것을 뜻한다. 출전은 『사기』 여후본기 (呂后本紀).

✸ 창업이수성난 創業易守城難

創 비롯할 창 | 業 업 업 | 易 쉬울 이 | 守 지킬 수 | 城 성 성 | 難 어려울 난

'창업하기는 쉬워도 이룬 것을 지키기는 어렵다'. 어떤 일을 시작하기는 쉬워도 성취한 것을 지키기는 어렵다는 뜻. 출전은 『정관정요(貞觀政要)』.

✸ 풍마우 風馬牛

風 바람 풍 | 馬 말 마 | 牛 소 우

'발정한 말이나 소'. 발정한 말이나 소가 짝을 찾아도 찾을 수 없을 만치 멀리 떨어져 있다는 데서 유래했다. 전혀 관계가 없다는 뜻.

✸ 필부지용 匹夫之勇

匹 짝 필 | 夫 지아비 부 | 之 어조사 지 | 勇 용감할 용

'필부의 용기'. 혈기만 믿고 날뛰는 비천한 사람의 용기를 뜻한다. 출전은 『맹자』 양혜왕편.

✸ 호시탐탐 虎視眈眈

虎 호랑이 호 | 視 볼 시 | 眈 노려볼 탐

'호랑이가 노려보듯이 본다'. 호랑이가 사냥감을 뚫어지게 노려보는 것처럼 방심하지 않는 것을 말한다. 출전은 『역경』.

❀ 효시 嚆矢

嚆 울릴 효 | 矢 화살 시

'울리는 화살'. 중국에서는 선전포고를 할 때 먼저 '울리는 화살'을 쏘아 알렸다고 하는데, 이때부터 사건의 시작, 사물의 시초를 말하는 것으로 쓰였다. 출전은 『장자』 재유편(在宥篇).

❀ 문정경중 問鼎輕重

問 물을 문 | 鼎 솥 정 | 輕 가벼울 경 | 重 무거울 중

'솥의 무게를 묻다'. '솥의 크기와 무게를 묻다(問鼎之大小輕重)'를 줄인 말이다. 상대의 실력이나 속마음을 떠보아서 약점을 잡으려는 것인데, 원래는 황제의 지위를 엿보기 위한 물음이었다. 출전은 『춘추좌씨전』.

❀ 절함 折檻

折 부러질 절 | 檻 난간 함

'난간을 부러뜨리다'. 임금에게 올바른 말로 직간하느라 난간까지 부러뜨린 데서 유래하였다. 충신의 직간을 뜻한다. 출전은 『한서』 주운전(朱雲傳).

❀ 욕속부달 欲速不達

如欲 바랄 욕 | 速 빠를 속 | 不 아니 부 | 達 도달할 달

'일을 빨리 하려다가는 오히려 이루지 못한다'. 정치든 사업이든 일을 서두르면 오히려 망친다는 뜻이다. 출전은 『논어』 자로편(子路篇).

❀ 절성기지 絕聖棄智

絕 끊을 절 | 聖 거룩할 성 | 棄 버릴 기 | 智 지혜 지

'성스러움을 끊고 지혜를 버린다'. 성인이 나와 인의를 내세우기 위한 제도를 만든 뒤부터 이를 악용하는 도적들이 나왔으니 인의도 끊고 도적도 풀어 놓아야 천하가 무위자연의 원만한 상태로 돌아간다는 주장이다. 출전은 『노자』 19장.

1. 풍마우　　　•

2. 필부지용　　•

3. 호시탐탐　　•

4. 효시　　　•

5. 문정경중　　•

6. 욕속부달　　•

7. 절성기지　　•

8. 절함　　　•

9. 좌단　　　•

10. 창업이
　　수성난　　•

　　　　　　　• ① 왼쪽 어깨를 벗는다. 어느 한쪽 편을 드
　　　　　　　　는 것을 뜻한다.

　　　　　　　• ② 난간을 부러뜨리다. 충신의 직간을 뜻
　　　　　　　　한다.

　　　　　　　• ③ 발정한 말이나 소. 전혀 관계가 없다
　　　　　　　　는 뜻.

　　　　　　　• ④ 성스러움을 끊고 지혜를 버린다. 무위자
　　　　　　　　연의 상태로 돌아갈 것을 주장한 말.

　　　　　　　• ⑤ 호랑이가 노려보듯이 본다. 방심하지 않
　　　　　　　　는 것을 말한다.

　　　　　　　• ⑥ 솥의 무게를 묻다. 상대의 실력이나 속마
　　　　　　　　음을 떠보아서 약점을 잡으려는 것.

　　　　　　　• ⑦ 일을 빨리 하려다가는 오히려 이루지 못
　　　　　　　　한다.

　　　　　　　• ⑧ 창업하기는 쉬워도 이룬 것을 지키기는
　　　　　　　　어렵다.

　　　　　　　• ⑨ 울리는 화살. 사건의 시작, 사물의 시초
　　　　　　　　를 말하는 것으로 쓰임.

　　　　　　　• ⑩ 필부의 용기. 혈기 믿고 날뛰는 비천한
　　　　　　　　사람의 용기를 뜻한다.

정답　1.③　2.⑩　3.⑤　4.⑨　5.⑥　6.⑦　7.④　8.②　9.①　10.⑧

다음 고사성어와 한자를
각각 연결하세요.

1. 호시탐탐 •

2. 창업이
   수성난 •

3. 절함 •

4. 문정경중 •

5. 욕속부달 •

6. 필부지용 •

7. 절성기지 •

8. 좌단 •

9. 효시 •

10. 풍마우 •

• ⓐ 欲速不達

• ⓑ 絶聖棄智

• ⓒ 創業易守城難

• ⓓ 風馬牛

• ⓔ 折檻

• ⓕ 左袒

• ⓖ 匹夫之勇

• ⓗ 虎視眈眈

• ⓘ 嚆矢

• ⓙ 問鼎輕重

정답 1.ⓗ 2.ⓒ 3.ⓔ 4.ⓙ 5.ⓐ 6.ⓖ 7.ⓑ 8.ⓕ 9.ⓘ 10.ⓓ

연/습/문/제/3단계

다음 고사성어의 한자와 뜻풀이를
각각 연결하세요.

1. 折檻 •

2. 嚆矢 •

3. 左袒 •

4. 匹夫之勇 •

5. 欲速不達 •

6. 風馬牛 •

7. 絶聖棄智 •

8. 虎視眈眈 •

9. 創業易
   守城難 •

10. 問鼎輕重 •

• ① 발정한 말이나 소. 전혀 관계가 없다는 뜻.

• ② 울리는 화살. 사건의 시작, 사물의 시초를 말하는 것으로 쓰임.

• ③ 난간을 부러뜨리다. 충신의 직간을 뜻한다.

• ④ 일을 빨리 하려다가는 오히려 이루지 못한다.

• ⑤ 필부의 용기. 혈기 믿고 날뛰는 비천한 사람의 용기를 뜻한다.

• ⑥ 호랑이가 노려보듯이 본다. 방심하지 않는 것을 말한다.

• ⑦ 왼쪽 어깨를 벗는다. 어느 한쪽 편을 드는 것을 뜻한다.

• ⑧ 창업하기는 쉬워도 이룬 것을 지키기는 어렵다.

• ⑨ 성스러움을 끊고 지혜를 버린다. 무위자연의 상태로 돌아갈 것을 주장한 말.

• ⑩ 솥의 무게를 묻는다. 상대의 실력이나 속마음을 떠보아서 약점을 잡으려는 것.

정답 1.③ 2.② 3.⑦ 4.⑤ 5.④ 6.① 7.⑨ 8.⑥ 9.⑧ 10.⑩

274

다음 뜻풀이에 해당하는
고사성어를 한글로 쓰세요.

1. 필부의 용기. 혈기 믿고 날뛰는 비천한 사람
   의 용기를 뜻한다.   _____

2. 발정한 말이나 소. 전혀 관계가 없다는 뜻.   _____

3. 울리는 화살. 사건의 시작, 사물의 시초를 말
   하는 것으로 쓰임.   _____

4. 일을 빨리 하려다가는 오히려 이루지 못한다.   _____

5. 솥의 무게를 묻다. 상대의 실력이나 속마음
   을 떠보아서 약점을 잡으려는 것.   _____

6. 호랑이가 노려보듯이 본다. 방심하지 않는
   것을 말한다.   _____

7. 난간을 부러뜨리다. 충신의 직간을 뜻한다.   _____

8. 창업하기는 쉬워도 이룬 것을 지키기는 어렵다.   _____

9. 왼쪽 어깨를 벗는다. 어느 한쪽 편을 드는 것
   을 뜻한다.   _____

10. 성스러움을 끊고 지혜를 버린다. 무위자연의
    상태로 돌아갈 것을 주장한 말.

정답 1. 필부지용 2. 풍마우 3. 효시 4. 욕속부달 5. 문전경중 6. 호시탐탐 7. 절함 8. 창업이수
성난 9. 좌단 10. 절성기지

ⓐ 欲 速 不 達
바랄 욕　빠를 속　아니 부　도달할 달

ⓑ 絕 聖 棄 智
끊을 절　거룩할 성　버릴 기　지혜 지

ⓒ 創 業 易 守 城 難
비롯할 창　업 업　쉬울 이　지킬 수　성 성　어려울 난

ⓓ 風 馬 牛
바람 풍　말 마　소 우

ⓔ 折 檻
부러질 절　난간 함

ⓕ 左 袒
왼쪽 좌　옷벗어멜 단

ⓖ 匹 夫 之 勇
짝 필　지아비 부　어조사 지　용감할 용

ⓗ 虎 視 眈 眈
호랑이 호　볼 시　노려볼 탐　노려볼 탐

ⓘ 嚆 矢
울릴 효　화살 시

ⓙ 問 鼎 輕 重
물을 문　솥 정　가벼울 경　무거울 중

1. '왼쪽 어깨를 벗는다'. 어느 한쪽 편을 드는 것을 뜻한다.

2. '솥의 무게를 묻다'. '솥의 크기와 무게를 묻다(問鼎之大小輕重)'를 줄인 말이다. 상대의 실력이나 속마음을 떠보아서 약점을 잡으려는 것인데, 원래는 황제의 지위를 엿보기 위한 물음이었다.

3. '발정한 말이나 소'. 발정한 말이나 소가 짝을 찾아도 찾을 수 없을 만치 멀리 떨어져 있다는 데서 유래했다. 전혀 관계가 없다는 뜻.

4. '필부의 용기'. 혈기만 믿고 날뛰는 비천한 사람의 용기를 뜻한다.

5. 성스러움을 끊고 지혜를 버린다. 성인이 만든 인의도 끊고 천하가 무위자연의 원만한 상태로 돌아갈 것을 주장한 말이다.

6. '울리는 화살'. 중국에서는 선전포고를 할 때 먼저 '울리는 화살'을 쏘아 알렸다고 하는데, 이때부터 사건의 시작, 사물의 시초를 말하는 것으로 쓰였다.

7. '창업하기는 쉬워도 이룬 것을 지키기는 어렵다'. 어떤 일을 시작하기는 쉬워도 성취한 것을 지키기는 어렵다는 뜻.

8. 일을 빨리 하려다가는 오히려 이루지 못한다. 정치든 사업이든 일을 서두르면 오히려 망친다는 뜻.

9. '호랑이가 노려보듯이 본다'. 호랑이가 사냥감을 뚫어지게 노려보는 것처럼 방심하지 않는 것을 말한다.

10. 난간을 부러뜨리다. 임금에게 올바른 말로 직간하느라 난간까지 부러뜨린 데서 유래하였다. 충신의 직간을 뜻한다.

정답 1.ⓕ 2.ⓙ 3.ⓓ 4.ⓖ 5.ⓑ 6.ⓘ 7.ⓒ 8.ⓐ 9.ⓗ 10.ⓔ

ⓐ視 ⓑ矢 ⓒ業 ⓓ檻 ⓔ聖 ⓕ馬 ⓖ勇 ⓗ鼎 ⓘ袓 ⓙ不 ⓚ城

1. 欲速 □ 達

6. 左 □

2. 絕 □ 棄智

7. 匹夫之 □

3. 創 □ 易守 □ 難

8. 虎 □ 眈眈

4. 風 □ 牛

9. 嚆 □

5. 折 □

10. 問 □ 輕重

278

ⓐ折 ⓑ馬 ⓒ聖 ⓓ鼎 ⓔ祖 ⓕ勇 ⓖ視 ⓗ嚆 ⓘ城 ⓙ不

1. 欲速否達
①②③④

➡ _____

2. 絕成棄智
①②③④

➡ _____

3. 創業易守成難
①②③④⑤⑥

➡ _____

4. 風魔牛
①②③

➡ _____

5. 切檻
①②

➡ _____

6. 左壇
①②

➡ _____

7. 匹夫之用
①②③④

➡ _____

8. 虎時眈眈
①②③④

➡ _____

9. 效矢
①②

➡ _____

10. 問晶輕重
①②③④

➡ _____

정답 1.③ⓙ 2.②ⓒ 3.⑤ⓘ 4.②ⓑ 5.①ⓐ 6.②ⓔ 7.④ⓕ 8.②ⓖ 9.①ⓗ 10.②ⓓ

❀ 철주 掣肘

掣 당길 철 | 肘 팔꿈치 주

'팔꿈치를 당기다'. 글을 쓰는 사람의 팔꿈치를 당기면서 훼방을 놓는 것. 남의 일을 방해하거나 구속하는 것을 뜻한다. 출전은 『여씨춘추』와 『공자가어』.

❀ 극기 克己

克 극복할 극 | 己 자기(몸) 기

'자기를 극복하다'. 자신의 사사로운 욕망을 절제해서 이치에 맞게 행동하는 것을 뜻한다. 원래는 공자가 말한 '자신을 극복해 예로 돌아간다(克己復禮)'에서 나온 말이다. 출전은 『논어』 안연편(顔淵篇).

❀ 도외시 度外視

度 헤아릴(법도) 도 | 外 밖 외 | 視 볼 시

'문제시하지 않는다', '중요하다고 생각지 않는다', 나아가 '무시한다' 등의 뜻이 있다. 출전은 『후한서(後漢書)』.

❀ 이목지신 移木之信

移 옮길 이 | 木 나무 목 | 之 어조사 지 | 信 믿을 신

'나무를 옮겨서 얻는 신뢰'. 위정자가 나무를 옮겨서 백성을 믿게 한다는 뜻이다. 따라서 첫째는 신용(信用)을 지킨다는 말이며, 둘째는 남을 속이지 않는다는 뜻이다. 출전은 『사기』 상앙전(商鞅傳).

❀ 일의대수 一衣帶水

一 하나 일 | 衣 옷 의 | 帶 띠(두를) 대 | 水 물 수

옷을 묶는 띠처럼 강폭이 좁은 물. 거리나 간격이 아주 가깝다는 뜻이다. 출전은 『남사(南史)』 진후주기(陳後主紀).

✿ 물극필반 物極必反

物 사물 물 | 極 지극할 극 | 必 반드시 필 | 反 돌아올 반

사물의 발전이 극에 이르면 반드시 반작용이 일어난다는 뜻. 더 나아가 지나친 욕심으로 일을 극한까지 밀고 가지 말라는 뜻도 담겨 있다. 원래는 노자『도덕경』에 나오는 '반(反)은 도의 활동'에서 비롯되었다.

✿ 지상담병 紙上談兵

紙 종이 지 | 上 위 상 | 談 이야기할 담 | 兵 군사(무기) 병

'종이 위에서만 병법을 논하다. 실제의 일에는 밝지 못하면서 쓸데없는 탁상공론만 일삼는다는 뜻이다. 출전은『사기』염파인상여열전.

✿ 삼촌지설 三寸之舌

三 석 삼 | 寸 마디 촌 | 之 어조사 지 | 舌 혀 설

'세 치 혀'. '세 치밖에 안 되는 혀가 백만의 군사보다 강하다'에서 유래함. 한마디 말로 극히 불리한 상황을 바꿔놓는 것을 말한다. 출전은『사기』평원군열전.

✿ 고침이와 高枕而臥

高 높을 고 | 枕 베개 침 | 而 말이을 이 | 臥 누울 와

'베개를 높이 베고 자다'. 외부 위협에 대한 불안감 없이 편안히 잘 수 있다는 뜻. 출전은『사기』장의열전(張儀列傳),『전국책』위책(魏策).

✿ 효빈 效顰

效 본받을 효 | 顰 찡그릴 빈

'찡그리는 모습을 본받는다'. 미녀 서시(西施)가 가슴을 앓아서 늘 찡그리고 다녔는데, 이를 본 추녀가 자기도 찡그리고 다니면 아름답게 보일 거라고 흉내낸 데서 유래했다. 무조건 남의 흉내를 내는 것을 뜻한다. 출전은『장자』천운편(天運篇).

다음 고사성어와 뜻풀이를
각각 연결하세요.

1. 도외시 •

• ① 옷을 묶는 띠처럼 강폭이 좁은 물. 거리
나 간격이 아주 가깝다는 뜻이다.

2. 이목지신 •

• ② 세 치 혀. '세 치밖에 안 되는 혀가 백만
의 군사보다 강하다'에서 유래함.

3. 일의대수 •

• ③ 종이 위에서만 병법을 논하다. 쓸데없
는 탁상공론만 일삼는다는 뜻.

4. 물극필반 •

• ④ 사물의 발전이 극에 이르면 반드시 반
작용이 일어난다는 뜻.

5. 지상담병 •

• ⑤ 베개를 높이 베고 자다. 외부 위협에 대
한 불안감 없이 편안히 잘 수 있다는 뜻.

6. 고침이와 •

• ⑥ 자기를 극복하다. 자신의 사사로운 욕망
을 절제해서 이치에 맞게 행동하는 것.

7. 효빈 •

• ⑦ 문제시하지 않는다, 중요하다고 생각지
않는다, 나아가 '무시한다' 등의 뜻.

8. 삼촌지설 •

• ⑧ 팔꿈치를 당기다. 남의 일을 방해하거나
구속하는 것.

9. 철주 •

• ⑨ 나무를 옮겨서 얻는 신뢰. 남을 속이지
않거나 약속을 반드시 지킨다는 뜻이다.

• ⑩ 찡그리는 모습을 본받는다. 옳고 그름을
10. 극기 •
생각지 않고 무조건 남 흉내를 내는 것.

정답 1. ⑦ 2. ⑨ 3. ① 4. ④ 5. ③ 6. ⑤ 7. ⑩ 8. ② 9. ⑧ 10. ⑥

1. 일의대수 •   • ⓐ 高枕而臥

2. 물극필반 •   • ⓑ 效顰

3. 이목지신 •   • ⓒ 克己

4. 지상담병 •   • ⓓ 一衣帶水

5. 효빈 •   • ⓔ 三寸之舌

6. 철주 •   • ⓕ 掣肘

7. 극기 •   • ⓖ 移木之信

8. 도외시 •   • ⓗ 度外視

9. 삼촌지설 •   • ⓘ 物極必反

10. 고침이와 •   • ⓙ 紙上談兵

정답   1.ⓓ   2.ⓘ   3.ⓖ   4.ⓙ   5.ⓑ   6.ⓕ   7.ⓒ   8.ⓗ   9.ⓔ   10.ⓐ

다음 고사성어의 한자와 뜻풀이를
각각 연결하세요.

1. 三寸之舌 •
2. 物極必反 •
3. 效顰 •
4. 克己 •
5. 高枕而臥 •
6. 掣肘 •
7. 移木之信 •
8. 一衣帶水 •
9. 度外視 •
10. 紙上談兵 •

• ① 팔꿈치를 당기다. 남의 일을 방해하거나 구속하는 것.

• ② 찡그리는 모습을 본받는다. 옳고 그름을 생각지 않고 무조건 남 흉내를 내는 것.

• ③ 옷을 묶는 띠처럼 강폭이 좁은 물. 거리나 간격이 아주 가깝다는 뜻이다.

• ④ 세 치 혀. '세 치밖에 안 되는 혀가 백만의 군사보다 강하다'에서 유래함.

• ⑤ 자기를 극복하다. 자신의 사사로운 욕망을 절제해서 이치에 맞게 행동하는 것.

• ⑥ 나무를 옮겨서 얻는 신뢰. 남을 속이지 않거나 약속을 반드시 지킨다는 뜻.

• ⑦ 문제시하지 않는다, 중요하다고 생각지 않는다, 나아가 '무시한다' 등의 뜻.

• ⑧ 종이 위에서만 병법을 논하다. 쓸데없는 탁상공론만 일삼는다는 뜻.

• ⑨ 사물의 발전이 극에 이르면 반드시 반작용이 일어난다는 뜻.

• ⑩ 베개를 높이 베고 자다. 외부 위협에 대한 불안감 없이 편안히 잘 수 있다는 뜻.

정답   1.④   2.⑨   3.②   4.⑤   5.⑩   6.①   7.⑥   8.③   9.⑦   10.⑧

다음 뜻풀이에 해당하는
고사성어를 한글로 쓰세요.

1. 자기를 극복하다. 자신의 사사로운 욕망을
   절제해서 이치에 맞게 행동하는 것.   _____

2. 팔꿈치를 당기다. 남의 일을 방해하거나 구
   속하는 것.   _____

3. 옷을 묶는 띠처럼 강폭이 좁은 물. 거리나 간
   격이 아주 가깝다는 뜻이다.   _____

4. 베개를 높이 베고 자다. 외부 위협에 대한 불
   안감 없이 편안히 잘 수 있다는 뜻.   _____

5. 세 치 혀. '세 치밖에 안 되는 혀가 백만의 군
   사보다 강하다'에서 유래함.   _____

6. 찡그리는 모습을 본받는다. 옳고 그름을 생
   각지 않고 무조건 남 흉내를 내는 것.   _____

7. 사물의 발전이 극에 이르면 반드시 반작용이
   일어난다는 뜻.   _____

8. 나무를 옮겨서 얻는 신뢰. 남을 속이지 않거
   나 약속을 반드시 지킨다는 뜻.   _____

9. 문제시하지 않는다, 중요하다고 생각지 않는
   다, 나아가 '무시한다' 등의 뜻.   _____

10. 종이 위에서만 병법을 논하다. 쓸데없는 탁
    상공론만 일삼는다는 뜻.   _____

정답 1. 극기 2. 철주 3. 일의대수 4. 고침이와 5. 삼촌지설 6. 효빈 7. 물극필반 8. 이목지신
9. 도외시 10. 지상담병

다음 설명에 해당하는 고사성어를
보기에서 찾아 한자로 쓰세요.

ⓐ 高 枕 而 臥
　높을 고　베개 침　말이을 이　누울 와

ⓑ 效 顰
　본받을 효　찡그릴 빈

ⓒ 克 己
　극복할 극　자기 기

ⓓ 度 外 視
　법도 도　밖 외　볼 시

ⓔ 三 寸 之 舌
　석 삼　마디 촌　어조사 지　혀 설

ⓕ 掣 肘
　당길 철　팔꿈치 주

ⓖ 移 木 之 信
　옮길 이　나무 목　어조사 지　믿을 신

ⓗ 一 衣 帶 水
　하나 일　옷 의　두를 대　물 수

ⓘ 物 極 必 反
　사물 물　지극할 극　반드시 필　돌아올 반

ⓙ 紙 上 談 兵
　종이 지　위 상　이야기할 담　군사 병

1. '옷을 묶는 띠처럼 강폭이 좁은 물. 거리나 간격이 아주 가깝다는 뜻이다.'

2. '세 치 혀'. '세 치밖에 안 되는 혀가 백만의 군사보다 강하다'에서 유래함.
　한마디 말로 극히 불리한 상황을 바꿔놓는 것을 말한다.

3. 종이 위에서만 병법을 논하다. 실제의 일에는 밝지 못하면서 쓸데없는 탁상 공론만 일삼는다는 뜻이다.

4. 사물의 발전이 극에 이르면 반드시 반작용이 일어난다는 뜻. 더 나아가 지나친 욕심으로 일을 극한까지 밀고 가지 말라는 뜻도 담겨 있다.

5. '베개를 높이 베고 자다'. 외부 위협에 대한 불안감 없이 편안히 잘 수 있다는 뜻.

6. '자기를 극복하다'. 자신의 사사로운 욕망을 절제해서 이치에 맞게 행동하는 것을 뜻한다. 원래는 공자가 말한 '자신을 극복해 예로 돌아간다(克己復禮)'에서 나온 말이다.

7. '문제시하지 않는다', '중요하다고 생각지 않는다', 나아가 '무시한다' 등의 뜻이 있다.

8. '팔꿈치를 당기다'. 글을 쓰는 사람의 팔꿈치를 당기면서 훼방을 놓는 것. 남의 일을 방해하거나 구속하는 것을 뜻한다.

9. '나무를 옮겨서 얻는 신뢰'. 남을 속이지 않거나 약속을 반드시 지킨다는 뜻이다.

10. '찡그리는 모습을 본받는다'. 무엇이 좋고 나쁜 것인지, 혹은 무엇이 옳고 그른 것인지 생각지 않고 무조건 남의 흉내를 내는 것을 뜻한다.

정답   1.ⓗ 2.ⓔ 3.ⓕ 4.ⓘ 5.ⓐ 6.ⓒ 7.ⓓ 8.ⓕ 9.ⓖ 10.ⓑ

다음 고사성어를 읽고, 빈칸의 글자를
보기에서 찾아 채우세요.

ⓐ外 ⓑ掣 ⓒ反 ⓓ木 ⓔ枕 ⓕ衣 ⓖ效 ⓗ克 ⓘ上 ⓙ寸

---

1. 高 ☐ 而臥

2. ☐ 蠻

3. ☐ 己

4. 度 ☐ 視

5. 三 ☐ 之舌

6. ☐ 肘

7. 移 ☐ 之信

8. 一 ☐ 帶水

9. 物極必 ☐

10. 紙 ☐ 談兵

정답 1.ⓔ 2.ⓖ 3.ⓗ 4.ⓐ 5.ⓙ 6.ⓑ 7.ⓓ 8.ⓕ 9.ⓒ 10.ⓘ

연/습/문/제/7단계

다음 고사성어에서 틀린 한 글자를 찾고
보기에서 맞는 글자를 찾아 쓰세요.

ⓐ 帶 ⓑ 掣 ⓒ 舌 ⓓ 極 ⓔ 上 ⓕ 枕 ⓖ 效 ⓗ 克 ⓘ 木 ⓙ 外

1. 高^①寢^②而^③臥^④

   ➡ _____

6. 哲^①肘^②

   ➡ _____

2. 肴^①覈^②

   ➡ _____

7. 移^①目^②之^③信^④

   ➡ _____

3. 極^①己^②

   ➡ _____

8. 一^①衣^②臺^③水^④

   ➡ _____

4. 度^①畏^②視^③

   ➡ _____

9. 物^①劇^②必^③反^④

   ➡ _____

5. 三^①寸^②之^③說^④

   ➡ _____

10. 紙^①相^②談^③兵^④

    ➡ _____

정답 1.②ⓕ 2.①ⓖ 3.①ⓗ 4.②ⓘ 5.④ⓒ 6.①ⓑ 7.①ⓘ 8.③ⓐ 9.②ⓓ 10.②ⓔ

✿ 포신구화 抱薪救火

抱 안을 포 │ 薪 장작 신 │ 救 구원할 구 │ 火 불 화

장작을 안고서 불을 끄는 것과 같다. 불을 물로 끄지 않고 장작을 안고서 끄려고 하면 불길이 더욱 거세져서 걷잡을 수가 없다. 즉 잘못된 방법으로 인해서 사태를 수습하기는커녕 더 확대시키는 것을 뜻한다. 출전은 『전국책』 위책(魏策).

✿ 소국과민 小國寡民

小 작을 소 │ 國 나라 국 │ 寡 적을 과 │ 民 백성 민

나라는 작아야 하고, 백성은 적어야 한다. 노자(老子)가 말한 이상적인 국가의 필요 조건이다. 출전은 『도덕경』 제80장.

✿ 준조절충 樽俎折衝

樽 술잔 준 │ 俎 도마 조 │ 折 부러질 절 │ 衝 부딪칠(찌를) 충

술자리에서 외국 사신과 담소하면서 그의 요구를 물리치고 자신의 주장을 관철시키는 것. '준조'는 제사에 쓰이는 술잔과 제물이며, '절충'은 상대의 공격을 끊어버리는 것이다. 오늘날에는 외교적인 담판이나 의견 조정을 할 때 '절충'이라는 말을 쓴다. 출전은 『안자춘추(晏子春秋)』.

✿ 시간 尸諫

尸 시체 시 │ 諫 간할 간

'시체가 되어서도 임금에게 간하는 것'. 지극한 충성을 뜻한다. 출전은 『한시외전(韓詩外傳)』.

✿ 합종연횡 合從連衡

合 합할 합 │ 從 좇을 종 │ 連 이을 연 │ 衡 저울대(가로) 횡

합종책과 연횡책. 중국 전국 시대 때 소진이 주장한 합종책과 장의가 주장한 연횡책으로서 모두 외교상의 술책을 말한다. 출전은 『사기』 소진장의열전(蘇秦張儀列傳).

❀ 당동벌이 黨同伐異

黨 무리 당 | 同 같을 동 | 伐 칠 벌 | 異 다를 이

'같은 편의 무리를 만들어서 다른 무리를 침'. 옳고 그름을 가리지 않고 의견이 같은 사람끼리 한 패가 되고 의견이 다른 사람은 물리친다는 뜻이다. 출전은 주방언(周邦言).

❀ 사면초가 四面楚歌

四 넉 사 | 面 얼굴 면 | 楚 초나라 초 | 歌 노래 가

'온 사방에서 초나라 노래가 들려온다'는 뜻이다. 완전히 궁지에 몰려 도저히 빠져나갈 수 없는 상황일 때를 말한다. 출전은 『사기』 항우본기(項羽本紀).

❀ 배수진 背水陣

背 등 배 | 水 물 수 | 陣 진칠 진

'강을 뒤에다 두고 진을 친다.' 더 이상 물러날 곳이 없다는 뜻이다. 결국 싸우는 군사는 사력을 다해 싸울 수밖에 없다. 결사적으로 항전하는 것을 '배수진을 치고 싸운다'고 말한다. 출전은 『사기』 회음후열전(淮陰侯列傳).

❀ 면목 面目

面 얼굴 면 | 目 눈 목

요즘도 흔히 '면목이 없다'거나 '무슨 면목으로 얼굴을 들고 다니냐?'는 등의 말을 많이 쓴다. '면목'은 글자 그대로는 '얼굴과 눈'이다. 얼굴을 들 수 없고 눈으로 바라볼 수 없을 정도로 부끄럽다는 뜻이다. 출처는 『사기』 항우본기.

❀ 금의야행 錦衣夜行

錦 비단 금 | 衣 옷 의 | 夜 밤 야 | 行 다닐 행

'금의야행'은 '비단옷을 입고 밤길을 간다'는 뜻이다. 즉 출세를 하고 부귀영화를 누려도 남들이 알아주지 않으면 쓸데없다는 의미다. 출전은 『사기』 항우본기.

다음 고사성어와 뜻풀이를
각각 연결하세요.

1. 당동벌이 •

2. 사면초가 •

3. 배수진 •

4. 면목 •

5. 금의야행 •

6. 포신구화 •

7. 소국과민 •

8. 준조절충 •

9. 시간 •

10. 합종연횡 •

• ① 강을 뒤에다 두고 진을 친다. 더 이상 물러날 곳이 없다는 뜻이다.

• ② 비단옷을 입고 밤길을 간다. 출세해도 남들이 알아주지 않으면 쓸데없다는 의미.

• ③ 온 사방에서 초나라 노래가 들려온다. 궁지에 몰려 빠져나갈 수 없는 상황.

• ④ 시체가 되어서도 임금에게 간하는 것. 지극한 충성을 뜻한다.

• ⑤ 합종책과 연횡책. 외교상의 술책을 말한다.

• ⑥ 같은 편의 무리를 만들어서 다른 무리를 침.

• ⑦ 장작을 안고서 불을 끄는 것과 같다. 잘못된 방법으로 인해 사태가 확대됨.

• ⑧ 술자리에서 외국 사신의 요구를 물리치고 자신의 주장을 관철시키는 것.

• ⑨ 얼굴과 눈. 얼굴을 들 수 없고 바라볼 수 없을 정도로 부끄럽다는 뜻이다.

• ⑩ 나라는 작아야 하고, 백성은 적어야 한다. 노자가 말한 이상적 국가의 필요조건.

정답 1.⑥ 2.③ 3.① 4.⑨ 5.② 6.⑦ 7.⑩ 8.⑧ 9.④ 10.⑤

다음 고사성어와 한자를
각각 연결하세요.

1. 당동벌이 •

2. 포신구화 •

3. 합종연횡 •

4. 면목 •

5. 금의야행 •

6. 사면초가 •

7. 소국과민 •

8. 시간 •

9. 배수진 •

10. 준조절충 •

• ⓐ 抱薪救火

• ⓑ 小國寡民

• ⓒ 合從連衡

• ⓓ 黨同伐異

• ⓔ 樽俎折衝

• ⓕ 尸諫

• ⓖ 四面楚歌

• ⓗ 背水陣

• ⓘ 面目

• ⓙ 錦衣夜行

정답　1.ⓓ　2.ⓐ　3.ⓒ　4.ⓘ　5.ⓙ　6.ⓖ　7.ⓑ　8.ⓕ　9.ⓗ　10.ⓔ

다음 고사성어의 한자와 뜻풀이를
각각 연결하세요.

1. 尸諫 •

2. 小國寡民 •

3. 四面楚歌 •

4. 抱薪救火 •

5. 黨同伐異 •

6. 錦衣夜行 •

7. 樽俎折衝 •

8. 合從連衡 •

9. 背水陣 •

10. 面目 •

• ① 시체가 되어서도 임금에게 간하는 것. 지극한 충성을 뜻한다.

• ② 강을 뒤에다 두고 진을 친다. 더 이상 물러날 곳이 없다는 뜻이다.

• ③ 나라는 작아야 하고, 백성은 적어야 한다. 노자가 말한 이상적 국가의 필요조건.

• ④ 장작을 안고서 불을 끄는 것과 같다. 잘못된 방법으로 인해 사태가 확대됨.

• ⑤ 술자리에서 외국 사신의 요구를 물리치고 자신의 주장을 관철시키는 것.

• ⑥ 온 사방에서 초나라 노래가 들려온다. 궁지에 몰려 빠져나갈 수 없는 상황.

• ⑦ 합종책과 연횡책. 외교상의 술책을 말한다.

• ⑧ 얼굴과 눈. 얼굴을 들 수 없고 바라볼 수 없을 정도로 부끄럽다는 뜻이다.

• ⑨ 비단옷을 입고 밤길을 간다. 출세해도 남들이 알아주지 않으면 쓸데없다는 의미.

• ⑩ 같은 편의 무리를 만들어서 다른 무리를 침.

정답 1. ① 2. ③ 3. ⑥ 4. ④ 5. ⑩ 6. ⑨ 7. ⑤ 8. ⑦ 9. ② 10. ⑧

다음 뜻풀이에 해당하는
고사성어를 한글로 쓰세요.

1. 술자리에서 외국 사신의 요구를 물리치고 자신의 주장을 관철시키는 것.

2. 같은 편의 무리를 만들어서 다른 무리를 침.

3. 강을 뒤에다 두고 진을 친다. 더 이상 물러날 곳이 없다는 뜻이다.

4. 나라는 작아야 하고, 백성은 적어야 한다. 노자가 말한 이상적 국가의 필요조건.

5. 합종책과 연횡책. 외교상의 술책을 말한다.

6. 시체가 되어서도 임금에게 간하는 것. 지극한 충성을 뜻한다.

7. 장작을 안고서 불을 끄는 것과 같다. 잘못된 방법으로 인해 사태가 확대됨.

8. 비단옷을 입고 밤길을 간다. 출세해도 남들이 알아주지 않으면 쓸데없다는 의미.

9. 얼굴과 눈. 얼굴을 들 수 없고 바라볼 수 없을 정도로 부끄럽다는 뜻이다.

10. 온 사방에서 초나라 노래가 들려온다. 궁지에 몰려 빠져나갈 수 없는 상황.

정답 1. 준조절충 2. 당동벌이 3. 배수진 4. 소국과민 5. 합종연횡 6. 시간 7. 포신구화 8. 금의야행 9. 면목 10. 사면초가

다음 설명에 해당하는 고사성어를
보기에서 찾아 한자로 쓰세요.

ⓐ 抱 薪 救 火
안을 포 장작 신 구원할 구 불 화

ⓕ 尸 諫
시체 시 간할 간

ⓑ 小 國 寡 民
작을 소 나라 국 적을 과 백성 민

ⓖ 四 面 楚 歌
넉 사 얼굴 면 초나라 초 노래 가

ⓒ 合 從 連 衡
합할 합 좇을 종 이을 연 저울대 횡

ⓗ 背 水 陣
등 배 물 수 진칠 진

ⓓ 黨 同 伐 異
무리 당 같을 동 칠 벌 다를 이

ⓘ 面 目
얼굴 면 눈 목

ⓔ 樽 俎 折 衝
술잔 준 도마 조 부러질 절 부딪칠 충

ⓙ 錦 衣 夜 行
비단 금 옷 의 밤 야 다닐 행

1. '강을 뒤에다 두고 진을 친다'. 더 이상 물러날 곳이 없다는 뜻이다. 결국 싸우
는 군사는 사력을 다해 싸울 수밖에 없다. 결사적으로 항전하는 것을 '배수진
을 치고 싸운다'고 말한다.

2. '비단옷을 입고 밤길을 간다'는 뜻이다. 즉 출세를 하고 부귀영화를 누려도 남
들이 알아주지 않으면 쓸데없다는 의미다.

3. '온 사방에서 초나라 노래가 들려온다'는 뜻이다. 완전히 궁지에 몰려 도저히 빠져나갈 수 없는 상황일 때 '사면초가'라는 말을 쓴다.

4. '시체가 되어서도 임금에게 간하는 것'. 지극한 충성을 뜻한다

5. 합종책과 연횡책. 중국 전국 시대 때 소진이 주장한 합종책과 장의가 주장한 연횡책으로서 모두 외교상의 술책을 말한다.

6. '같은 편의 무리를 만들어서 다른 무리를 침'. 옳고 그름을 가리지 않고 의견 이 같은 사람끼리 한 패가 되고 의견이 다른 사람은 물리친다는 뜻이다.

7. 장작을 안고서 불을 끄는 것과 같다. 즉 잘못된 방법으로 인해서 사태를 수습 하기는커녕 더 확대시키는 것을 뜻한다.

8. 술자리에서 외국 사신과 담소하면서 그의 요구를 물리치고 자신의 주장을 관 철시키는 것. 오늘날에는 외교적인 담판이나 의견 조정을 할 때 '절충'이라는 말을 쓴다.

9. '면목'은 글자 그대로는 '얼굴과 눈'이다. 얼굴을 들 수 없고 눈으로 바라볼 수 없을 정도로 부끄럽다는 뜻이다.

10. 나라는 작아야 하고, 백성은 적어야 한다. 노자(老子)가 말한 이상적인 국가 의 필요조건이다.

정답 1.ⓗ 2.ⓘ 3.ⓖ 4.ⓕ 5.ⓒ 6.ⓓ 7.ⓐ 8.ⓔ 9.ⓙ 10.ⓑ

다음 고사성어를 읽고, 빈칸의 글자를
보기에서 찾아 채우세요.

ⓐ俎 ⓑ歌 ⓒ尸 ⓓ面 ⓔ水 ⓕ連 ⓖ衣 ⓗ薪 ⓘ國 ⓙ同

1. 抱 □ 救火

2. 小 □ 寡民

3. 合從 □ 衡

4. 黨 □ 伐異

5. 樽 □ 折衝

6. □ 諫

7. 四面楚 □

8. 背 □ 陣

9. □ 目

10. 錦 □ 夜行

정답 1.ⓗ 2.ⓘ 3.ⓕ 4.ⓙ 5.ⓐ 6.ⓒ 7.ⓑ 8.ⓔ 9.ⓓ 10.ⓖ

다음 고사성어에서 틀린 한 글자를 찾고
보기에서 맞는 글자를 찾아 쓰세요.

ⓐ背 ⓑ面 ⓒ衣 ⓓ歌 ⓔ折 ⓕ從 ⓖ薪 ⓗ寡 ⓘ尸 ⓙ同

---

1. ①抱 ②申 ③救 ④火

   ➡ _____

2. ①小 ②國 ③過 ④民

   ➡ _____

3. ①合 ②宗 ③連 ④衡

   ➡ _____

4. ①黨 ②洞 ③伐 ④異

   ➡ _____

5. ①樽 ②組 ③切 ④衝

   ➡ _____

6. ①施 ②諫

   ➡ _____

7. ①四 ②面 ③楚 ④家

   ➡ _____

8. ①配 ②水 ③陣

   ➡ _____

9. ①綿 ②目

   ➡ _____

10. ①錦 ②意 ③夜 ④行

   ➡ _____

정답 1.②ⓖ 2.③ⓗ 3.②ⓙ 4.②ⓘ 5.③ⓔ 6.①ⓘ 7.④ⓓ 8.①ⓐ 9.①ⓑ 10.②ⓒ

✸ 파죽지세 破竹之勢

破 깰 파 | 竹 대나무 죽 | 之 어조사 지 | 勢 세력 세

이 말의 뜻은 '대나무를 쪼개는 기세'이다. 흔히 전쟁이나 운동 경기에서 상대의 진영을 거침없는 기세로 쳐들어 갈 때 '파죽지세'라고 한다. 『진서』 두예전(杜預傳)에 나온다.

✸ 미봉 彌縫

彌 기울(더욱) 미 | 縫 꿰맬 봉

일시적인 임기응변책이나 자신의 결점을 눈가림으로 넘기려는 술책을 미봉책(彌縫策)이라고 한다. '미봉'은 '꿰매어 잇는다'는 말이다. 출전은 『춘추좌씨전』 환공편(桓公篇).

✸ 백문불여일견 百聞不如一見

百 일백 백 | 聞 들을 문 | 不 아니 불 | 如 같을 여 | 一 한 일 | 見 볼 견

'백 번 듣는 것이 한 번 보느니만 못하다'. 말로만 듣는 것보다는 직접 체험해 보는 것이 가장 확실하다는 뜻. 출전은 『한서』 조충국전(趙充國傳).

✸ 원철골수 怨徹骨髓

怨 원망할 원 | 徹 사무칠 철 | 骨 뼈 골 | 髓 뼈속 수

'원한이 뼛속까지 사무친다'. 자기에게 해를 끼친 상대를 극도로 원망할 때 쓰이는 말이다. 출전은 『사기』 진본기(秦本記).

✸ 비육지탄 髀肉之嘆

髀 넓적다리 비 | 肉 고기 육 | 之 어조사 지 | 嘆 탄식할 탄

'넓적다리에 살이 붙은 것을 한탄한다'. 사람으로 태어나 뜻을 펴보지도 못한 채 허송세월만 하는 것을 한탄한 말이다. 또 능력을 발휘하고 싶으나 기회가 오지 않는 걸 한탄한 말이기도 하다. 출전은 『촉지(蜀志)』 선주전주(先主傳注).

✿ 계륵 鷄肋

鷄 닭 계 | 肋 갈비 륵

'닭 갈비'. 별로 쓸모는 없지만 버리기는 아까운 것을 뜻한다. 출전은 『후한서』 양수전(楊修傳).

✿ 일패도지 一敗塗地

一 한 일 | 敗 패할 패 | 塗 바를 도 | 地 땅 지

'단번에 패배하여, 피와 창자 등이 땅을 도배할 정도다'. 회생 불가능한 철저한 패배를 뜻한다. 출전은 『사기』 고조본기(高祖本紀).

✿ 와신상담 臥薪嘗膽

臥 누울 와 | 薪 장작 신 | 嘗 맛볼 상 | 膽 쓸개 담

'장작 위에 눕고, 쓸개를 맛본다'. 자기 몸에 고통을 주어서라도 피맺힌 원한을 잊지 않으려는 것을 말한다. 또 고난과 역경을 극복하기 위해 자기 자신을 채찍질하는 말로도 쓰인다. 출전은 '와신(臥薪)'은 『십팔사략』, '상담(嘗膽)'은 『사기』 월세가(越世家).

✿ 지피지기 백전불태 知彼知己 百戰不殆

知 알 지 | 彼 저 피 | 己 자기(몸) 기 | 百 일백 백 | 戰 싸울 전 | 不 아니 불 | 殆 위태로울 태

'적을 알고 나를 알면, 백 번 싸워도 지지 않는다'. 전투에서 상대의 작전을 알고 기업 경쟁에서도 상대의 전략을 안다면, 아무리 싸워도 지지 않는다는 뜻이다. 출전은 『손자(孫子)』.

✿ 침어낙안 沈魚落雁

沈 가라앉을 침 | 魚 물고기 어 | 落 떨어질 락 | 雁 기러기 안

물고기가 물 속으로 들어가고 기러기가 하늘에서 내려 앉는다는 뜻으로, 아름다운 미인을 형용한 말이다. 출전은 『장자』 제물론편(齊物論篇).

다음 고사성어와 뜻풀이를
각각 연결하세요.

1. 계륵 •

2. 일패도지 •

3. 와신상담 •

4. 지피지기
   백전불태 •

5. 파죽지세 •

6. 미봉 •

7. 침어낙안 •

8. 백문
   불여일견 •

9. 원철골수 •

10. 비육지탄 •

• ① 적을 알고 나를 알면, 백 번 싸워도 지지
    않는다.

• ② 백 번 듣는 것이 한 번 보느니만 못하다.
    직접 체험해 보는 것이 가장 확실하다.

• ③ 닭의 갈비. 별로 쓸모는 없지만 버리
    기는 아까운 것을 뜻한다.

• ④ 장작 위에 눕고, 쓸개를 맛본다. 자기
    자신을 채찍질하는 말로도 쓰인다.

• ⑤ 원한이 뼛속까지 사무친다. 해를 끼친 상
    대를 극도로 원망할 때 쓰이는 말.

• ⑥ 단번에 패배하여 피와 창자 등이 땅을 도
    배할 정도다. 회생 불가능한 패배.

• ⑦ 일시적인 임기응변책이나 자신의 결점
    을 눈가림으로 넘기려는 술책.

• ⑧ 대나무를 쪼개는 기세. 상대의 진영을 거
    침없는 기세로 쳐들어 갈 때 씀.

• ⑨ 넓적다리에 살이 붙은 것을 한탄한다. 허
    송세월만 하는 것을 한탄한 말.

• ⑩ 물고기가 물 속으로 들어가고 기러기가
    내려 앉는다는 뜻으로 미인을 말한다.

정답 1.③ 2.⑥ 3.④ 4.① 5.⑧ 6.⑦ 7.⑩ 8.② 9.⑤ 10.⑨

1. 백문
   불여일견 •

2. 지피지기
   백전불태 •

3. 와신상담 •

4. 파죽지세 •

5. 침어낙안 •

6. 계륵 •

7. 미봉 •

8. 일패도지 •

9. 원철골수 •

10. 비육지탄 •

• ⓐ 破竹之勢

• ⓑ 彌縫

• ⓒ 沈魚落雁

• ⓓ 髀肉之嘆

• ⓔ 鷄肋

• ⓕ 百聞不如一見

• ⓖ 怨徹骨髓

• ⓗ 一敗塗地

• ⓘ 臥薪嘗膽

• ⓙ 知彼知己 百戰不殆

정답 1.ⓕ 2.ⓙ 3.ⓘ 4.ⓐ 5.ⓒ 6.ⓔ 7.ⓑ 8.ⓗ 9.ⓖ 10.ⓓ

다음 고사성어의 한자와 뜻풀이를
각각 연결하세요.

1. 知彼知己
　　百戰不殆　　•

2. 破竹之勢　　•

3. 怨徹骨髓　　•

4. 臥薪嘗膽　　•

5. 一敗塗地　　•

6. 沈魚落雁　　•

7. 彌縫　　•

8. 髀肉之嘆　　•

9. 鷄肋　　•

10. 百聞
　　　不如一見　•

• ① 일시적인 임기응변책이나 자신의 결점을 눈가림으로 넘기려는 술책.

• ② 원한이 뼛속까지 사무친다. 해를 끼친 상대를 극도로 원망할 때 쓰이는 말.

• ③ 물고기가 물 속으로 들어가고 기러기가 내려 앉는다는 뜻으로 미인을 말한다.

• ④ 단번에 패배하여 피와 창자 등이 땅을 도배할 정도다. 회생불가능한 패배.

• ⑤ 넓적다리에 살이 붙은 것을 한탄한다. 허송세월만 하는 것을 한탄한 말.

• ⑥ 대나무를 쪼개는 기세. 상대의 진영을 거침없는 기세로 쳐들어 갈 때 씀.

• ⑦ 적을 알고 나를 알면, 백번 싸워도 지지 않는다.

• ⑧ 장작 위에 눕고, 쓸개를 맛본다. 자기 자신을 채찍질하는 말로도 쓰인다.

• ⑨ 백 번 듣는 것이 한번 보느니만 못하다. 직접 체험해 보는 것이 가장 확실하다.

• ⑩ 닭의 갈비. 별로 쓸모는 없지만 버리기는 아까운 것을 뜻한다.

정답 1.⑦ 2.⑥ 3.② 4.⑧ 5.④ 6.③ 7.① 8.⑤ 9.⑩ 10.⑨

1. 백 번 듣는 것이 한번 보느니만 못하다. 직접
   체험해 보는 것이 가장 확실하다. _____

2. 적을 알고 나를 알면, 백 번 싸워도 지지 않
   는다. _____

3. 장작 위에 눕고, 쓸개를 맛본다. 자기 자신을
   채찍질하는 말로도 쓰인다. _____

4. 일시적인 임기응변책이나 자신의 결점을 눈
   가림으로 넘기려는 술책. _____

5. 넓적다리에 살이 붙은 것을 한탄한다. 허송
   세월만 하는 것을 한탄한 말. _____

6. 대나무를 쪼개는 기세. 상대의 진영을 거침
   없는 기세로 쳐들어 갈 때 씀. _____

7. 원한이 뼛속까지 사무친다. 해를 끼친 상대
   를 극도로 원망할 때 쓰이는 말. _____

8. 단번에 패배하여 피와 창자 등이 땅을 도배할
   정도다. 회생 불가능한 패배. _____

9. 물고기가 물 속으로 들어가고 기러기가 내려
   앉는다는 뜻으로 미인을 말한다. _____

10. 닭의 갈비. 별로 쓸모는 없지만 버리기는 아
    까운 것을 뜻한다. _____

정답 1. 백문불여일견 2. 지피지기 백전불태 3. 와신상담 4. 미봉 5. 비육지탄 6. 파죽지세
7. 원철골수 8. 일패도지 9. 침어낙안 10. 계륵

다음 설명에 해당하는 고사성어를
보기에서 찾아 한자로 쓰세요.

ⓐ 破 竹 之 勢
깰 파　대나무 죽　어조사 지　세력 세

ⓑ 彌 縫
기울(더욱) 미　꿰맬 봉

ⓒ 髀 肉 之 嘆
넓적다리 비　고기 육　어조사 지　탄식할 탄

ⓓ 鷄 肋
닭 계　갈비 륵

ⓔ 百 聞
일백 백　들을 문

不 如 一 見
아니 불　같을 여　한 일　볼 견

ⓕ 怨 徹 骨 髓
원망할 원　사무칠 철　뼈 골　뼛속 수

ⓖ 一 敗 塗 地
한 일　패할 패　바를 도　땅 지

ⓗ 臥 薪 嘗 膽
누울 와　장작 신　맛볼 상　쓸개 담

ⓘ 知 彼 知 己
알 지　저 피　알 지　자기 기

百 戰 不 殆
일백 백　싸울 전　아니 불　위태로울 태

ⓙ 沈 魚 落 雁
가라앉을 침　물고기 어　떨어질 락　기러기 안

1. '적을 알고 나를 알면, 백 번 싸워도 지지 않는다'. 전투에서 상대의 작전을 알고 기업 경쟁에서도 상대의 전략을 안다면, 아무리 싸워도 지지 않는다는 뜻이다.

2. '백 번 듣는 것이 한 번 보느니만 못하다'. 말로만 듣는 것보다는 직접 체험해 보는 것이 가장 확실하다는 뜻.

3. 물고기가 물 속으로 들어가고 기러기가 내려 앉는다는 뜻으로 아름다운 미인을 형용한 말이다.

4. '닭 갈비'. 별로 쓸모는 없지만 버리기는 아까운 것을 뜻한다.

5. '장작 위에 눕고, 쓸개를 맛본다'. 자기 몸에 고통을 주어서라도 피맺힌 원한을 잊지 않으려는 것을 말한다. 또 고난과 역경을 극복하기 위해 자기 자신을 채찍질하는 말로도 쓰인다.

6. '원한이 뼛속까지 사무친다'. 자기에게 해를 끼친 상대를 극도로 원망할 때 쓰이는 말이다.

7. '단번에 패배하여, 피와 창자 등이 땅을 도배할 정도다'. 회생 불가능한 철저한 패배를 뜻한다.

8. 일시적인 임기응변책이나 자신의 결점을 눈가림으로 넘기려는 술책을 미봉책(彌縫策)이라고 한다. '미봉'은 '꿰매어 잇는다'는 말이다.

9. 이 말의 뜻은 '대나무를 쪼개는 기세'이다. 흔히 전쟁이나 운동 경기에서 상대의 진영을 거침없는 기세로 쳐들어 갈 때 '파죽지세'라고 한다.

10. '넓적다리에 살이 붙은 것을 한탄한다'. 사람으로 태어나 뜻을 펴보지도 못한 채 허송세월만 하는 것을 한탄한 말이다.

정답   1.ⓘ 2.ⓔ 3.ⓕ 4.ⓓ 5.ⓗ 6.ⓕ 7.ⓖ 8.ⓑ 9.ⓐ 10.ⓒ

다음 고사성어를 읽고, 빈칸의 글자를
보기에서 찾아 채우세요.

ⓐ 肉 ⓑ 聞 ⓒ 敗 ⓓ 彼 ⓔ 徹 ⓕ 沈 ⓖ 彌 ⓗ 竹 ⓘ 鷄 ⓙ 臥

---

1. 破 ☐ 之勢

2. ☐ 縫

3. 髀 ☐ 之嘆

4. ☐ 肋

5. 百 ☐ 不如一見

6. 怨 ☐ 骨髓

7. 一 ☐ 塗地

8. ☐ 薪嘗膽

9. 知 ☐ 知己百戰不殆

10. ☐ 魚落雁

다음 고사성어에서 틀린 한 글자를 찾고
보기에서 맞는 글자를 찾아 쓰세요.

ⓐ 臥 ⓑ 百 ⓒ 徹 ⓓ 鷄 ⓔ 彌 ⓕ 勢 ⓖ 肉 ⓗ 塗 ⓘ 雁 ⓙ 聞

1. 破竹之世
   ➡ _____

2. 美縫
   ➡ _____

3. 髀育之嘆
   ➡ _____

4. 契肋
   ➡ _____

5. 百問不如一見
   ➡ _____

6. 怨鐵骨髓
   ➡ _____

7. 一敗道地
   ➡ _____

8. 蛙薪嘗膽
   ➡ _____

9. 知彼知己白戰不殆
   ➡ _____

10. 沈魚落岸
    ➡ _____

정답 1.④ⓙ 2.①ⓔ 3.②ⓖ 4.①ⓓ 5.②ⓘ 6.②ⓒ 7.③ⓗ 8.①ⓐ 9.⑤ⓑ 10.④ⓘ

❀ 건곤일척 乾坤一擲

乾 하늘 건 | 坤 땅 곤 | 一 하나 일 | 擲 던질 척

'천지를 걸고 단번에 승부를 건다'. 자신의 전 운명을 걸고서 단번에 결판을 내는 것을 말한다. '건곤일척의 승부'라는 표현이 자주 쓰인다. 출전은 한유가 지은『과홍구(過鴻溝: 홍구를 지나면서)』라는 시.

❀ 권토중래 卷土重來

卷 말 권 | 土 흙 토 | 重 거듭(무거울) 중 | 來 올 래

'흙먼지를 일으키면서 다시 돌아오다'. 전쟁에서 한 번 패한 사람이 다시 세력을 길러 흙먼지를 일으키면서 재차 공격해오는 것을 뜻한다. 지금은 실패에서 재기할 때 이 말을 쓴다. 출전은 두목(杜牧)이 지은『제오강정시(題烏江亭詩)』.

❀ 유능제강 柔能制剛

柔 부드러울 유 | 能 능할 능 | 制 다스릴 제 | 剛 굳셀 강

'부드러움이 굳센 것을 제압할 수 있다'. 한 방울의 물이 굳센 바위를 뚫을 수 있듯이, 가녀린 뿌리가 딱딱한 돌을 파고들듯이, 부드러움이 강함을 이길 수 있다는 뜻. 출전은 병서인『삼략(三略)』.

❀ 천고마비 天高馬肥

天 하늘 천 | 高 높을 고 | 馬 말 마 | 肥 살찔 비

'하늘은 높고 말은 살찐다'. 하늘이 높고 맑으며, 말의 식욕도 왕성해져서 살이 찌는 계절, 즉 가을을 말한다. 지금은 좋은 계절로서 가을을 말하지만, 원래의 뜻은 그렇지 않다. 출전은『한서』흉노전(匈奴傳).

❀ 방약무인 傍若無人

傍 곁 방 | 若 같을 약 | 無 없을 무 | 人 사람 인

'주위에 사람이 없는 듯이 행동한다'. 주변의 눈을 무시하고 제멋대로 행동하는 것을 말한다. 출전은『사기』자객열전(刺客列傳).

❀ 일망타진 一網打盡

一 하나 일 | 網 그물 망 | 打 두드릴 타 | 盡 다할 진

'그물 하나로 남김없이 소탕하다'. 요즘도 범죄자들이나 부정을 저지른 자들을 모두 잡아들이면서 '일망타진'이라는 말을 쓴다. 출전은 『십팔사략』.

❀ 일장공성만골고 一將功成萬骨枯

一 하나 일 | 將 거느릴 장 | 功 로공 로 | 成 이룰 성 | 萬 일만 만 | 骨 뼈 골 | 枯 마를 고

'장수 한 사람의 공적을 이루기 위해서 만 사람의 뼈가 시든다'. 윗사람 혼자서 공을 독차지하는 세태의 비정함을 말한 것이다. 출전은 송나라 주필(周弼)이 편집한 시집 『삼체시(三體詩)』 중에서 조송(曹松)이 지은 기해(己亥)의 시(詩).

❀ 불입호혈 부득호자 不入虎穴 不得虎子

不 아니 불 | 入 들 입 | 虎 호랑이 호 | 穴 구멍 혈 | 不 아니 부 | 得 얻을 득 | 虎 호랑이 호 | 子 아들 자

'호랑이 굴에 들어가지 않으면, 호랑이 새끼를 얻을 수 없다'. 목표를 이루기 위해서는 위험을 감수할 수밖에 없다는 뜻이다. 출전은 『후한서』 반초전(班超傳).

❀ 남풍불경 南風不競

南 남녘 남 | 風 바람 풍 | 不 아니 불 | 競 굳셀(다툴) 경

'남방의 음악은 굳세질 않다'. 세력이 미약한 걸 뜻한다. 출전은 『좌전』.

❀ 오합지중 烏合之衆

烏 까마귀 오 | 合 합할 합 | 之 어조사 지 | 衆 무리 중

'까마귀떼와 같은 무리'. 원래 제대로 훈련되지 않은 어중이떠중이가 모인 군대를 말한다. 지금은 통솔이 잘 되지 않는 일반 군중을 가리킬 때도 이 말을 쓰는데, 흔히 '오합지졸'이란 말로 자주 쓰인다. 출전은 『후한서』 경감전(耿龕傳).

1. 일망타진 •

2. 일장공성
   만골고 •

3. 불입호혈
   부득호자 •

4. 남풍불경 •

5. 오합지중 •

6. 건곤일척 •

7. 권토중래 •

8. 유능제강 •

9. 천고마비 •

10. 방약무인 •

• ① 까마귀떼와 같은 무리. 제대로 훈련되지 않은 어중이떠중이가 모인 군대를 말함.

• ② 남방의 음악은 굳세질 않다. 세력이 미약한 걸 뜻한다.

• ③ 부드러움이 굳센 것을 제압할 수 있다. 부드러움이 강함을 이길 수 있다는 뜻.

• ④ 천지를 걸고 단번에 승부를 건다. 운명을 걸고서 단번에 결판을 내는 것을 말함.

• ⑤ 주위에 사람이 없는 듯이 행동한다. 주변 눈을 무시하고 제멋대로 행동하는 것.

• ⑥ 호랑이 굴에 들어가지 않으면, 호랑이 새끼를 얻을 수 없다.

• ⑦ 장수 한 사람의 공적을 이루기 위해서 만 사람의 뼈가 시든다.

• ⑧ 그물 하나로 남김없이 소탕하다.

• ⑨ 흙먼지를 일으키면서 다시 돌아오다. 전쟁에서 패한 사람이 재차 공격해오는 것.

• ⑩ 하늘은 높고 말은 살찐다. 좋은 계절로서 가을을 말함.

정답   1. ⑧   2. ⑦   3. ⑥   4. ②   5. ①   6. ④   7. ⑨   8. ③   9. ⑩   10. ⑤

다음 고사성어와 한자를
각각 연결하세요.

1. 방약무인 •

2. 남풍불경 •

3. 오합지중 •

4. 건곤일척 •

5. 일망타진 •

6. 권토중래 •

7. 불입호혈
   부득호자 •

8. 일장공성
   만골고 •

9. 천고마비 •

10. 유능제강 •

• ⓐ 傍若無人

• ⓑ 南風不競

• ⓒ 一將功成萬骨枯

• ⓓ 烏合之衆

• ⓔ 柔能制剛

• ⓕ 天高馬肥

• ⓖ 乾坤一擲

• ⓗ 卷土重來

• ⓘ 一網打盡

• ⓙ 不入虎穴 不得虎子

정답 1.ⓐ 2.ⓑ 3.ⓓ 4.ⓖ 5.ⓘ 6.ⓗ 7.ⓙ 8.ⓒ 9.ⓕ 10.ⓔ

다음 고사성어의 한자와 뜻풀이를
각각 연결하세요.

1. 卷土重來 •

2. 一網打盡 •

3. 不入虎穴
   不得虎子 •

4. 傍若無人 •

5. 南風不競 •

6. 烏合之衆 •

7. 柔能制剛 •

8. 天高馬肥 •

9. 乾坤一擲 •

10. 一將功成
    萬骨枯 •

• ① 호랑이 굴에 들어가지 않으면, 호랑이 새끼를 얻을 수 없다.

• ② 까마귀떼와 같은 무리. 제대로 훈련되지 않은 어중이떠중이가 모인 군대를 말함.

• ③ 하늘은 높고 말은 살찐다. 좋은 계절로서 가을을 말함.

• ④ 그물 하나로 남김없이 소탕하다.

• ⑤ 흙먼지를 일으키면서 다시 돌아오다. 전쟁에서 패한 사람이 재차 공격해오는 것.

• ⑥ 주위에 사람이 없는 듯이 행동한다. 주변 눈을 무시하고 제멋대로 행동하는 것.

• ⑦ 부드러움이 굳센 것을 제압할 수 있다. 부드러움이 강함을 이길 수 있다는 뜻.

• ⑧ 천지를 걸고 단번에 승부를 건다. 운명을 걸고서 단번에 결판을 내는 것을 말함.

• ⑨ 장수 한 사람의 공적을 이루기 위해서 만 사람의 뼈가 시든다.

• ⑩ 남방의 음악은 굳세질 않다. 세력이 미약한 걸 뜻한다.

정답 1.⑤ 2.④ 3.① 4.⑥ 5.⑩ 6.② 7.⑦ 8.③ 9.⑧ 10.⑨

1. 부드러움이 굳센 것을 제압할 수 있다. 부드
   러움이 강함을 이길 수 있다는 뜻. _____

2. 천지를 걸고 단번에 승부를 건다. 운명을 걸
   고서 단번에 결판을 내는 것을 말함. _____

3. 흙먼지를 일으키면서 다시 돌아오다. 전쟁에
   서 패한 사람이 재차 공격해오는 것. _____

4. 호랑이 굴에 들어가지 않으면, 호랑이 새끼
   를 얻을 수 없다. _____

5. 남방의 음악은 굳세질 않다. 세력이 미약한
   걸 뜻한다. _____

6. 하늘은 높고 말은 살찐다. 좋은 계절로서 가
   을을 말함. _____

7. 주위에 사람이 없는 듯이 행동한다. 주변 눈
   을 무시하고 제멋대로 행동하는 것. _____

8. 장수 한 사람의 공적을 이루기 위해서 만 사
   람의 뼈가 시든다. _____

9. 까마귀떼와 같은 무리. 제대로 훈련되지 않
   은 어중이떠중이가 모인 군대를 말함. _____

10. 그물 하나로 남김없이 소탕하다. _____

정답 1. 유능제강 2. 건곤일척 3. 권토중래 4. 불입호혈 부득호자 5. 남풍불경 6. 천고마비
7. 방약무인 8. 일장공성 만골고 9. 오합지중 10. 일망타진

다음 설명에 해당하는 고사성어를
보기에서 찾아 한자로 쓰세요.

ⓐ 傍 若 無 人
곁 방　같을 약　없을 무　사람 인

ⓑ 南 風 不 競
남녘 남　바람 풍　아니 불　다툴 경

ⓒ 一 將 功 成
하나 일　거느릴 장　공로 공　이룰 성

萬 骨 枯
일만 만　뼈 골　마를 고

ⓓ 烏 合 之 衆
까마귀 오　합할 합　어조사 지　무리 중

ⓔ 柔 能 制 剛
부드러울 유　능할 능　다스릴 제　굳셀 강

ⓕ 天 高 馬 肥
하늘 천　높을 고　말 마　살찔 비

ⓖ 乾 坤 一 擲
하늘 건　땅 곤　하나 일　던질 척

ⓗ 卷 土 重 來
말 권　흙 토　거듭 중　올 래

ⓘ 一 網 打 盡
하나 일　그물 망　두드릴 타　다할 진

ⓙ 不 入 虎 穴
아니 불　들 입　호랑이 호　구멍 혈

不 得 虎 子
아니 부　얻을 득　호랑이 호　아들 자

---

1. '천지를 걸고 단번에 승부를 건다'. 자신의 전 운명을 걸고서 단번에 결판을 내는 것을 말한다. '건곤일척의 승부'라는 표현이 자주 쓰인다.

---

2. '흙먼지를 일으키면서 다시 돌아오다'. 전쟁에서 한 번 패한 사람이 다시 세력을 길러 흙먼지를 일으키면서 재차 공격해오는 것을 뜻한다. 지금은 실패에서 재기할 때 이 말을 쓴다.

---

3. '부드러움이 굳센 것을 제압할 수 있다'. 한 방울의 물이 굳센 바위를 뚫을 수 있듯이, 가녀린 뿌리가 딱딱한 돌을 파고들듯이, 부드러움이 강함을 이길 수 있다는 뜻.

4. '하늘은 높고 말은 살찐다'. 하늘이 높고 맑으며, 말의 식욕도 왕성해져서 살이 찌는 계절, 즉 가을을 말한다.

5. '주위에 사람이 없는 듯이 행동한다'. 주변의 눈을 무시하고 제멋대로 행동하는 것을 말한다.

6. '그물 하나로 남김없이 소탕하다'. 요즘도 범죄자들이나 부정을 저지른 자들을 모두 잡아들이면서 '일망타진'이라는 말을 쓴다.

7. '장수 한 사람의 공적을 이루기 위해서 만 사람의 뼈가 시든다'. 윗사람 혼자서 공을 독차지하는 세태의 비정함을 말한 것이다.

8. '호랑이 굴에 들어가지 않으면, 호랑이 새끼를 얻을 수 없다'. 목표를 이루기 위해서는 위험을 감수할 수밖에 없다는 뜻이다.

9. '남방의 음악은 굳세질 않다'. 세력이 미약한 걸 뜻한다.

10. '까마귀떼와 같은 무리'. 원래 제대로 훈련되지 않은 어중이떠중이가 모인 군대를 말한다. 지금은 통솔이 잘 되지 않는 일반 군중을 가리킬 때도 이 말을 쓰는데, 흔히 '오합지졸'이란 말로 자주 쓰인다.

정답 1.ⓖ 2.ⓗ 3.ⓔ 4.ⓕ 5.ⓐ 6.ⓘ 7.ⓒ 8.ⓙ 9.ⓑ 10.ⓓ

ⓐ能 ⓑ得 ⓒ土 ⓓ衆 ⓔ將 ⓕ萬 ⓖ入 ⓗ無 ⓘ風 ⓙ坤 ⓚ網 ⓛ高

1. 乾 ☐ 一擲

2. 卷 ☐ 重來

3. 傍若 ☐ 人

4. 一 ☐ 打盡

5. 柔 ☐ 制剛

6. 天 ☐ 馬肥

7. 一 ☐ 功成 ☐ 骨枯

8. 不 ☐ 虎穴不 ☐ 虎子

9. 南 ☐ 不競

10. 烏合之 ☐

정답 1.ⓙ 2.ⓒ 3.ⓗ 4.ⓚ 5.ⓐ 6.ⓘ 7.ⓔⓕ 8.ⓖⓑ 9.ⓘ 10.ⓓ

ⓐ能 ⓑ土 ⓒ合 ⓓ萬 ⓔ子 ⓕ若 ⓖ風 ⓗ擲 ⓘ打 ⓙ肥

---

1. 乾坤一尺 ① ② ③ ④

   ➡ _____

2. 卷吐重來 ① ② ③ ④

   ➡ _____

3. 傍約無人 ① ② ③ ④

   ➡ _____

4. 一網他盡 ① ② ③ ④

   ➡ _____

5. 柔陵制剛 ① ② ③ ④

   ➡ _____

6. 天高馬悲 ① ② ③ ④

   ➡ _____

7. 一將功成滿骨枯 ① ② ③ ④ ⑤ ⑥ ⑦

   ➡ _____

8. 不入虎穴不得虎者 ① ② ③ ④ ⑤ ⑥ ⑦ ⑧

   ➡ _____

9. 南豊不競 ① ② ③ ④

   ➡ _____

5. 烏盒之衆 ① ② ③ ④

   ➡ _____

정답 1.④ⓗ 2.②ⓑ 3.②ⓕ 4.③ⓘ 5.②ⓐ 6.④ⓙ 7.⑤ⓓ 8.⑧ⓔ 9.②ⓖ 10.②ⓒ

✖ 위급존망지추 危急存亡之秋

危 위태로울 위 | 急 급할 급 | 存 간직할 존 | 亡 없어질 망 | 之 어조사 지 | 秋 가을 추

'위기가 닥쳐 사느냐 죽느냐의 기로에 선 시기'. 여기서 '추(秋)'는 '시기', 혹은 '때'를 말한다. 출전은 제갈공명이 유비에게 올린 『출사표(出師表)』.

✖ 금성탕지 金城湯池

金 쇠 금 | 城 성 성 | 湯 끓을 탕 | 池 연못 지

'쇠처럼 견고한 성과 끓는 물의 연못'. 성 주변을 끓는 물의 연못으로 둘러치고, 성벽을 쇠처럼 굳게 해서 방어한다. 적의 공격에 대한 방어 진지가 견고함을 뜻하는 말. 출전은 『한서』 괴통전(蒯通傳).

✖ 삼십육계 주위상책 三十六計 走爲上策

三 석 삼 | 十 열 십 | 六 여섯 육 | 計 헤아릴 계 | 走 달릴 주 | 爲 할 위 | 上 위 상 | 策 꾀할 책

'36가지 계책에서 도망치는 것이 최고의 계책'. 계책이 많이 있긴 하지만, 도망칠 때 도망칠 줄 알아서 안전을 도모하는 것이 최고의 계책이라는 뜻. 출전은 제서(齊書) 왕경칙전(王敬則傳).

✖ 패군지장 불가이언용 敗軍之將 不可以焉勇

敗 패할 패 | 軍 군사 군 | 之 어조사 지 | 將 장수 장 | 不 아니 불 | 可 가할 가 | 以 써 이 | 焉 어찌 언 | 勇 용감할 용

'패배한 군대의 장수는 용기에 대해 말하지 않는다'. 또 '패배한 장수는 병법에 대해 말하지 않는다'는 말로도 쓰인다. 출전은 『사기』 회음후열전.

✖ 사분오열 四分五裂

四 넉 사 | 分 나눌 분 | 五 다섯 오 | 裂 찢어질 열

'넷으로 나뉘고 다섯으로 쪼개진다'. 여럿으로 분열되면서 지리멸렬해지는 것을 말한다. 출전은 『전국책』.

❀ 사인선사마 射人先射馬

射 쏠 사 | 人 사람 인 | 先 앞 선 | 馬 말 마

'사람을 쏘려면 먼저 말을 쏘아라'. 상대를 굴복시키려면, 먼저 상대가 의지하고 있는 것을 쓰러트리라는 말이다. 상대와 관계 깊은 인물이나 사물을 먼저 손에 넣어야 상황을 타개할 수 있다는 뜻도 된다. 출전은 두보의 『전출새(前出塞)』.

❀ 사제갈주생중달 死諸葛走生仲達

死 죽을 사 | 諸 여러 제 | 葛 칡 갈 | 走 달릴 주 | 生 낳을 생 | 仲 버금 중 | 達 통달할 달

'죽은 제갈공명이 산 사마중달(司馬仲達)을 쫓다'. 전략의 천재 제갈공명이 죽은 후에도 생전의 위세로 살아있는 사마중달의 군사를 쫓은 데서 유래했다. 출전은 『삼국지』 촉지(蜀誌), 『십팔사략』.

❀ 선즉제인 先則制人

先 앞 선 | 則 곧 즉 | 制 다스릴 제 | 人 사람 인

'선수를 치면 상대를 제압한다'. 상대와 대적할 때 먼저 기선을 뺏으라는 말이다. 출전은 『사기』 항우본기.

❀ 석권 席卷

席 자리 석 | 卷 말 권

'자리를 말다'. 자리를 말 듯이, 영토를 차지하는 것을 뜻한다. 요즘은 자기세력으로 차지하는 걸 뜻한다. 출전 『사기』 위표(魏豹) 팽월(彭越) 열전.

❀ 읍참마속 泣斬馬謖

泣 울 읍 | 斬 벨 참 | 馬 말 마 | 謖 일어날 속

'울면서 마속을 베다'. 제갈공명이 기강 확립을 위해 아끼는 신하 마속을 울며 벤 데서 유래했다. 법을 공정히 지키기 위해 사사로운 정을 버리는 걸 뜻한다. 출전은 『삼국지』 촉지 제갈량전.

1. 사인선사마 •

2. 사제갈주
생중달 •

3. 선즉제인 •

4. 석권 •

5. 읍참마속 •

6. 위급
존망지추 •

7. 금성탕지 •

8. 삼십육계
주위상책 •

9. 패군지장
불가이언용 •

10. 사분오열 •

• ① 선수를 치면 상대를 제압한다. 상대와 대적할 때 먼저 기선을 뺏으라는 말이다.

• ② 쇠처럼 견고한 성과 끓는 물의 연못. 공격에 대한 방어 진지가 견고함을 뜻함.

• ③ 자리를 말다. 영토를 차지하는 것 또는 자기세력으로 차지하는 걸 뜻함.

• ④ 위기가 닥쳐 사느냐 죽느냐의 기로에 선 시기.

• ⑤ 넷으로 나뉘고 다섯으로 쪼개진다. 여럿으로 분열되면서 지리멸렬해지는 것.

• ⑥ 사람을 쏘려면 먼저 말을 쏘아라. 상대가 의지하고 있는 것을 먼저 쓰러트려라.

• ⑦ 울면서 마속을 베다. 법을 공정히 지키기 위해 사사로운 정을 버리는 걸 뜻함.

• ⑧ 패배한 군대의 장수는 용기에 대해 말하지 않는다.

• ⑨ 죽은 제갈공명이 산 사마중달을 쫓다.

• ⑩ 36가지 계책에서 도망치는 것이 최고의 계책.

정답 1.⑥ 2.⑨ 3.① 4.③ 5.⑦ 6.④ 7.② 8.⑩ 9.⑧ 10.⑤

1. 위급
   존망지추 •

2. 금성탕지 •

3. 사제갈주
   생중달 •

4. 선즉제인 •

5. 읍참마속 •

6. 사분오열 •

7. 삼십육계
   주위상책 •

8. 패군지장
   불가이언용 •

9. 사인선사마 •

10. 석권 •

• ⓐ 先則制人

• ⓑ 死諸葛走生仲達

• ⓒ 泣斬馬謖

• ⓓ 射人先射馬

• ⓔ 席卷

• ⓕ 三十六計 走爲上策

• ⓖ 危急存亡之秋

• ⓗ 金城湯池

• ⓘ 敗軍之將 不可以焉勇

• ⓙ 四分五裂

정답 1.ⓖ 2.ⓗ 3.ⓑ 4.ⓐ 5.ⓒ 6.ⓙ 7.ⓕ 8.ⓘ 9.ⓓ 10.ⓔ

1. 席卷 •

2. 三十六計
   走爲上策 •

3. 危急
   存亡之秋 •

4. 射人先射馬 •

5. 金城湯池 •

6. 先則制人 •

7. 死諸葛走
   生仲達 •

8. 泣斬馬謖 •

9. 敗軍之將
   不可以焉勇 •

10. 四分五裂 •

• ① 위기가 닥쳐 사느냐 죽느냐의 기로에 선시기.

• ② 죽은 제갈공명이 산 사마중달을 쫓다.

• ③ 선수를 치면 상대를 제압한다. 상대와 대적할 때 먼저 기선을 뺏으라는 말이다.

• ④ 사람을 쏘려면 먼저 말을 쏘아라. 상대가 의지하고 있는 것을 먼저 쓰러트려라.

• ⑤ 쇠처럼 견고한 성과 끓는 물의 연못. 공격에 대한 방어 진지가 견고함을 뜻함.

• ⑥ 36가지 계책에서 도망치는 것이 최고의 계책.

• ⑦ 패배한 군대의 장수는 용기에 대해 말하지 않는다.

• ⑧ 넷으로 나뉘고 다섯으로 쪼개진다. 여럿으로 분열되면서 지리멸렬해지는 것.

• ⑨ 자리를 말다. 영토를 차지하는 것 또는 자기세력으로 차지하는 걸 뜻함.

• ⑩ 울면서 마속을 베다. 법을 공정히 지키기위해 사사로운 정을 버리는 걸 뜻함.

정답 1.⑨ 2.⑥ 3.① 4.④ 5.⑤ 6.③ 7.② 8.⑩ 9.⑦ 10.⑧

다음 뜻풀이에 해당하는
고사성어를 한글로 쓰세요.

1. 넷으로 나뉘고 다섯으로 쪼개진다. 여럿으로 분열되면서 지리멸렬해지는 것.

2. 죽은 제갈공명이 산 사마중달을 쫓다.

3. 선수를 치면 상대를 제압한다. 상대와 대적할 때 먼저 기선을 뺏으라는 말이다.

4. 사람을 쏘려면 먼저 말을 쏘아라. 상대가 의지하고 있는 것을 먼저 쓰러트려라.

5. 위기가 닥쳐 사느냐 죽느냐의 기로에 선 시기.

6. 쇠처럼 견고한 성과 끓는 물의 연못. 공격에 대한 방어 진지가 견고함을 뜻함.

7. 자리를 말다. 영토를 차지하는 것 또는 자기 세력으로 차지하는 걸 뜻함.

8. 울면서 마속을 베다. 법을 공정히 지키기 위해 사사로운 정을 버리는 걸 뜻함.

9. 36가지 계책에서 도망치는 것이 최고의 계책.

10. 패배한 군대의 장수는 용기에 대해 말하지 않는다.

정답 1. 사분오열 2. 사제갈주생중달 3. 선즉제인 4. 사인선사마 5. 위급존망지추 6. 금성탕지
7. 석권 8. 읍참마속 9. 삼십육계 주위상책 10. 패군지장 불가이언용

다음 설명에 해당하는 고사성어를
보기에서 찾아 한자로 쓰세요.

ⓐ 先 則 制 人
　앞선　곧즉　다스릴제　사람인

ⓑ 死 諸 葛 走
　죽을사　여러제　칡갈　달릴주

　生 仲 達
　낳을생　버금중　통달할달

ⓒ 泣 斬 馬 謖
　울읍　벨참　말마　일어날속

ⓓ 射 人 先 射 馬
　쏠사　사람인　앞선　쏠사　말마

ⓔ 席 卷
　자리석　말권

ⓕ 三 十 六 計
　석삼　열십　여섯육　헤아릴계

　走 爲 上 策
　달릴주　할위　위상　꾀할책

ⓖ 危 急 存 亡 之 秋
　위태로울위　급할급　간직할존　없어질망　어조사지　가을추

ⓗ 金 城 湯 池
　쇠금　성성　끓을탕　연못지

ⓘ 敗 軍 之 將
　패할패　군사군　어조사지　장수장

　不 可 以 焉 勇
　아니불　가할가　써이　어찌언　용감할용

ⓙ 四 分 五 裂
　넉사　나눌분　다섯오　찢어질열

1. '위기가 닥쳐 사느냐 죽느냐의 기로에 선 시기'. 여기서 '추'(秋)는 '시기', 혹은
'때'를 말한다.

2. '쇠처럼 견고한 성과 끓는 물의 연못'. 성 주변을 끓는 물의 연못으로 둘러
치고, 성벽을 쇠처럼 굳게 해서 방어한다. 방어 진지가 견고함을 뜻한다.

3. '36가지 계책에서 도망치는 것이 최고의 계책'. 계책이 많이 있긴 하지만, 도망칠 때 도망칠 줄 알아서 안전을 도모하는 것이 최고의 계책이라는 뜻.

4. '패배한 군대의 장수는 용기에 대해 말하지 않는다'. 또 '패배한 장수는 병법에 대해 말하지 않는다'는 말로도 쓰인다.

5. '넷으로 나뉘고 다섯으로 쪼개진다'. 여럿으로 분열되면서 지리멸렬해지는 것을 말한다.

6. '사람을 쏘려면 먼저 말을 쏘아라'. 상대를 굴복시키려면, 먼저 상대가 의지하고 있는 것을 쓰러트리라는 말이다. 상대와 관계 깊은 인물이나 사물을 먼저 손에 넣어야 상황을 타개할 수 있다는 뜻도 된다.

7. '죽은 제갈공명이 산 사마중달(司馬仲達)을 쫓다'. 전략의 천재 제갈공명이 죽은 후에도 생전의 위세로 살아있는 사마중달의 군사를 쫓은 데서 유래했다.

8. '선수를 치면 상대를 제압한다'. 상대와 대적할 때 먼저 기선을 뺏으라는 말이다.

9. '자리를 말다'. 자리를 말 듯이, 영토를 차지하는 것을 뜻한다. 요즘은 자기세력으로 차지하는 걸 뜻한다.

10. '울면서 마속을 베다'. 제갈공명이 기강 확립을 위해 아끼는 신하 마속을 울며 벤 데서 유래했다. 법을 공정히 지키기 위해 사사로운 정을 버리는 걸 뜻한다.

정답 1.ⓖ 2.ⓗ 3.ⓕ 4.ⓘ 5.ⓙ 6.ⓓ 7.ⓑ 8.ⓐ 9.ⓔ 10.ⓒ

다음 고사성어를 읽고, 빈칸의 글자를
보기에서 찾아 채우세요.

ⓐ諸 ⓑ斬 ⓒ焉 ⓓ走 ⓔ急 ⓕ分 ⓖ人 ⓗ生 ⓘ則 ⓙ席 ⓚ城

1. 危 ☐ 存亡之秋

2. 金 ☐ 湯池

3. 四 ☐ 五裂

4. 射 ☐ 先射馬

5. 三十六計 ☐ 爲上策

6. 敗軍之將 不可以 ☐ 勇

7. 死 ☐ 葛走 ☐ 仲達

8. 先 ☐ 制人

9. ☐ 卷

10. 泣 ☐ 馬謖

정답 1.ⓔ 2.ⓚ 3.ⓕ 4.ⓖ 5.ⓓ 6.ⓒ 7.ⓐⓗ 8.ⓘ 9.ⓙ 10.ⓑ

다음 고사성어에서 틀린 한 글자를 찾고
보기에서 맞는 글자를 찾아 쓰세요.

ⓐ仲 ⓑ斬 ⓒ軍 ⓓ走 ⓔ分 ⓕ先 ⓖ則 ⓗ席 ⓘ池 ⓙ急

1. ①危 ②級 ③存 ④亡 ⑤之 ⑥秋

➡ _____

6. ①敗 ②君 ③之 ④將 ⑤不 ⑥可 ⑦以 ⑧焉 ⑨勇

➡ _____

2. ①金 ②城 ③湯 ④地

➡ _____

7. ①死 ②諸 ③葛 ④走 ⑤生 ⑥中 ⑦達

➡ _____

3. ①四 ②紛 ③五 ④裂

➡ _____

8. ①先 ②卽 ③制 ④人

➡ _____

4. ④射 ②人 ③善 ④射 ⑤馬

➡ _____

9. ①析 ②卷

➡ _____

5. ①三 ②十 ③六 ④計 ⑤周 ⑥爲 ⑦上 ⑧策

➡ _____

10. ①泣 ②慘 ③馬 ④謖

➡ _____

정답 1.②ⓘ 2.④ⓘ 3.②ⓔ 4.③ⓕ 5.⑤ⓓ 6.②ⓒ 7.⑥ⓐ 8.②ⓖ 9.①ⓗ 10.②ⓑ

❀ 안도 安堵

安 편안할 안 │ 堵 담 도

'담 안에서 편안히 살다'. 원래는 '해를 받지 않고 편안히 사는 것'을 뜻했는데, 지금은 '근심걱정이 없는 것', '안심하는 것'을 뜻한다. 출전은 『사기』 전단열전(田單列傳).

❀ 오월동주 吳越同舟

吳 오나라 오 │ 越 월나라 월 │ 同 같을 동 │ 舟 배 주

'오나라와 월나라가 한 배에 타다'. 원수나 사이 좋지 않은 사람이 함께 있는 경우를 '오월동주'라 한다. 출전은 『손자』 구지편(九地篇).

❀ 망매해갈 望梅解渴

望 바랄 망 │ 梅 매실 매 │ 解 풀 해 │ 渴 목마를 갈

'매실을 바라보면서 갈증을 풀다'. 매실의 신맛을 마음속에 떠올리면 입안에 침이 고여 갈증이 풀린다는 뜻. 출전은 『세설신어』.

❀ 일모도원 日暮途遠

日 날 일 │ 暮 저물 모 │ 途 길 도 │ 遠 멀 원

'해는 저물었는데 갈 길은 멀다'. 원래는 '나이는 먹었어도 할 일은 많다'는 뜻인데, 반대로 할 일은 많은데 시간이 별로 없다'는 뜻으로 더 많이 쓰인다. 출전 『사기』 오자서전(伍子胥傳).

❀ 표사유피 인사유명 豹死留皮 人死留名

豹 표범 표 │ 死 죽을 사 │ 留 남길 유 │ 皮 가죽 피 │ 人 사람 인 │ 名 이름 명

'표범은 죽어서 가죽을 남기고, 사람은 죽어서 이름을 남긴다.' 우리나라에서는 표범 대신 '호랑이'를 넣어서 '호랑이는 죽어서 가죽을 남기고…'라는 표현을 주로 쓴다. 출전은 구양수가 쓴 『신오대사(新五代史)』 사절전(死節傳).

✸ 풍성학려 風聲鶴唳

風 바람 풍 | 聲 소리 성 | 鶴 학 학 | 唳 울음 려

'바람소리와 학 울음소리'. 겁을 먹으면 사소한 일에도 놀란다는 뜻. 흔히 '풍성학려에 놀란다'고 한다. 출전은 『진서』 사현전(謝玄傳).

✸ 운용지묘 존호일심 運用之妙 存乎一心

運 운세 운 | 用 쓸 용 | 之 어조사 지 | 妙 묘할 묘 | 存 간직할 존 | 乎 어조사 호 | 一 하나 일 | 心 마음 심

'운용의 묘는 마음 하나에 달려 있다'. 아무리 좋은 시스템이라도 그 운용의 묘는 마음에 달려 있다는 뜻이다. 출전은 『송사』 악비전(岳飛傳).

✸ 백전백승 百戰百勝

百 일백 백 | 戰 싸움 전 | 勝 이길 승

'백 번 싸워 백 번 다 이긴다'. 싸울 때마다 승리한다는 뜻이다. 『손자병법』에 나오는 지피지기 백전불태(知彼知己百戰不殆), 즉 '상대를 알고 나를 알면 백 번 싸워도 위태롭지 않다'와 같은 뜻이다.

✸ 중과부적 衆寡不敵

衆 무리(많을) 중 | 寡 적을 과 | 不 아닐 부 | 敵 대적할(원수) 적

적은 숫자로는 많은 숫자를 대적할 수 없다는 뜻. 나아가 상대의 실력이 나의 실력보다 뛰어나서 도저히 이길 수 없을 때 쓰는 말이다. 출전은 『맹자』 양혜왕(梁惠王).

✸ 풍림화산 風林火山

風 바람 풍 | 林 수풀 림 | 火 불 화 | 山 뫼 산

바람처럼 빠르게 공격하고, 숲처럼 천천히 움직이며, 불처럼 뜨겁게 돌진하고, 산처럼 머물러 있어야 한다. 적과 대치하고 있을 때 공격과 방어의 효율적인 방법을 말한 것이다. 출전은 『손자병법』.

다음 고사성어와 뜻풀이를
각각 연결하세요.

1. 풍성학려 •

2. 운용지묘
   존호일심 •

3. 백전백승 •

4. 중과부적 •

5. 풍림화산 •

6. 안도 •

7. 오월동주 •

8. 망매해갈 •

9. 일모도원 •

10. 표사유피
    인사유명 •

• ① 오나라와 월나라가 한 배에 타다. 사이
   좋지 않은 사람이 함께 있는 경우.

• ② 적은 숫자로는 많은 숫자를 대적할 수 없
   다는 뜻.

• ③ 담 안에서 편안히 살다. 근심걱정이 없는
   것, 안심하는 것을 뜻한다.

• ④ 해는 저물었는데 갈 길은 멀다. 할 일은
   많은데 시간이 별로 없다는 뜻.

• ⑤ 아무리 좋은 시스템이라도 운용의 묘는
   마음 하나에 달려 있다는 뜻.

• ⑥ 바람소리와 학 울음소리. 겁을 먹으면 사
   소한 일에도 놀란다는 뜻.

• ⑦ 표범은 죽어서 가죽을 남기고, 사람은 죽
   어서 이름을 남긴다.

• ⑧ 매실을 바라보면서 갈증을 풀다. 매실
   을 떠올리면 침이 고여 갈증이 풀린다.

• ⑨ 백 번 싸워 백 번 다 이긴다. 싸울 때마다
   승리한다는 뜻.

• ⑩ 바람처럼 공격하고 숲처럼 움직이며 불
   처럼 돌진하고 산처럼 머물러야 한다.

정답 1.⑥ 2.⑤ 3.⑨ 4.② 5.⑩ 6.③ 7.① 8.⑧ 9.④ 10.⑦

다음 고사성어와 한자를
각각 연결하세요.

1. 안도 •

2. 망매해갈 •

3. 풍성학려 •

4. 운용지묘
   존호일심 •

5. 일모도원 •

6. 풍림화산 •

7. 오월동주 •

8. 표사유피
   인사유명 •

9. 백전백승 •

10. 중과부적 •

• ⓐ 風林火山

• ⓑ 衆寡不敵

• ⓒ 豹死留皮 人死留名

• ⓓ 吳越同舟

• ⓔ 風聲鶴唳

• ⓕ 望梅解渴

• ⓖ 運用之妙 存乎一心

• ⓗ 百戰百勝

• ⓘ 安堵

• ⓙ 日暮途遠

정답 1.ⓘ 2.ⓕ 3.ⓔ 4.ⓖ 5.ⓙ 6.ⓐ 7.ⓓ 8.ⓒ 9.ⓗ 10.ⓑ

다음 고사성어의 한자와 뜻풀이를
각각 연결하세요.

1. 望梅解渴 •

        • ① 바람처럼 공격하고 숲처럼 움직이며 불
           처럼 돌진하고 산처럼 머물러야 한다.

2. 豹死留皮
   人死留名 •

        • ② 해는 저물었는데 갈 길은 멀다. 할 일은
           많은데 시간이 별로 없다는 뜻.

        • ③ 바람소리와 학 울음소리. 겁을 먹으면 사
           소한 일에도 놀란다는 뜻.

3. 吳越同舟 •

4. 風林火山 •

        • ④ 담 안에서 편안히 살다. 근심걱정이 없는
           것, 안심하는 것을 뜻한다.

5. 衆寡不敵 •

        • ⑤ 오나라와 월나라가 한 배에 타다. 사이
           좋지 않은 사람이 함께 있는 경우.

6. 日暮途遠 •

        • ⑥ 매실을 바라보면서 갈증을 풀다. 매실을
           떠올리면 침이 고여 갈증이 풀린다.

7. 風聲鶴唳 •

        • ⑦ 표범은 죽어서 가죽을 남기고, 사람은 죽
           어서 이름을 남긴다.

8. 安堵 •

        • ⑧ 백 번 싸워 백 번 다 이긴다. 싸울 때마다
           승리한다는 뜻.

9. 百戰百勝 •

        • ⑨ 적은 숫자로는 많은 숫자를 대적할 수 없
           다는 뜻.

10. 運用之妙
    存乎一心 •

        • ⑩ 아무리 좋은 시스템이라도 운용의 묘는
           마음 하나에 달려 있다는 뜻.

정답 1.⑥ 2.⑦ 3.⑤ 4.① 5.⑨ 6.② 7.③ 8.④ 9.⑧ 10.⑩

연/습/문/제 / 4단계

다음 뜻풀이에 해당하는
고사성어를 한글로 쓰세요.

1. 백 번 싸워 백 번 다 이긴다. 싸울 때마다 승
   리한다는 뜻.

   _____

2. 오나라와 월나라가 한 배에 타다. 사이 좋지
   않은 사람이 함께 있는 경우.

   _____

3. 매실을 바라보면서 갈증을 풀다. 매실을 떠
   올리면 침이 고여 갈증이 풀린다.

   _____

4. 표범은 죽어서 가죽을 남기고, 사람은 죽어서
   이름을 남긴다.

   _____

5. 해는 저물었는데 갈 길은 멀다. 할 일은 많은
   데 시간이 별로 없다는 뜻.

   _____

6. 바람소리와 학 울음소리. 겁을 먹으면 사소
   한 일에도 놀란다는 뜻.

   _____

7. 적은 숫자로는 많은 숫자를 대적할 수 없다
   는 뜻.

   _____

8. 아무리 좋은 시스템이라도 운용의 묘는 마음
   하나에 달려 있다는 뜻.

   _____

9. 바람처럼 공격하고 숲처럼 움직이며 불처럼
   돌진하고 산처럼 머물러야 한다.

   _____

10. 담 안에서 편안히 살다. 근심걱정이 없는 것,
    안심하는 것을 뜻한다.

    _____

정답 1. 백전백승 2. 오월동주 3. 망매해갈 4. 표사유피 인사유명 5. 일모도원 6. 풍성학려
7. 중과부적 8. 운용지묘 존호일심 9. 풍림화산 10. 안도

다음 설명에 해당하는 고사성어를
보기에서 찾아 한자로 쓰세요.

ⓐ 風 林 火 山
바람 풍　수풀 림　불 화　외 산

ⓑ 衆 寡 不 敵
무리 중　적을 과　아닐 부　대적할 적

ⓒ 豹 死 留 皮
표범 표　죽을 사　남길 유　가죽 피

人 死 留 名
사람 인　죽을 사　남길 유　이름 명

ⓓ 吳 越 同 舟
오나라 오　월나라 월　같을 동　배 주

ⓔ 風 聲 鶴 唳
바람 풍　소리 성　학 학　울음 려

ⓕ 望 梅 解 渴
바랄 망　매실 매　풀 해　목마를 갈

ⓖ 運 用 之 妙
운세 운　쓸 용　어조사 지　묘할 묘

存 乎 一 心
간직할 존　어조사 호　하나 일　마음 심

ⓗ 百 戰 百 勝
일백 백　싸움 전　일백 백　이길 승

ⓘ 安 堵
편안할 안　담 도

ⓙ 日 暮 途 遠
날 일　저물 모　길 도　멀 원

1. '담 안에서 편안히 살다'. 원래는 '해를 받지 않고 편안히 사는 것'을 뜻했는데,
  지금은 '근심걱정이 없는 것', '안심하는 것'을 뜻한다.

2. '오나라와 월나라가 한 배에 타다'. 원수나 사이 좋지 않은 사람이 함께 있
  는 경우를 '오월동주'라 한다.

3. '매실을 바라보면서 갈증을 풀다'. 매실의 신맛을 마음속에 떠올리면 입안에 침이 고여 갈증이 풀린다는 뜻.

4. '해는 저물었는데 갈 길은 멀다'. 원래는 '나이는 먹었어도 할 일은 많다'는 뜻인데, 반대로 '할 일은 많은데 시간이 별로 없다'는 뜻으로 더 많이 쓰인다.

5. '표범은 죽어서 가죽을 남기고, 사람은 죽어서 이름을 남긴다'. 우리나라에서는 표범 대신 '호랑이'를 넣어서, '호랑이는 죽어서 가죽을 남기고…'라는 표현을 주로 쓴다.

6. '바람소리와 학 울음소리'. 겁을 먹으면 사소한 일에도 놀란다는 뜻. 흔히 '풍성학려에 놀란다'고 한다.

7. '운용의 묘는 마음 하나에 달려 있다'. 아무리 좋은 시스템이라도 그 운용의 묘는 마음에 달려 있다는 뜻이다.

8. '백 번 싸워 백 번 다 이긴다'. 싸울 때마다 승리한다는 뜻이다.

9. 적은 숫자로는 많은 숫자를 대적할 수 없다는 뜻. 나아가 상대의 실력이 나의 실력보다 뛰어나서 도저히 이길 수 없을 때 쓰이는 말이다.

10. 바람처럼 빠르게 공격하고, 숲처럼 천천히 움직이며, 불처럼 뜨겁게 돌진하고, 산처럼 머물러 있어야 한다. 적과 대치하고 있을 때 공격과 방어의 효율적인 방법을 말한 것이다.

정답 1.ⓘ 2.ⓓ 3.ⓕ 4.ⓙ 5.ⓒ 6.ⓔ 7.ⓖ 8.ⓗ 9.ⓑ 10.ⓐ

다음 고사성어를 읽고, 빈칸의 글자를
보기에서 찾아 채우세요.

ⓐ寡 ⓑ梅 ⓒ用 ⓓ戰 ⓔ存 ⓕ舟 ⓖ死 ⓗ暮 ⓘ林 ⓙ安 ⓚ留 ⓛ聲

1. ☐ 堵

2. 吳越同 ☐

3. 豹 ☐ 留皮
   人死 ☐ 名

4. 風 ☐ 鶴唳

5. 望 ☐ 解渴

6. 日 ☐ 途遠

7. 運 ☐ 之妙

   ☐ 乎一心

8. 百 ☐ 百勝

9. 衆 ☐ 不敵

10. 風 ☐ 火山

다음 고사성어에서 틀린 한 글자를 찾고
보기에서 맞는 글자를 찾아 쓰세요.

ⓐ敵 ⓑ解 ⓒ戰 ⓓ存 ⓔ舟 ⓕ死 ⓖ暮 ⓗ林 ⓘ安 ⓙ聲

1. 顔堵
   ①②
   ➡ _____

2. 吳越同周
   ①②③④
   ➡ _____

3. 豹使留皮人死留名
   ①②③④⑤⑥⑦⑧
   ➡ _____

4. 風成鶴唳
   ①②③④
   ➡ _____

5. 望梅害渴
   ①②③④
   ➡ _____

6. 日模途遠
   ①②③④
   ➡ _____

7. 運用之妙尊乎一心
   ①②③④⑤⑥⑦⑧
   ➡ _____

8. 百全百勝
   ①②③④
   ➡ _____

9. 衆寡不適
   ①②③④
   ➡ _____

10. 風臨火山
    ①②③④
    ➡ _____

정답   1.①ⓘ 2.④ⓔ 3.②ⓕ 4.②ⓘ 5.③ⓑ 6.②ⓖ 7.⑤ⓓ 8.②ⓒ 9.④ⓐ 10.②ⓗ

339

🏵 이양역우 以羊易牛

以 써 이 | 羊 양 양 | 易 바꿀 역 | 牛 소 우

'양을 소 대신 쓰다'. 작은 것을 큰 것 대신 사용한다는 뜻이다. 출전은 『맹자』 양혜왕편(梁惠王篇).

🏵 대기만성 大器晚成

大 큰 대 | 器 그릇 기 | 晚 늦을 만 | 成 이룰 성

'큰 그릇은 늦게 만들어진다'. 남달리 뛰어난 인물은 보통 사람보다 뒤늦게 이루어진다. 어떤 일에서 뒤늦게 성공한 사람을 가리킬 때 '대기만성'이라고 한다. 출전은 『노자』 41장.

🏵 웅비 雄飛

雄 수컷 웅 | 飛 날 비

'영웅적인 비상'. 힘차고 씩씩하게 뻗어 나가는 기상을 나타낼 때 '웅비'라는 말을 쓴다. 예컨대 '웅비하는 대한민국의 기상'과 같은 표현이다. 출전은 『후한서』 조전전(趙典傳).

🏵 태산북두 泰山北斗

泰 클 태 | 山 뫼 산 | 北 북녘 북 | 斗 말 두

'태산과 북두칠성'. 한 분야의 정상에 서서 중심적인 역할을 수행하는 사람을 '태산북두' 또는 줄여서 '태두(泰斗)'라고 한다. 출전은 『당서』 한유전(韓愈傳).

🏵 죽마고우 竹馬故友

竹 대 죽 | 馬 말 마 | 故 옛 고 | 友 벗 우

'죽마를 함께 타고 놀던 옛 친구'. 어린 시절부터의 절친한 친구를 말한다. '죽마(竹馬)'란 두 개의 대나무에다 적당한 높이의 발판을 만들어 타고 놀 수 있도록 만든 대나무 말이다. 사마염(司馬炎)이 제갈정(諸葛靚)에게 처음 한 말이다.

❀ 도원결의 桃園結義

桃 복숭아 도 | 園 뜰 원 | 結 맺을 결 | 義 옳을 의

'복숭아가 핀 동산에서 의형제를 맺는다'. 출처는 장편소설 『삼국지연의(三國誌演義)』로서 실제로는 꾸며낸 이야기다. 하지만 이후 실제 사실인 양 받아들여져, 후세 사람들은 으레 '도원결의'를 그린 그림 앞에서 의형제를 맺곤 했다.

❀ 독안룡 獨眼龍

獨 홀로 독 | 眼 눈 안 | 龍 용 룡

'외눈박이 용'이란 뜻이다. '독안룡'은 당나라 멸망의 원인이 된 황소의 난을 평정하는데 최고의 공훈을 세운 이극용(李克用)을 가리키는 이름이다. 출전은 『당서』 이극용전.

❀ 막역지우 莫逆之友

莫 말 막 | 逆 거스를 역 | 之 어조사 지 | 友 벗 우

'거스름이 없는 친구'. 아주 친한 친구 사이를 표현할 때 '막역(莫逆)'한 사이라고 한다. 서로 간에 잘 맞는 것을 말한다. 출전은 『장자』 대종사편(大宗師篇).

❀ 백중지간 伯仲之間

伯 맏 백 | 仲 버금 중 | 之 어조사 지 | 間 사이 간

실력이 비슷비슷해서 우열을 가릴 수 없을 때 곧잘 '백중지간'이란 말을 쓴다. 그러나 이 '백중(伯仲)'은 원래 형제간의 순서에서 나온 말이다. 가장 맏형을 백(伯), 그 다음을 중(仲), 셋째를 숙(淑), 그리고 맨 끝을 계(季)라고 한 것이다. 『예기(禮記)』 단궁편(檀弓篇)에 기록된 주나라의 관례가 출전이다.

❀ 마이동풍 馬耳東風

馬 말 마 | 耳 귀 이 | 東 동녘 동 | 風 바람 풍

무관심하거나 남의 말을 전혀 귀담아듣지 않을 때 '마이동풍'이란 말을 쓴다. 문자적인 뜻은 '동녘에서 부는 바람이 말의 귀를 지나간다'이다. 출처는 이백이 지은 『답왕십이한야독작유회(答王十二寒夜獨酌有懷)』이다.

다음 고사성어와 뜻풀이를
각각 연결하세요.

1. 이양역우 •

2. 대기만성 •

3. 웅비 •

4. 태산북두 •

5. 죽마고우 •

6. 도원결의 •

7. 독안룡 •

8. 막역지우 •

9. 백중지간 •

10. 마이동풍 •

• ① 죽마를 함께 타고 놀던 옛 친구. 어린 시절부터의 절친한 친구.

• ② 거스름이 없는 친구. 아주 친한 친구 사이를 표현할 때 쓴다.

• ③ 실력이 비슷비슷해서 우열을 가릴 수 없을 때 쓴다.

• ④ 태산과 북두칠성. 한 분야의 정상에 서서 중심적인 역할을 수행하는 사람.

• ⑤ 양을 소 대신 쓰다. 작은 것을 큰 것 대신 사용한다는 뜻이다.

• ⑥ 영웅적인 비상. 힘차고 씩씩하게 뻗어나가는 기상을 나타낼 때 쓴다.

• ⑦ 동녘에서 부는 바람이 말의 귀를 지나간다. 남의 말을 귀담아듣지 않을 때 씀.

• ⑧ 큰 그릇은 늦게 만들어진다. 뛰어난 인물은 보통 사람보다 뒤늦게 이루어진다.

• ⑨ 복숭아가 피어있는 동산에서 의형제를 맺는다.

• ⑩ 외눈박이 용. 황소의 난을 평정하는 데 공훈을 세운 이극용을 가리키는 이름이다.

정답 1.⑤ 2.⑧ 3.⑥ 4.④ 5.① 6.⑨ 7.⑩ 8.② 9.③ 10.⑦

다음 고사성어와 한자를
각각 연결하세요.

1. 독안룡   •

2. 태산북두   •

3. 웅비   •

4. 도원결의   •

5. 대기만성   •

6. 마이동풍   •

7. 죽마고우   •

8. 막역지우   •

9. 백중지간   •

10. 이양역우   •

• ⓐ 竹馬故友

• ⓑ 伯仲之間

• ⓒ 莫逆之友

• ⓓ 馬耳東風

• ⓔ 雄飛

• ⓕ 泰山北斗

• ⓖ 獨眼龍

• ⓗ 大器晩成

• ⓘ 以羊易牛

• ⓙ 桃園結義

정답   1.ⓖ   2.ⓕ   3.ⓔ   4.ⓙ   5.ⓗ   6.ⓓ   7.ⓐ   8.ⓒ   9.ⓑ   10.ⓘ

다음 고사성어의 한자와 뜻풀이를
각각 연결하세요.

1. 泰山北斗 •

2. 大器晚成 •

3. 以羊易牛 •

4. 桃園結義 •

5. 莫逆之友 •

6. 獨眼龍 •

7. 雄飛 •

8. 馬耳東風 •

9. 竹馬故友 •

10. 伯仲之間 •

• ① 양을 소 대신 쓰다. 작은 것을 큰 것 대신 사용한다는 뜻이다.

• ② 태산과 북두칠성. 한 분야의 정상에 서서 중심적인 역할을 수행하는 사람.

• ③ 실력이 비슷비슷해서 우열을 가릴 수 없을 때 쓴다.

• ④ 외눈박이 용. 황소의 난을 평정하는 데 공훈을 세운 이극용을 가리키는 이름이다.

• ⑤ 큰 그릇은 늦게 만들어진다. 뛰어난 인물은 보통 사람보다 뒤늦게 이루어진다.

• ⑥ 동녘에서 부는 바람이 말의 귀를 지나간다. 남의 말을 귀담아듣지 않을 때 씀.

• ⑦ 영웅적인 비상. 힘차고 씩씩하게 뻗어 나가는 기상을 나타낼 때 쓴다.

• ⑧ 거스름이 없는 친구. 아주 친한 친구 사이를 표현할 때 쓴다.

• ⑨ 죽마를 함께 타고 놀던 옛 친구. 어린 시절부터의 절친한 친구.

• ⑩ 복숭아가 피어있는 동산에서 의형제를 맺는다.

정답 1.② 2.⑤ 3.① 4.⑩ 5.⑧ 6.④ 7.⑦ 8.⑥ 9.⑨ 10.③

1. 큰 그릇은 늦게 만들어진다. 뛰어난 인물은 보통 사람보다 뒤늦게 이루어진다. _____

2. 동녘에서 부는 바람이 말의 귀를 지나간다. 남의 말을 귀담아듣지 않을 때 씀. _____

3. 태산과 북두칠성. 한 분야의 정상에 서서 중심적인 역할을 수행하는 사람. _____

4. 실력이 비슷비슷해서 우열을 가릴 수 없을 때 쓴다. _____

5. 외눈박이 용. 황소의 난을 평정하는 데 공훈을 세운 이극용을 가리키는 이름이다. _____

6. 복숭아가 피어있는 동산에서 의형제를 맺는다. _____

7. 영웅적인 비상. 힘차고 씩씩하게 뻗어 나가는 기상을 나타낼 때 쓴다. _____

8. 죽마를 함께 타고 놀던 옛 친구. 어린 시절부터의 절친한 친구. _____

9. 거스름이 없는 친구. 아주 친한 친구 사이를 표현할 때 쓴다. _____

10. 양을 소 대신 쓰다. 작은 것을 큰 것 대신 사용한다는 뜻이다. _____

정답 1. 대기만성 2. 마이동풍 3. 태산북두 4. 백중지간 5. 독안룡 6. 도원결의 7. 웅비 8. 죽마고우 9. 막역지우 10. 이양역우

다음 설명에 해당하는 고사성어를
보기에서 찾아 한자로 쓰세요.

@ 竹 馬 故 友
대죽 말마 옛고 벗우

ⓑ 伯 仲 之 間
맏백 버금중 어조사지 사이간

ⓒ 莫 逆 之 友
말막 거스를역 어조사지 벗우

ⓓ 馬 耳 東 風
말마 귀이 동녘동 바람풍

ⓔ 雄 飛
수컷웅 날비

ⓕ 泰 山 北 斗
클태 외산 북녘북 말두

ⓖ 獨 眼 龍
홀로독 눈안 용룡

ⓗ 大 器 晚 成
큰대 그릇기 늦을만 이룰성

ⓘ 以 羊 易 牛
써이 양양 바꿀역 소우

ⓙ 桃 園 結 義
복숭아도 뜰원 맺을결 옳을의

1. '양을 소 대신 쓰다'. 작은 것을 큰 것 대신 사용한다는 뜻이다.

2. '큰 그릇은 늦게 만들어진다'. 남달리 뛰어난 인물은 보통 사람보다 뒤늦게 이루어진다. 어떤 일에서 뒤늦게 성공한 사람을 가리킬 때 '대기만성'이라 고 한다.

3. '영웅적인 비상'. 힘차고 씩씩하게 뻗어 나가는 기상을 나타낼 때 '웅비'라는 말을 쓴다. 예컨대 '웅비하는 대한민국의 기상'과 같은 표현이다.

4. '태산과 북두칠성'. 한 분야의 정상에 서서 중심적인 역할을 수행하는 사람을 '태산북두' 또는 줄여서 '태두(泰斗)'라고 한다.

5. '죽마를 함께 타고 놀던 옛 친구'. 어린 시절부터의 절친한 친구를 말한다. '죽마(竹馬)'란 두 개의 대나무에다 적당한 높이의 발판을 만들어 타고 놀 수 있도록 만든 대나무 말이다.

6. '복숭아가 피어있는 동산에서 의형제를 맺는다'. 실제로는 꾸며낸 이야기지만, 후세에는 사실인 양 받아들여지고 있다.

7. '외눈박이 용'이란 뜻이다. '독안룡'은 당나라 멸망의 원인이 된 황소의 난을 평정하는 데 최고의 공훈을 세운 이극용(李克用)을 가리키는 이름이다.

8. '거스름이 없는 친구'. 아주 친한 친구 사이를 표현할 때 '막역(莫逆)'한 사이라고 한다. '막역'은 '거스름이 없다'는 뜻인데, 서로 간에 마음이 거스르지 않고 잘 맞는 것을 말한다.

9. 실력이 비슷비슷해서 우열을 가릴 수 없을 때를 말하는데, 원래 형제간의 순서에서 나온 말이다.

10. 무관심하거나 남의 말을 전혀 귀담아듣지 않을 때 '마이동풍'이란 말을 쓴다. 문자적인 뜻은 '동녘에서 부는 바람이 말의 귀를 지나간다'이다.

정답 1.ⓘ 2.ⓗ 3.ⓔ 4.ⓕ 5.ⓐ 6.ⓙ 7.ⓖ 8.ⓒ 9.ⓑ 10.ⓓ

ⓐ 雄 ⓑ 山 ⓒ 友 ⓓ 仲 ⓔ 耳 ⓕ 羊 ⓖ 成 ⓗ 園 ⓘ 眼 ⓙ 馬

1. 以 ☐ 易牛

2. 大器晚 ☐

3. 竹 ☐ 故友

4. 桃 ☐ 結義

5. ☐ 飛

6. 泰 ☐ 北斗

7. 獨 ☐ 龍

8. 莫逆之 ☐

9. 伯 ☐ 之間

10. 馬 ☐ 東風

정답 1.ⓕ 2.ⓖ 3.ⓘ 4.ⓗ 5.ⓐ 6.ⓑ 7.ⓘ 8.ⓒ 9.ⓓ 10.ⓔ

다음 고사성어에서 틀린 한 글자를 찾고
보기에서 맞는 글자를 찾아 쓰세요.

ⓐ雄 ⓑ泰 ⓒ逆 ⓓ間 ⓔ耳 ⓕ羊 ⓖ晩 ⓗ義 ⓘ眼 ⓙ馬

---

1. 以洋易牛
   ➡ _____

2. 大器滿成
   ➡ _____

3. 竹磨故友
   ➡ _____

4. 桃園結意
   ➡ _____

5. 熊飛
   ➡ _____

6. 太山北斗
   ➡ _____

7. 獨安龍
   ➡ _____

8. 莫歷之友
   ➡ _____

9. 伯仲之干
   ➡ _____

10. 馬異東風
    ➡ _____

정답 1.②ⓕ 2.③ⓖ 3.②ⓘ 4.④ⓗ 5.①ⓐ 6.①ⓑ 7.②ⓘ 8.②ⓒ 9.④ⓓ 10.②ⓔ

❀ 백미 白眉

白 흴 백 | 眉 눈썹 미

'하얀 눈썹'. 어떤 분야에서 가장 뛰어난 사람이나 가장 훌륭한 작품을 말할 때 '백미'라는 말을 쓴다. 출처는 『삼국지』 마량전(馬良傳).

❀ 파천황 破天荒

破 깰 파 | 天 하늘 천 | 荒 거칠 황

'천지개벽 이전의 혼돈 상태(天荒)를 깨트린다'. '이전에는 결코 없었던 일'이란 뜻으로, 지금껏 아무도 생각지 못했던 놀랄 만한 일을 하는 것을 말한다. 출전은 송나라 때 손광헌(孫光憲)이 지은 『북몽쇄언(北夢瑣言)』.

❀ 문경지교 刎頸之交

刎 목벨 문 | 頸 목 경 | 之 어조사 지 | 交 사귈 교

둘도 없는 친구 사이를 '문경지교'라 하는데, 말 뜻은 '목에 칼이 들어와도 변하지 않는 사귐'이란 뜻이다. 생사를 같이 하는 친구 사이인 '생사지교(生死之交)'와 같은 말이다. 출전은 『사기』 염파인상여열전.

❀ 낙백 落魄

落 떨어질 락 | 魄 넋 백

'넋이 나가다'. 뜻을 이루지 못하고 실의한 모습을 뜻한다. 『사기』 역생육가열전(酈生陸賈列傳)에서 역생이기(酈生食其)라는 사람의 처지를 묘사하는 말이다.

❀ 양상군자 梁上君子

梁 대들보 양 | 上 위 상 | 君 임금 군 | 子 아들 자

'대들보 위의 군자'라는 뜻으로 '도둑'을 가리킬 때 쓰는 말이다. 또 대들보 위로 쥐들이 잘 다니기 때문에 쥐를 가리키기도 한다. 출전은 『후한서』 진식전(陳寔傳).

✿ 구밀복검 口蜜腹劍

口 입 구 | 蜜 꿀 밀 | 腹 배 복 | 劍 칼 검

'입에는 꿀이 있지만, 배 속에는 칼이 있다'. 말은 꿀같이 달콤하게 하지만, 속으로는 음흉한 생각을 품고 있는 것을 말한다. 당나라 현종 때의 재상 이임보(李林甫)를 가리키는 말로 출처는『십팔사략』.

✿ 연작안지 홍곡지지 燕雀安知 鴻鵠之志

燕 제비 연 | 雀 참새 작 | 安 어찌 안 | 知 알 지 | 鴻 기러기 홍 | 鵠 백조 곡 | 之 어조사 지 | 志 뜻 지

'제비나 참새같이 작은 새가 어찌 기러기나 백조처럼 멀리 나는 큰 새의 뜻을 알겠는가? 자기가 품고 있는 커다란 뜻을 상대가 몰라줄 때 쓰인다. 출전은『사기』 진승세가(陳勝世家).

✿ 오리무중 五里霧中

五 다섯 오 | 里 마을 리 | 霧 안개 무 | 中 가운데 중

'5리나 되는 안개 속에 있다'. 안개가 5리나 뻗쳐 있으면, 어디로 가야 할지 방향을 잃고 만다. 이 뜻이 바뀌어 '마음이 갈피를 잡지 못해 어찌할 줄을 모른다'는 뜻으로 쓰인다. 출전은『후한서』장해전(張楷傳).

✿ 천리안 千里眼

千 일천 천 | 里 마을 리 | 眼 눈 안

'천리를 보는 눈'. 먼 곳까지 내다보는 안목을 가진 사람을 '천리안'을 가졌다고 말한다. 출전은『위서(魏書)』양일전(楊逸傳).

✿ 송양지인 宋襄之仁

宋 송나라 송 | 襄 오를(도울) 양 | 之 어조사 지 | 仁 어질 인

'송나라 양공의 어짊'이란 뜻으로, '전혀 쓸모없는 인정'이나 '빗나간 동정심'을 말한다. 출전은『십팔사략』『춘추좌씨전』.

1. 구밀복검 •

2. 연작안지
   홍곡지지 •

3. 오리무중 •

4. 천리안 •

5. 송양지인 •

6. 백미 •

7. 파천황 •

8. 문경지교 •

9. 낙백 •

10. 양상군자 •

• ① 천리를 보는 눈. 먼 곳까지 내다보는 안목.

• ② 천지개벽 이전의 혼돈 상태를 깨트린다.
  '이전에는 결코 없었던 일'이란 뜻이다.

• ③ 하얀 눈썹. 어떤 분야에서 가장 뛰어난
  사람이나 훌륭한 작품을 말할 때 씀.

• ④ '송나라 양공의 어짊'이란 뜻. 전혀 쓸모
  없는 인정이나 빗나간 동정심을 말함.

• ⑤ 5리나 되는 안개 속에 있다. 마음이 갈피
  를 잡지 못해 어찌할 줄 모른다는 뜻.

• ⑥ 넋이 나가다. 뜻을 이루지 못하고 실의
  한 모습을 뜻한다.

• ⑦ 제비나 참새같이 작은 새가 어찌 기러기
  나 백조처럼 큰 새의 뜻을 알겠는가?

• ⑧ '대들보 위의 군자'라는 뜻으로 '도둑'을
  가리킬 때 쓰는 말이다.

• ⑨ 목에 칼이 들어와도 변하지 않는 사
  귐. 둘도 없는 친구 사이를 뜻한다.

• ⑩ 입에는 꿀이 있지만, 배 속에는 칼이 있
  다. 속으로 음흉한 생각을 품고 있는 것.

정답 1.⑩ 2.⑦ 3.⑤ 4.① 5.④ 6.③ 7.② 8.⑨ 9.⑥ 10.⑧

다음 고사성어와 한자를
각각 연결하세요.

1. 구밀복검 •

2. 양상군자 •

3. 연작안지
   홍곡지지 •

4. 천리안 •

5. 송양지인 •

6. 백미 •

7. 낙백 •

8. 오리무중 •

9. 파천황 •

10. 문경지교 •

• ⓐ 宋襄之仁

• ⓑ 落魄

• ⓒ 千里眼

• ⓓ 口蜜腹劍

• ⓔ 刎頸之交

• ⓕ 白眉

• ⓖ 梁上君子

• ⓗ 破天荒

• ⓘ 燕雀安知 鴻鵠之志

• ⓙ 五里霧中

정답 1.ⓓ 2.ⓖ 3.ⓘ 4.ⓒ 5.ⓐ 6.ⓕ 7.ⓑ 8.ⓙ 9.ⓗ 10.ⓔ

다음 고사성어의 한자와 뜻풀이를
각각 연결하세요.

1. 宋襄之仁 •

• ① 천리를 보는 눈. 먼 곳까지 내다보는 안목.

2. 白眉 •

• ② 천지개벽 이전의 혼돈 상태를 깨트린다. '이전에는 결코 없었던 일'이란 뜻이다.

3. 燕雀安知
   鴻鵠之志 •

• ③ 하얀 눈썹. 어떤 분야에서 가장 뛰어난 사람이나 훌륭한 작품을 말할 때 씀.

4. 千里眼 •

• ④ '송나라 양공의 어짊'이란 뜻. 전혀 쓸모 없는 인정이나 빗나간 동정심을 말함.

5. 梁上君子 •

• ⑤ 5리나 되는 안개 속에 있다. 마음이 갈피를 잡지 못해 어찌할 줄 모른다는 뜻.

6. 破天荒 •

• ⑥ 넋이 나가다. 뜻을 이루지 못하고 실의한 모습을 뜻한다.

7. 口蜜腹劍 •

• ⑦ 제비나 참새같이 작은 새가 어찌 기러기나 백조처럼 큰 새의 뜻을 알겠는가?

8. 落魄 •

• ⑧ '대들보 위의 군자'라는 뜻으로 '도둑'을 가리킬 때 쓰는 말이다.

9. 刎頸之交 •

• ⑨ 목에 칼이 들어와도 변하지 않는 사귐. 둘도 없는 친구 사이를 뜻한다.

10. 五里霧中 •

• ⑩ 입에는 꿀이 있지만, 배 속에는 칼이 있다. 속으로 음흉한 생각을 품고 있는 것.

정답 1.④ 2.③ 3.⑦ 4.① 5.⑧ 6.② 7.⑩ 8.⑥ 9.⑨ 10.⑤

1. '대들보 위의 군자'라는 뜻으로 '도둑'을 가리
   킬 때 쓰는 말이다.
   _____

2. '송나라 양공의 어짊'이란 뜻. 전혀 쓸모없는
   인정이나 빗나간 동정심을 말함.
   _____

3. 천지개벽 이전의 혼돈 상태를 깨트린다. '이
   전에는 결코 없었던 일'이란 뜻이다.
   _____

4. 제비나 참새같이 작은 새가 어찌 기러기나
   백조처럼 큰 새의 뜻을 알겠는가?
   _____

5. 입에는 꿀이 있지만, 배 속에는 칼이 있다.
   속으로 음흉한 생각을 품고 있는 것.
   _____

6. 목에 칼이 들어와도 변하지 않는 사귐. 둘도
   없는 친구 사이를 뜻한다.
   _____

7. 하얀 눈썹. 어떤 분야에서 가장 뛰어난 사람
   이나 훌륭한 작품을 말할 때 씀.
   _____

8. 천리를 보는 눈. 먼 곳까지 내다보는 안목
   _____

9. 5리나 되는 안개 속에 있다. 마음이 갈피를
   잡지 못해 어찌할 줄 모른다는 뜻.
   _____

10. 넋이 나가다. 뜻을 이루지 못하고 실의한 모
    습을 뜻한다.
    _____

정답 1. 양상군자 2. 송양지인 3. 파천왕 4. 연작안지 홍곡지지 5. 구밀복검 6. 문경지교 7. 백
미 8. 천리안 9. 오리무중 10. 낙백

다음 설명에 해당하는 고사성어를
보기에서 찾아 한자로 쓰세요.

ⓐ 宋 襄 之 仁
송나라 송 오를 양 어조사 지 어질 인

ⓑ 落 魄
떨어질 락 넋 백

ⓒ 千 里 眼
일천 천 마을 리 눈 안

ⓓ 口 蜜 腹 劍
입 구 꿀 밀 배 복 칼 검

ⓔ 刎 頸 之 交
목벨 문 목 경 어조사 지 사귈 교

ⓕ 白 眉
흴 백 눈썹 미

ⓖ 梁 上 君 子
대들보 양 위 상 임금 군 아들 자

ⓗ 破 天 荒
깰 파 하늘 천 거칠 황

ⓘ 燕 雀 安 知
제비 연 참새 작 어찌 안 알 지

鴻 鵠 之 志
기러기 홍 백조 곡 어조사 지 뜻 지

ⓙ 五 里 霧 中
다섯 오 마을 리 안개 무 가운데 중

1. '하얀 눈썹'. 어떤 분야에서 가장 뛰어난 사람이나 가장 훌륭한 작품을 말할 때 '백미'라는 말을 쓴다.

2. '천지개벽 이전의 혼돈 상태(天荒)를 깨트린다'. '이전에는 결코 없었던 일'이란 뜻으로, 지금껏 아무도 생각지 못했던 놀랄 만한 일을 하는 것을 말한다.

3. 둘도 없는 친구 사이를 '문경지교'라 하는데, 말 뜻은 '목에 칼이 들어와도 변하지 않는 사귐'이란 뜻이다.

4. '넋이 나가다'. 뜻을 이루지 못하고 실의한 모습을 뜻한다.

5. '대들보 위의 군자'라는 뜻으로 '도둑'을 가리킬 때 쓰는 말이다. 또 대들보 위로 쥐들이 잘 다니기 때문에 쥐를 가리키기도 한다.

6. '입에는 꿀이 있지만, 배 속에는 칼이 있다'. 말은 꿀같이 달콤하게 하지만 속으로는 음흉한 생각을 품고 있는 것을 말한다.

7. '제비나 참새같이 작은 새가 어찌 기러기나 백조처럼 멀리 나는 큰 새의 뜻을 알겠는가?' 자기가 품고 있는 커다란 뜻을 상대가 몰라줄 때 쓰인다.

8. '5리나 되는 안개 속에 있다'. 안개가 5리나 뻗쳐 있으면, 어디로 가야 할지 방향을 잃고 만다. 이 뜻이 바뀌어 '마음이 갈피를 잡지 못해 어찌할 줄을 모른다'는 뜻으로 쓰인다.

9. '천리를 보는 눈'. 먼 곳까지 내다보는 안목을 가진 사람을 '천리안'을 가졌다고 말한다.

10. '송나라 양공의 어짊'이란 뜻으로, '전혀 쓸모없는 인정'이나 '빗나간 동정심'을 말한다.

정답 1.ⓕ 2.ⓗ 3.ⓔ 4.ⓑ 5.ⓖ 6.ⓓ 7.ⓘ 8.ⓙ 9.ⓒ 10.ⓐ

ⓐ頸 ⓑ襄 ⓒ里 ⓓ眼 ⓔ雀 ⓕ鴻 ⓖ天 ⓗ眉 ⓘ君 ⓙ魄 ⓚ蜜

1. 白 ☐

2. 破 ☐ 荒

3. 梁上 ☐ 子

4. 口 ☐ 腹劍

5. 刎 ☐ 之交

6. 落 ☐

7. 燕 ☐ 安知
   ☐ 鵠之志

8. 五 ☐ 霧中

9. 千里 ☐

10. 宋 ☐ 之仁

정답 1.ⓗ 2.ⓖ 3.ⓘ 4.ⓚ 5.ⓐ 6.ⓙ 7.ⓔⓕ 8.ⓒ 9.ⓓ 10.ⓑ

다음 고사성어에서 틀린 한 글자를 찾고
보기에서 맞는 글자를 찾아 쓰세요.

ⓐ頸 ⓑ襄 ⓒ里 ⓓ眼 ⓔ鴻 ⓕ破 ⓖ眉 ⓗ君 ⓘ魄 ⓙ蜜

1. 白^①味^②

　➡ _____

2. 波^①天^②荒^③

　➡ _____

3. 梁^①上^②軍^③子^④

　➡ _____

4. 口^①密^②腹^③劍^④

　➡ _____

5. 刎^①經^②之^③交^④

　➡ _____

6. 落^①百^②

　➡ _____

7. 燕^①雀^②安^③知^④洪^⑤鵠^⑥之^⑦志^⑧

　➡ _____

8. 五^①利^②霧^③中^④

　➡ _____

9. 千^①里^②岸^③

　➡ _____

10. 宋^①梁^②之^③仁^④

　➡ _____

정답　1.②ⓖ 2.①ⓘ 3.③ⓗ 4.②ⓙ 5.②ⓐ 6.②ⓘ 7.⑤ⓔ 8.②ⓒ 9.③ⓓ 10.②ⓑ